다시! Again, Again

다시! Again, Again

김은호 지음

목차

서문　　　　　　　　　　　　　　　　006

 1부 | 넘어진 곳에서 다시

1장　다시 약속의 말씀을 붙들다　　　　010
2장　다시 성령의 불을 지피다　　　　　026
3장　다시 하나님을 주인 삼다　　　　　040
4장　다시 고난 속에서 소망을 얻다　　　054
5장　다시 믿음으로 일어서다　　　　　068
6장　다시 하나님을 만나다　　　　　　084
7장　다시 새 이름을 얻다　　　　　　　098
8장　다시 화해의 길로 나아가다　　　　114
9장　다시 벧엘로 올라가다　　　　　　130
10장　다시 하나님께 돌아가다　　　　　144

2부 | 다시 회복하라

11장	벧엘이 벧아웬이 되지 않게 하라	160
12장	영적 침체를 회복하라	174
13장	마음의 중심을 회복하라	190
14장	하나님의 사랑을 회복하라	206
15장	사랑의 진실함을 증명하라	222
16장	성령 충만을 회복하라	238
17장	아버지와의 친밀함을 회복하라	254
18장	하나님의 자녀 된 권세를 누려라	270
19장	다시 기도로 승리하라	284
20장	하나님의 임재와 동행을 누리는 자가 되라	298

서문

　인생을 살다 보면 누구나 한 번쯤은 멈추고 싶지 않아도 멈추게 되는 순간을 맞이합니다. 모든 것을 내려놓고 싶을 만큼 지쳐 있을 때, 하나님은 우리에게 이렇게 말씀하십니다.
　"다시 일어서서, 다시 시작하라."

　'다시'는 단순한 반복이 아닙니다. 그것은 실패 이후에도 여전히 우리를 붙드시는 하나님의 은혜의 선언입니다. 넘어진 자리를 부끄러워하지 않고, 그 자리에서 다시 믿음을 붙드는 용기의 간증입니다.

　이 책은 그 '다시'의 여정을 함께 걷는 사람들을 위한 이야기입니다. 한때 믿음이 흔들렸던 사람, 하나님과의 관계가 깨어졌던 사람, 그리고 하나님을 잃어버린 것만 같았던 사람들을 위한 책입니다. 하나님은 우리가 넘어졌다고 버리지 않으시며 잊었다고 외면하지 않으십니다. 오히려 그 자리로 찾아오셔서 "다시!"라고 말씀하십니다.

　1부 '넘어진 곳에서 다시'는 절망의 자리에서 우리가 새 소망을 붙잡아야 한다는 메시지를 담고 있습니다. 다시 약속을 붙들고, 다시 하나님을 만나며, 다시 믿음과 사랑을 세워 가는 회복의 발걸음이 펼쳐집니다. 때로는 실패가 끝이 아니라 새로운 시작의 문턱이 될 수 있음을 보여 줍니다. 우리는 넘어지지만, 하나님은 우리를 그 자리에서 일으키십니다.

2부 '다시 회복하라'는 무너진 내면과 믿음, 그리고 사명을 새롭게 세워 가는 과정입니다. 영적 침체 속에서도 하나님은 여전히 우리를 부르시며, 회복의 길로 인도하십니다. 거룩을 회복하고, 헌신과 충성을 결단하며, 성령의 충만하심 가운데 그 결단을 이룰 새 힘을 얻게 됩니다. 그렇게 하나님은 우리가 다시 그분의 충만한 임재 속으로 들어오기를 원하십니다.

이 책은 완벽한 사람을 위한 책이 아닙니다. 오히려 넘어지고, 흔들리고, 무너졌던 우리 모두를 위한 책입니다. '다시'라는 한 단어 속에 담긴 은혜의 가능성을 믿는 모든 사람을 위한 글입니다. 하나님은 여전히 우리 안에서 새 일을 행하고 계시며 지금도 우리를 포기하지 않으십니다. 그리고 오늘도 우리에게 말씀하십니다.
"다시! Again, Again."

다시는, 오늘부터 시작됩니다.
2025년 11월, 김은호 목사

AGAIN

1부

넘어진 곳에서 다시

1장
다시 약속의 말씀을 붙들다

(여호수아 8장 1절) 여호와께서 여호수아에게 이르시되 두려워하지 말라 놀라지 말라 군사를 다 거느리고 일어나 아이로 올라가라 보라 내가 아이 왕과 그의 백성과 그의 성읍과 그의 땅을 다 네 손에 넘겨 주었으니

사람은 언제나 거대한 위기보다 방심할 때 더 큰 실패를 겪습니다. 처음에는 하찮아 보였던 문제가 시간이 지나 돌이킬 수 없는 결과를 가져오기도 합니다. 그래서 우리말 속담에 "얕잡아 보다가 큰코다친다."라는 말이 있습니다. 여기서 '큰코다친다'는 말은 단순한 실패를 넘어, 크게 망신을 당하고 낭패를 본다는 뜻입니다. 1918년, 세계를 뒤흔든 스페인 독감이 그 대표적인 사례입니다. 당시 사람들은, 이를 그저 독감의 일종으로 가볍게 여겼고, 그 작은 방심이 결국 전 세계적으로 5천만 명 이상의 생명을 앗아 간 비극으로 이어졌습니다. 지금 우리가 기억하고 있는 코로나19보다 훨씬 더 치명적인 전염병이었지만 초기 대응은 너무나도 늦었습니다. 이렇듯 역사는 우리에게 작은 것을 가볍게 여기는 것이 얼마나 큰 결과를 가져오는지를 잘 보여 줍니다.

패배 속에 감춰진 하나님의 뜻

이런 교훈은 성경 안에서도 발견됩니다. 바로 여호수아가 이끄는 이스라엘 백성이 겪었던 아이성 전투가 그 예입니다.

광야를 거쳐 가나안 땅에 들어온 이스라엘 백성은 칼과 창이 아닌 하나님의 특별한 은혜로, 난공불락의 여리고성을 일곱 번 도는 것만으로 크고 견고한 여리고성을 무너뜨리며 큰 승리를 맛보았습니다. 승리의 기쁨에 도취된 이스라엘은, 그다음 목표였던 아이성을 지나치게 가볍게 여겼습니다. 여리고성에 비하면 아이성은 너무나도 작은 성읍이었기 때문입니다. 그래서 정탐꾼들은 "백성을 다 올라가게 하지 말고 이삼천 명만 올라가서 아이를 치게 하소서"수 7:3라고 말했고, 여호수아는 하나님께 묻지도 않은 채 삼천 명을 이끌고 아이성과의 전투를 시작했습니다.

그런데 이게 어찌 된 일일까요? 결과는 참담했습니다. 전투가 시작되자마자 이스라엘 군사들은 예상치 못한 패배를 당하고 말았습니다.

> "백성 중 삼천 명쯤 그리로 올라갔다가 아이 사람 앞에서 도망하니 아이 사람이 그들을 삼십육 명쯤 쳐죽이고 성문 앞에서부터 스바림까지 쫓아가 내려가는 비탈에서 쳤으므로 백성의 마음이 녹아 물 같이 된지라"(수 7:4-5)

삼천 명이나 되는 이스라엘 군사들은 오히려 아이 사람들에게 쫓겨 도망치다가 서른여섯 명이 죽임을 당했습니다.수 7:5 가나안 땅에 들어와 첫 전투였던 여리고성에서 압도적인 승리를 거두어 환호했던 그 기쁨이 순식간에 사라져 버린 이스라엘 백성은, 자신감은커녕 두려움과 혼란에 빠지게 되었습니다. 이 패배로 이스라엘 백성의 마음이 녹아내려 물같이 되었다는 것입니다. 이것이 문제인 이유는, 바로 그 마음이 가나안 족속들이 가지고 있던 마음이었기 때문입니다.

여호수아 2장 11절과 5장 1절에는 가나안 족속들과 여러 왕들이 이스라엘로 인하여 "마음이 녹았고 정신을 잃었더라"고 기록되어 있습니다. 현재 이스라엘 백성도 그만큼 두려움에 사로잡혔다는 의미입니다. 드론과 미사일로 싸우는 현대전이 아니라 칼과 창으로 싸워야 하는 재래식 전쟁에서 마음이 무너졌다면 그 전투는 이미 끝난 것입니다. 지금 이스라엘 백성은 여호와 하나님이 우리와 함께하지 않으신다는 것에 대한 공포와 두려움으로 마음이 녹아 물같이 되어 버렸습니다.

하나님은 우리가 전투에서 승리하기를 원하십니다. 하나님의 뜻은 언제나 패배가 아니라 승리이기에 이스라엘의 패배에는 분명한 이유가 있습니다. 욥처럼 까닭 없는 고난은 있을지라도 이유 없는 패배는 없습니다. 우리도 영적 전쟁에서 패배했다면, 분명한 이유가 있습니다. 이스라엘 백성이 아이성 전투에서 패배한 이유는 무엇이고, 그 사건을 통해 우리가 얻을 수 있는 교훈은 무엇일까요?

한 사람의 죄가 공동체의 죄가 될 수 있다

하나님은 여리고성 전투에서 그 어떤 전리품도 취하지 말고, 모두 온전히 하나님께 드리라고 명령하셨습니다. 이는 이 전쟁이 하나님께 속한 것임을 가르치시기 위해서였습니다. 또한 이 승리가 이스라엘의 힘과 능력으로 얻은 것이 아니라 하나님이 싸워 주셨기 때문임을 분명히 하시기 위해서였습니다.

그런데 아간이라는 한 사람이 전리품을 보는 순간 탐욕이 생겼고, 시날산의 아름다운 외투 한 벌과 은 이백 세겔, 오십 세겔 되는 금덩이 하나를 가져다가 숨겼습니다.수 7:21 이렇게 아간 한 사람의 범죄로 말미암아 아이성 전투에서 패배한 것입니다. 그런데 하나님은 아간이 아닌 이스라엘 자손이 범죄했다고 말씀하셨습니다.

"이스라엘 자손들이 온전히 바친 물건으로 말미암아 범죄하였으니"(수 7:1a)

이스라엘 민족은 단순한 혈연 공동체를 넘어 하나님의 말씀으로 맺어진 언약 공동체이기 때문에, 하나님은 아간의 죄를 개인의 죄로만 간주하지 않으시고 이스라엘 백성의 죄로 확장하시며 그 책임을 전체에게 물으셨습니다. 예수님을 믿음으로 새로운 언약 관계 안에 들어온 신약의 교회도 마찬가지입니다. 그래서 고린도전서에는 교회는 한 몸이며 여러 지체가 서로 유기적으로 연결되어 있어 영향을 주고받는다고 기록되어 있습니다. 교회는 개인의 모임이 아니라 서로 함께 책임지는 영적 공동체라는 것입니다.

"만일 한 지체가 고통을 받으면 모든 지체가 함께 고통을 받고 한 지체가 영광을 얻으면 모든 지체가 함께 즐거워하느니라 너희는 그리스도의 몸

이요 지체의 각 부분이라"(고전 12:26-27)

내가 쓰러지면 공동체가 쓰러지는 것이고, 나의 범죄는 우리 모두의 범죄가 되는 것입니다. 이를 뒤집어 보면, 그리스도의 몸을 이루고 있는 나 한 사람의 승리는 우리 모두의 승리가 됩니다. 그렇기 때문에 아간 한 사람이 죄를 지었지만, 그로 인해 이스라엘이 패배를 경험했고, 결국 그의 가족 모두가 심판을 받게 된 것입니다.

교만은 패망의 선봉이다

아이성을 정탐하고 돌아온 정탐꾼들은 여호수아에게 상황을 어떻게 보고했나요?

"백성을 다 올라가게 하지 말고 이삼천 명만 올라가서 아이를 치게 하소서 그들은 소수이니 모든 백성을 그리로 보내어 수고롭게 하지 마소서"(수 7:3)

그들은 모든 백성을 보내서 수고롭게 하지 말라는 교만한 표현을 사용했습니다. 마치 자신들의 수고로 아이성을 함락할 수 있는 것처럼 착각하고 있었습니다. 그래서 별다른 전략도 세우지 않고 아이성 전투에 삼천 명 정도만 올려 보냈습니다.

여기서 더 심각한 문제가 있었습니다. 하나님께 묻지 않았다는 것입니다. 여리고성을 정복할 때는 철저하게 하나님의 지시와 허락을 받고 움직였는데, 이제는 긴장이 풀어져서인지 하나님께 묻지 않았습니다. 성경 어디에도 아이성 전투를 앞두고 여호수아가 하나님께 묻거나 기도했다는 기록이 없습니다. 사람은 무언가를 성취하고 나면 기도를 쉬는 죄를 범하기 쉽습니다. 여호수아 역시 마찬가지였습니다. 그는 하나님께 단 한마디도 묻지 않은 채 곧바로 전쟁을 치렀고, 그 결과 처참히 패하고 말았습니다.

교만이 무엇인가요? 바로 하나님을 의지하지 않는 것입니다. 하나님 없이도, 그 은혜 없이도 얼마든지 살 수 있고 성공할 수 있다고 생각하는 것입니다. 또한 하나님의 은혜를 입지 않아도 자녀를 잘 양육할 수 있고, 좋은 아버지와 어머니가 될 수 있다고 생각하는 것입니다. 언제부터인가 이렇게 교만한 사람들이 더 많아진 것 같습니다. 그들은 하나님 나라를 대적하고 창조 질서를 거스르면서도 하나님의 심판을 두려워하지 않습니다.

교만은 처음에는 아무 문제 없는 것처럼 느껴지지만, 결국 스스로 무너뜨리고 하나님과의 관계도 끊어 버리게 됩니다. 다윗이 골리앗을 쓰러뜨린 것은 돌멩이가 아니라 하나님을 의지하는 믿음이었고, 반대로 솔로몬이 무너진 이유는 지혜가 부족해서가 아니라 마음이 교만해져 하나님을 떠났기 때문이었습니다. 결국 하나님을 의지하면 거대한 거인도 넘어뜨릴 수 있지만, 하나님을 떠나 교만해지면 아무리 지혜롭고 강해 보이는 사람이라도 무너질 수밖에 없습니다. 하나님은 교만한 자를 대적하시고 겸손한 자에게 은혜를 베푸신다는 것을 기억해야 합니다. 그래서 잠언에서는 "교만은 패망의 선봉이요 거만한 마음은 넘어짐의 앞잡이니라"잠 16:18고 말씀합니다. 교만한 자는 아이성 전투의 패배처럼 결국 무너질 수밖에 없습니다.

패배 이후가 더 중요하다

살다 보면 실수할 때도 있고, 패배할 때도 있습니다. 하지만 더 중요한 것은 패배 이후에 우리가 어떻게 반응하느냐입니다. 넘어졌다는 사실보다, 다시 일어서려는 마음이 그 사람의 인생을 결정짓습니다.

'실패는 성공의 어머니'라는 말처럼 인생의 실패는 도리어 약이 될 수 있기 때문입니다. 일본 도쿄대학교 하타무라 요타로 교수는 "성공하는 사람과 그렇지 못한 사람의 가장 큰 차이점은 실패를 다루는 태도에 있다."고 했습니다. 그렇다면 아이성 전투에서 패배한 후 여호수아는 어떻게 반응했을까요?

회개와 탄식의 기도를 드리다
여호수아는 가장 먼저 하나님께 회개의 기도를 드렸습니다.

"여호수아가 옷을 찢고 이스라엘 장로들과 함께 여호와의 궤 앞에서 땅에 엎드려 머리에 티끌을 뒤집어쓰고 저물도록 있다가"(수 7:6)

여호수아는 패배 소식을 듣자마자 불평하거나 하나님을 원망하는 대신 자신의 옷을 찢고 이스라엘의 장로들과 함께 여호와의 궤 앞으로 나아가 땅에 엎드렸습니다. 하나님의 음성에 귀 기울인 것입니다. 그리고 머리에 티끌을 뒤집어쓰고 날이 저물도록 기도했습니다. 특히 여호수아는 대적들이 아이성 패배 소식을 듣고, 여호와의 이름을 능욕할까 염려하며 탄식 가운데 기도했습니다.

"주의 크신 이름을 위하여 어떻게 하시려 하나이까"(수 7:9b)

지금까지는 하나님이 우리와 함께하셨기에 가나안 왕들과 원주민들이 두려워 떨었지만, 이제는 더 이상 하나님이 함께하지 않으시니 그들이 우리를 두려워하지도 않고 오히려 대적할 것이라며 탄식의 기도를 드린 것입니다. 여호수아는 전쟁에서 패한 사실보다, 하나님과의 동행이 끊어진 상태를 더 큰 위기로 느끼며 다시 하나님의 은혜를 구하기 시작했습니다.

죄를 단절하다

여호수아가 장로들과 함께 회개와 탄식의 기도를 드리자 하나님은 아이성 전투에서 패배한 이유를 알려 주셨습니다.

"이스라엘이 범죄하여 내가 그들에게 명령한 나의 언약을 어겼으며 또한 그들이 온전히 바친 물건을 가져가고 도둑질하며 속이고 그것을 그들의 물건들 가운데 두었느니라"(수 7:11)

아이성 전투의 패배는 단순한 전술 실패가 아니었습니다. 이스라엘이 하나님이 명령하신 언약을 어기고 온전히 하나님께 드려야 할 전리품을 도둑질하여 숨겨 두었기 때문이었습니다. 그런데 하나님은 이처럼 패배의 원인뿐만 아니라 승리할 수 있는 방법 또한 가르쳐 주셨습니다.

"너는 일어나서 백성을 거룩하게 하여 이르기를 너희는 내일을 위하여 스스로 거룩하게 하라 이스라엘의 하나님 여호와의 말씀에 이스라엘아 너희 가운데 온전히 바친 물건이 있나니 너희가 그 온전히 바친 물건을 너희 가운데서 제하기까지는 네 원수들 앞에 능히 맞서지 못하리라"(수 7:13)

아간이 하나님의 명령을 어기고 숨긴 그 물건들을 너희 가운데서 제하여 스스로 거룩하게 하라는 것입니다. 그래서 범죄자인 아간을 색출하여 그와 그에게 속한 모든 것을 아골 골짜기로 끌고 가 돌로 치고 불에 태운 다음 그 위에 돌무더기를 쌓았습니다. 여호수아는 공동체의 거룩을 위해 단호하게 그 죄를 끊어 내고 청산했습니다. 우리도 이들처럼 인간적인 정이나 아픔, 심지어 손해를 감수하더라도 단호하게 죄를 끊어 내야 합니다.

　죄는 방치하면 사라지는 것이 아니라, 점점 자라나서 결국 자신과 공동체를 무너뜨리게 됩니다. 하나님은 죄를 덮어 두는 것보다 드러내고 끊어 내는 것을 더 큰 은혜로 보십니다. 거룩함을 잃으면 능력을 잃고, 능력을 잃으면 사명까지 잃게 됩니다. 그래서 진정한 회복은 더 나은 전략이 아니라, 하나님 앞에서의 회개와 정결함으로부터 시작됩니다. 아간의 사건은 우리에게 죄를 가볍게 여기면 패배가 오고, 죄를 끊어 낼 때 비로소 승리가 회복된다는 분명한 교훈을 남겨 줍니다.

그럼에도 불구하고
일어설 수 있는 이유

　회개의 기도와 단죄 이후 하나님은 여호수아에게 "일어나 아이로 올라가라"수 8:1고 말씀하셨습니다. 아이성의 패배로 낙심하며 탄식하여 엎드려 있던 여호수아에게 다시 일어나라고 명하신 것입니다. 하나님은 넘어지고 낙심한 자를 다시 일으켜 세우시는 분입니다. 그러므로 우리도 하나님의 손을 붙잡고 다시 일어서야 합니다.

그러나 하나님의 말씀과는 달리 많은 사람이 다시 일어서지 못하고 주저앉아 있습니다. 왜 그럴까요? 실패로 인한 아픔과 상처의 트라우마에서 벗어나지 못하고 계속 그것을 묵상하기 때문입니다. 또한 넘어지고 실패한 사실을 근거로 끊임없이 부정적인 추측을 하기 때문입니다.

『그리스도인의 초자연적 회복력』두란노, 2022의 저자 존 엘드리지 John Eldredge는 책에서 우리의 정신적인 회복력을 방해하는 것 중 하나가 추측이라고 했습니다. 예를 들어 누군가에게 메시지를 보냈는데, 상대방이 확인을 하고도 답장을 하지 않으면 우리는 다양한 추측을 하기 시작합니다. '왜 내 메시지에 답장을 안 하지? 나한테 화가 났나? 내가 뭘 잘못했나? 이제 나와 관계를 끊으려 하나?' 등등 끊임없는 추측에 빠집니다.

하나님과의 관계도 마찬가지입니다. 우리는 실패하고 넘어지면 끊임없이 그것을 묵상하며 부정적인 추측을 하기 시작합니다. 여호수아 역시 아이성 전투의 패배를 묵상하며 부정적인 추측을 하고 있었습니다. 가나안 사람과 이 땅의 모든 사람이 아이성 전투에서 패배했다는 소식을 듣게 되면 그들이 우리를 진멸할 것이라는 염려를 한 것입니다. 이런 여호수아에게 하나님은 "어찌하여 이렇게 엎드렸느냐"수 7:10라고 말씀하셨습니다. 더 이상 패배를 묵상하지도, 그것을 근거로 부정적인 추측을 하며 엎드려 있지도 말라는 것입니다.

하나님의 자녀인 우리도 실패하고 넘어질 수 있습니다. 그로 인한 아픔과 상처가 너무 커서 트라우마를 겪기도 하고 주저앉아 있을 수도 있습니다. 그러나 우리는 다시 일어서야 합니다. 실패와 아픔, 상처를 묵상하지 말고 다시 일어서야 합니다.

또한 우리는 하나님의 약속의 말씀을 붙들고 일어서야 합니다. 나의 힘과 능력만을 의지해 일어서려 한다면, 우리는 또다시 넘어지고 주저앉을 수밖에 없습니다. 하나님은 여호수아에게도 그냥 일어서라고 하지 않으시고 말씀을 주셨습니다. 그 약속의 말씀은 무엇이었을까요?

두려워하지 말고 놀라지 말라

"두려워하지 말라 놀라지 말라 군사를 다 거느리고 일어나 아이로 올라가라"(수 8:1a)

여호수아는 아이성 전투에서 패배한 이후, 이 땅의 모든 사람이 자신들을 에워싸고 죽일 것이라는 두려움에 사로잡혀 있었습니다. 그러나 두려움에 사로잡힌 사람은 전쟁을 할 수도, 다시 일어설 수도 없습니다. 그래서 하나님은 여호수아에게 "두려워하지 말라, 놀라지 말라."는 말씀으로 '내가 너와 함께하겠다.'는 약속을 하셨습니다. 여호수아는 그 약속의 말씀을 붙들고 다시 일어섰습니다.

네 손에 넘겨주겠다

"내가 아이 왕과 그의 백성과 그의 성읍과 그의 땅을 다 네 손에 넘겨 주었으니"(수 8:1b)

"다 네 손에 넘겨주겠다."는 말씀은 이제 다시 일어나 나아가기만 하면 하나님이 앞서 나아가 싸워 주시겠다는 의미입니다. 하나님은 "넘겨줄 것이다."라는 미래형이 아니라 이미 "네 손에 넘겨주었으니"라고 확정하셨습니다. 이보다 더 분명한 승리의 말씀이 어디 있을까요? 여호수아는 이 확실한 약속의 말씀을 붙들고 실패의 자리에서 다시 일어나 아이성 전투에서 승리했습니다.

혹시 영적 전쟁에, 신앙생활에, 결혼생활에 실패하셨나요? 아니면 취업이나 사업에 실패하셨나요? 누구나 실패할 수 있습니다. 그러나 실패는 종착역이 아니라 과정일 뿐입니다. 한 번의 실패가 영원한 실패가 될 수는 없습니다. 실패가 끝이라면 모세의 인생은 애굽에서 사람을 죽였을 때 이미 끝났을 것이고, 베드로의 인생도 예수님을 모른다고 세 번 부인하던 그날 끝났을 것입니다.

하나님은 우리가 실패했다고 해서 버리거나 포기하지 않으십니다. 실패를 근거로 포기하고 주저앉는 것은 마귀가 원하는 일입니다. 그러니 우리는 실패를 묵상하거나 그것을 근거로 부정적인 추측을 하지 말고, 약속의 말씀을 붙들고 실패의 자리에서 당당히 다시 일어서야 합니다.

말레이시아 영성수련회에 참여했던 한 선교사가 들려준 이야기입니다. 그의 아버지는 믿지 않는 가정에서 자라 늦은 나이에 하나님을 만나 목회자가 되었습니다. 하루는 비신자와 교제 중인 교회 자매에게 믿지 않는 자와 멍에를 메지 말라는 말씀의 권면을 했는데, 그 자매와 사귀던 남자가 앙심을 품고 새벽기도를 마치고 나오는 목사님과 사모님을 살해했습니다. 그때 그는 고등학교 3학년이었고 동생은 중학교 3학년이었습니다. 그 어린 나이에 부모님이 한 날 모두 세상을 떠났는데, 얼마나 오랜 시간 눈물을 흘리며 깊은 아픔과 상처를 품고 살았을까요? "하나님, 어쩌면 이러실 수 있습니까? 하나님, 정말 살아 계십니까? 살아 계신다면 왜 부모님을 지켜주지 않으셨습니까?" 하며 얼마든지 원망하며 하나님을 저버릴 수도 있지 않았을까요?

그런데 놀랍게도 그의 형은 목회자가 되었고, 자신과 동생은 선교사가 되어 부모님이 가신 그 길을 따라가고 있습니다. 세 아들은 아픔과 상처만 묵상하지 않았습니다. 트라우마에 갇혀 있지도 않았고 부정적인 추측만 하며 시간을 보내지도 않았습니다. 대신 예수님의 이름으로 다시 일어섰습니다. 그렇게 세 아들은 복음을 위해 살아가는 하나님의 대사가 되었습니다.

우리는 눈앞의 상황에 매몰되어 우리를 일으켜 세우시는 하나님을 보지 못할 때가 많습니다. 하지만 실패와 좌절의 자리에서 일어서기를 하나님보다 더 간절히 원하시는 분은 없습니다. 우리는 스스로 일어설 수 없습니다. 그러나 하나님은 약속의 말씀을 통해 우리에게 다시 일어설 힘과 용기를 주십니다. 그러니 하나님께 이렇게 기도하시기 바랍니다. "하나님, 제게 이 아픔과 실패의 자리를 털고 다시 일어설 수 있는 힘을 주옵소서. 약속의 말씀을 붙들고 다시 일어서게 하옵소서."

2장

다시 성령의 불을 지피다

[레위기 6장 12-13절] ¹² 제단 위의 불은 항상 피워 꺼지지 않게 할지니 제사장은 아침마다 나무를 그 위에서 태우고 번제물을 그 위에 벌여 놓고 화목제의 기름을 그 위에서 불사를지며 ¹³ 불은 끊임이 없이 제단 위에 피워 꺼지지 않게 할지니라

우리의 마음에는 지금 어떤 불이 타오르고 있나요? 처음 예수님을 만났던 그때처럼 뜨거운가요, 아니면 어느새 잦아들어 연기처럼 희미해져 있나요? 은퇴 이후 여러 지역을 다니며 선교사, 목회자, 성도들을 만나면서 깨달은 것이 있습니다. 사람마다 마음의 온도가 다르다는 것입니다. 어떤 이의 마음에는 성령의 불이 활활 타오르고, 어떤 이의 마음은 돌밭처럼 굳어 있으며, 또 어떤 이는 얼음장처럼 차갑습니다.

우리 안에 있는 성령의 불은 한 번 타올랐다고 해서 저절로 유지되는 불이 아닙니다. 누군가는 그 불을 지켜야 하고, 누군가는 그 불을 다시 붙여야 하며, 또 누군가는 꺼져 가는 불 앞에서 눈물로 기도해야 합니다. 지금 우리의 심령에 있는 불은 어떤 상태인가요?

성령의 불이 타오르는 사람

신앙생활을 하다 보면 어느 순간 익숙해지면서 처음의 뜨거움이 서서히 식어 갈 때가 있습니다. 예배를 드려도 감격이 흐려지고, 기도는 하지만 간절함이 사라질 때가 있습니다. 말씀을 읽어도 더 이상 마음이 열리지 않고, 은혜가 아니라 습관으로 신앙이 이어질 때가 있습니다. 그런 우리에게 예수님은 분명하게 말씀하십니다.

"내가 네 행위를 아노니 네가 차지도 아니하고 뜨겁지도 아니하도다 네가 차든지 뜨겁든지 하기를 원하노라"(계 3:15)

  주님은 미지근한 마음을 기뻐하지 않으십니다. 하나님께 붙들린 사람은 뜨거워야 합니다. 그 심령 깊은 곳에 성령의 불이 타올라야 합니다. 하나님께 붙들린 사람들에게는 한 가지 공통점이 있습니다. 꺼지지 않는 성령의 불이 그 마음 한가운데 자리하고 있다는 것입니다.
  예레미야는 하나님의 말씀을 전할 때마다 사람들로부터 조롱과 핍박을 받았습니다. 몹시 상처를 받은 예레미야는 '다시는 여호와의 이름으로 말하지 않겠다.'라고 결심했습니다. 하지만 곧 뉘우치게 되었습니다. 하나님의 말씀을 전하지 않는 것이 더 큰 고통이라는 사실을 깨달았기 때문입니다. 그래서 이렇게 고백했습니다.

"내가 다시는 여호와를 선포하지 아니하며 그의 이름으로 말하지 아니하리라 하면 나의 마음이 불붙는 것 같아서 골수에 사무치니 답답하여 견딜 수 없나이다"(렘 20:9)

  말씀을 전하지 않겠다고 결심했지만, 그의 심령에 붙은 하나님의 불이 그를 가만히 두지 않았습니다. 말씀을 전하는 것이 고통이 아니라 그 말씀을 전하지 않는 것이 더 큰 고통이 되었습니다. 그가 바로 성령의 불이 붙은 사람입니다. 성령의 불이 붙은 사람은 멈출 수가 없습니다. 그 불이 다시 일어날 힘을 주기 때문입니다.

사도 바울도 마찬가지입니다. 그는 부활하신 주님을 만난 이후 달려가는 인생을 살았습니다.

"푯대를 향하여 그리스도 예수 안에서 하나님이 위에서 부르신 부름의 상을 위하여 달려가노라"(빌 3:14)

그는 인생의 마지막에 자신이 살아온 날을 회고하며 이렇게 고백했습니다.

"나는 선한 싸움을 싸우고 나의 달려갈 길을 마치고 믿음을 지켰으니"

(딤후 4:7)

정말 바울은 주님을 만난 이후 인생의 마지막 날까지 복음을 위해 달려가는 인생을 살았습니다. 왜냐하면 그의 마음속에는 하나님의 부르심에 대한 뜨거운 불이 있었기 때문입니다. 불이 있었기에 그는 눈을 감는 인생의 마지막 순간까지 달릴 수 있었습니다. 불이 있는 사람은 멈추지 않습니다. 열정이 있는 사람만이 포기하지 않습니다. 성령의 불이 있는 사람만이 끝까지 달려가는 인생을 살 수 있습니다.

성령의 불을
지켜야 하는 이유

　본문의 말씀을 살펴보면 '번제'에 대한 규례가 나옵니다. 번제는 제단 위에 올려진 제물을 완전히 태워 하나님께 올려 드리는 제사를 말합니다. 그 연기와 향기로 하나님을 기쁘시게 하는 제사입니다. 이 번제는 이스라엘 백성이 가장 자주 드렸던 제사였습니다. 하나님과의 관계를 회복하고, 헌신을 다짐할 때 드리는 제사였습니다.

　그런데 본문을 보면 "제단의 불이 꺼지지 않게 하라."는 명령이 반복해서 나옵니다. 반복하실 만큼 하나님은 이 말씀을 매우 중요하게 여기셨습니다. 당시 제사장은 제단 위의 불이 꺼지지 않도록 각별히 주의해야 했습니다. 제물을 태울 때뿐 아니라 아무도 제사를 드리지 않는 시간에도 불이 계속 타오르도록 잘 지켜야 했습니다. 하나님은 왜 제단 위의 불이 꺼지지 않게 하라고 명령하셨을까요?

　그것은 이 불이 하나님이 직접 내리신 불이며, 이 불이 없으면 제사를 드릴 수 없었기 때문입니다. 레위기 9장을 보면 아론이 대제사장으로 위임받고 처음으로 자신과 백성의 죄를 위해 하나님께 번제를 드렸습니다. 그리고 백성을 축복할 때 갑자기 불이 여호와 앞에서 나와 제단 위의 모든 번제물과 기름을 완전히 태워 버렸습니다.

"불이 여호와 앞에서 나와 제단 위의 번제물과 기름을 사른지라 온 백성이 이를 보고 소리 지르며 엎드렸더라"(레 9:24)

그러므로 이 불은 자연적인 불이 아닙니다. 하나님이 제사를 통해 영광을 받으시며, 직접 하늘에서 내리신 거룩한 불입니다. 이 불은 결코 꺼뜨려서는 안 되었고, 오직 이 불로만 제사를 드려야 했습니다. 그렇다면 하나님은 누구에게 이 불이 꺼지지 않게 하라고 명령하셨을까요? 바로 아론과 그 자손들입니다. 그들은 제사장입니다. 따라서 제단의 불이 꺼지지 않게 하라는 하나님의 명령은 제사장들에게 주신 명령이었습니다.

그렇다면 이 말씀은 오늘을 살아가는 우리와는 상관없는 말씀일까요? 아닙니다. 오늘 이 시대의 제사장은 바로 예수 그리스도를 믿고 구원받은 우리입니다. 그래서 베드로는 우리를 가리켜 '거룩한 제사장', '왕 같은 제사장'이라고 말했습니다.

"너희도 산 돌 같이 신령한 집으로 세워지고 예수 그리스도로 말미암아 하나님이 기쁘게 받으실 신령한 제사를 드릴 거룩한 제사장이 될지니라"

(벧전 2:5)

"너희는 택하신 족속이요 왕 같은 제사장들이요"(벧전 2:9a)

그러므로 하나님은 이 시대의 제사장인 우리에게 이 제단의 불이 꺼지지 않도록 지키라고 명령하십니다.

그렇다면 오늘을 살아가는 우리에게 제단과 그 제단 위에 임한 불은 무엇을 의미할까요? 구약 시대에는 하나님께 제사를 드리려면 반드시 제단이 필요했고, 그 위에 올릴 제물이 필요했습니다. 그러나 신약 시대를 살아가는 우리에게는 더 이상 물리적인 제단과 희생의 제물이 필요하지 않습니다. 왜냐하면 참된 제사장으로 이 땅에 오신 예수 그리스도가 짐승의 피가 아닌 자기 피로 단번에 영원한 속죄를 이루셨기 때문입니다.

"염소와 송아지의 피로 하지 아니하고 오직 자기의 피로 영원한 속죄를 이루사 단번에 성소에 들어가셨느니라"(히 9:12)

그러므로 우리에게는 구약 시대의 사람들처럼 짐승을 잡아 그 피를 흘리게 하는 제단이 더 이상 필요하지 않습니다. 더 나아가 성막과 성전 역시 더 이상 우리에게 필요하지 않게 되었습니다. 왜냐하면 예수님이 직접 성전과 제사의 역할을 완성하셨기 때문입니다.

그렇다면 구약 시대에 제단 위에 임했던 불은 무엇을 의미할까요? 하늘로부터 임했던 그 불은 오늘 신약 시대에는 성령의 불을 의미합니다. 120명의 성도들이 마가의 다락방에 모여 한마음으로 기도하며 주님이 약속하신 성령을 기다리고 있었습니다. 그때 하늘로부터 성령의 불이 임했습니다.

> "홀연히 하늘로부터 급하고 강한 바람 같은 소리가 있어 그들이 앉은 온 집에 가득하며 마치 불의 혀처럼 갈라지는 것들이 그들에게 보여 각 사람 위에 하나씩 임하여 있더니"(행 2:2-3)

오순절 마가의 다락방에 임한 성령의 불은 하나님이 친히 내리신 새로운 불이었습니다. 물론 성령은 구약 시대에도 역사하셨습니다. 그러나 이때를 기점으로 성령이 성도들의 마음속에 내주하시기 시작하셨습니다. 그 결과 오순절 성령 강림을 통해 이 땅에 거룩한 성전인 주님의 몸 된 교회가 세워졌습니다. 이 교회는 건물로서의 교회가 아니라 성령이 내주하시는 성전, 곧 살아 있는 교회입니다.

우리가 잘 아는 것처럼 구약 시대의 성막과 성전에는 뜰에 있는 번제단의 불, 성소 안을 밝히는 등잔의 불, 성소 안에 있는 분향단의 불, 이렇게 세 종류의 불이 있었습니다. 이 불들이 꺼진다면 하나님께 제사를 드릴 수도, 그분을 만날 수도 없었습니다.

그러므로 구약 시대의 성막과 성전에 항상 불이 있었던 것처럼 오늘 주님의 몸 된 교회, 곧 성령이 거하시는 성전인 우리 안에도 불이 있어야 합니다. 매일 제사장이 제단의 불이 꺼지지 않도록 각별한 관심과 노력을 기울였던 것처럼, 영적 제사장인 우리도 우리 심령에 있는 성령의 불이 꺼지지 않도록 날마다 최선을 다해야 합니다.

성령의 불이 꺼지지 않고
타오르게 하려면

우리 안에 있는 성령의 불이 꺼지지 않고 계속 타오르게 하려면 어떻게 해야 할까요?

예배를 최우선에 두라

제사장들은 아침과 저녁, 하루 두 번 번제를 드렸습니다. 불로 태워 드려지는 그 제사를 통해 하나님은 영광을 받으시며 이스라엘 백성의 죄를 사하셨습니다.

> "이는 너희가 대대로 여호와 앞 회막 문에서 늘 드릴 번제라 내가 거기서 너희와 만나고 네게 말하리라"(출 29:42)

이 제사를 통해 이스라엘 백성은 하나님을 만날 수 있었고 그분의 음성을 들을 수 있었습니다. 또한 하나님 앞에 충성과 헌신을 다짐하며 친밀한 관계를 유지할 수 있었습니다. 그런데 이 제사가 바로 오늘 우리가 드리는 예배입니다. 그러므로 우리 안의 불이 꺼지지 않고 계속 타오르게 하려면 예배의 불이 활활 타올라야 합니다. 예배가 우리의 인생에 최우선이 되어야 합니다.

구약의 제사장들은 제물을 드리는 시간만이 아니라 제사를 드리지 않는 시간에도 불이 꺼지지 않도록 각고의 노력을 했습니다. 우리도 마찬가지입니다. 함께 모여 드리는 회중의 예배만이 아니라 각자의 삶의 자리에서 드리는 삶의 예배에도 불이 꺼지지 않게 해야 합니다. 그래서 바울은 이렇게 말했습니다.

"너희 몸을 하나님이 기뻐하시는 거룩한 산 제물로 드리라 이는 너희가 드릴 영적 예배니라"(롬 12:1b)

구약 시대 제단의 생명력은 꺼지지 않는 불에 있었습니다. 불이 꺼진 제단은 더 이상 제단이 아니었습니다. 마찬가지로 하나님의 성전인 우리에게 예배가 사라진다면, 우리는 더 이상 하나님의 거룩한 성전이 될 수 없습니다. 그러므로 하나님과의 만남을 지속하고 그분과 친밀한 관계를 유지하기 위해서는 반드시 예배를 드려야 합니다. 오늘도 하나님은 예배를 통해 우리 가운데 임재하시고, 우리에게 말씀하시며, 우리를 만나 주십니다. 그러므로 예배를 소홀히 하거나 예배드리는 일을 멈추어서는 안 됩니다.

우리의 마음에 예배의 불이 꺼지는 순간, 우리의 몸은 더 이상 성전이 될 수 없습니다. 그때 우리는 죄와 세상의 유혹에 넘어질 수밖에 없습니다. 이스라엘의 역사를 보면 민족이 가장 타락했던 시기는 제단의 불이 꺼졌던 때였습니다. 반대로 이스라엘이 가장 평안하고 번영을 누렸던 시기는 제단에 불이 활활 타오를 때였습니다. 그러므로 우리는 어떤 일이 있어도 예배의 불이 꺼지지 않도록 해야 합니다. 예배가 무너지면 모든 것이 다 무너집니다. 예배를 드리지 않으면 우리 안의 불은 꺼질 수밖에 없습니다.

하나님의 말씀을 가까이하라

성경을 보면 하나님의 말씀은 불입니다.

"여호와의 말씀이니라 내 말이 불 같지 아니하냐"(렘 23:29a)

부활하신 주님이 낙심하여 엠마오로 가던 제자들에게 말씀을 풀어 주셨을 때, 제자들의 마음이 뜨거워졌습니다.

"그들이 서로 말하되 길에서 우리에게 말씀하시고 우리에게 성경을 풀어 주실 때에 우리 속에서 마음이 뜨겁지 아니하더냐"(눅 24:32)

하나님의 말씀은 단순한 문자가 아닙니다. 하나님의 말씀은 살아 있고 활력이 있습니다. 살아 있다는 것은 곧 생명이 있다는 것이며, 생명이 있는 것은 언제나 뜨겁습니다. 반대로 죽은 것은 차갑습니다. 그러므로 하나님의 말씀은 우리의 심령을 늘 뜨겁게 타오르게 하고, 우리 안에 열정을 불러일으킵니다. 저 역시 말씀을 묵상하고 준비하며 선포할 때마다 제 안에 새 힘이 생기고 심령이 뜨거워집니다. 그래서 성전인 우리 안에 불이 계속 타오르게 하려면 말씀을 깊이 묵상하고 가까이해야 합니다.

기도를 쉬는 죄를 범하지 말라

성막과 성전의 성소에는 꺼지지 않는 분향단의 불이 있었습니다. 그 불은 중보자가 되시는 예수 그리스도의 이름으로 하나님께 구하는 성도들의 기도를 상징합니다.

"그 두루마리를 취하시매 네 생물과 이십사 장로들이 그 어린 양 앞에 엎드려 각각 거문고와 향이 가득한 금 대접을 가졌으니 이 향은 성도의 기도들이라"(계 5:8)

"이 향은 너희가 대대로 여호와 앞에 끊지 못할지며"(출 30:8b)

그러므로 성소 안의 향은 끊이지 않고 하나님께로 올라가야 합니다. 이 말은 곧 예수 그리스도의 이름으로 드리는 기도의 불이 꺼지지 않도록 해야 한다는 뜻입니다. 그래서 바울은 "쉬지 말고 기도하라"살전 5:17고 했고, 사무엘은 "나는 너희를 위하여 기도하기를 쉬는 죄를 여호와 앞에 결단코 범하지 아니하고"삼상12:23b라고 했습니다. 그러므로 우리 안의 불이 꺼지지 않고 타오르게 하려면 반드시 기도의 불이 타올라야 합니다.

불이 꺼진 제단은 더 이상 제단이 아닙니다. 불이 꺼지는 순간, 우리는 하나님의 임재와 능력을 경험할 수 없습니다. 하나님의 뜻대로 살아갈 힘도 잃게 됩니다. 그래서 바울은 다시 이렇게 말했습니다.

> "항상 기뻐하라 쉬지 말고 기도하라 범사에 감사하라 이것이 그리스도 예수 안에서 너희를 향하신 하나님의 뜻이니라 성령을 소멸하지 말며"
>
> (살전 5:16-19)

여기서 '소멸하지 말라'는 말은 단순히 사라지게 하지 말라는 뜻이 아닙니다. '성령의 불을 끄지 말라.'는 의미입니다. 그래서 대부분의 번역본은 "불을 끄지 말라" 혹은 "성령의 불을 끄지 말라"로 번역하고 있습니다. 그렇다면 왜 바울은 성령의 불을 끄지 말라고 했을까요? 그것은 성령의 불이 타오를 때에만 우리가 항상 기뻐하고, 쉬지 말고 기도하며, 범사에 감사하는 삶을 살 수 있기 때문입니다.

우리는 교회이고, 우리의 몸은 하나님의 성령이 거하시는 성전입니다. 그렇다면 우리 안에는 반드시 불이 있어야 합니다. 열정이 있어야 합니다. 세상에서도 성공적인 삶을 사는 사람들은 마음속에 열정이 있는 사람들이었습니다. 제2차 세계 대전이 끝난 뒤 코카콜라의 사장 로버트 우드러프 Robert W. Woodruff는 "내 혈관 속에는 피가 아니라 코카콜라가 흐르고 있다."라고 말했습니다. 이런 열정과 집념이 있었기에 오늘날 코카콜라는 전 세계를 대표하는 브랜드가 될 수 있었습니다. 세상 사람도 세상의 것을 위해 그렇게 열정을 쏟아 붓는데, 우리에게 영원한 생명을 주시는 하나님의 사람은 우리의 열정을 어디에 쏟아야 할까요?

하나님은 열정이 있는 사람, 심령에 성령의 불이 활활 타오르는 사람을 기뻐하십니다. 그리고 그 사람을 통해 위대한 역사를 이루십니다. 그러므로 우리 안의 불이 여전히 타오르고 있는지 돌아보십시오. 혹시 그 불이 희미해졌다면, 다시 하나님 앞에서 그 불이 타오르기를 바랍니다.

3장

다시 하나님을 주인 삼다

(마태복음 6장 25-34절) 25 그러므로 내가 너희에게 이르노니 목숨을 위하여 무엇을 먹을까 무엇을 마실까 몸을 위하여 무엇을 입을까 염려하지 말라 목숨이 음식보다 중하지 아니하며 몸이 의복보다 중하지 아니하냐 26 공중의 새를 보라 심지도 않고 거두지도 않고 창고에 모아들이지도 아니하되 너희 하늘 아버지께서 기르시나니 너희는 이것들보다 귀하지 아니하냐 27 너희 중에 누가 염려함으로 그 키를 한 자라도 더할 수 있겠느냐 28 또 너희가 어찌 의복을 위하여 염려하느냐 들의 백합화가 어떻게 자라는가 생각하여 보라 수고도 아니하고 길쌈도 아니하느니라 29 그러나 내가 너희에게 말하노니 솔로몬의 모든 영광으로도 입은 것이 이 꽃 하나만 같지 못하였느니라 30 오늘 있다가 내일 아궁이에 던져지는 들풀도 하나님이 이렇게 입히시거든 하물며 너희일까보냐 믿음이 작은 자들아 31 그러므로 염려하여 이르기를 무엇을 먹을까 무엇을 마실까 무엇을 입을까 하지 말라 32 이는 다 이방인들이 구하는 것이라 너희 하늘 아버지께서 이 모든 것이 너희에게 있어야 할 줄을 아시느니라 33 그런즉 너희는 먼저 그의 나라와 그의 의를 구하라 그리하면 이 모든 것을 너희에게 더하시리라 34 그러므로 내일 일을 위하여 염려하지 말라 내일 일은 내일이 염려할 것이요 한 날의 괴로움은 그 날로 족하니라

사람은 누구나 크고 작은 염려 속에서 살아갑니다. 건강, 일, 자녀, 재정 등 어느 하나 마음에서 쉽게 놓을 수 없는 걱정거리들입니다. 예수님은 이러한 염려를 단순한 마음의 문제로 보지 않으시고 믿음의 문제로 보십니다. 우리가 염려하는 이유는 단지 상황이 어렵기 때문이 아니라 누가 내 삶의 주인이신가를 분명히 하지 못했기 때문입니다. 예수님은 염려의 뿌리를 드러내시기 위해 먼저 '주인'의 문제를 다루십니다.

염려는
믿음의 문제다

염려에 대해 바로 이해하려면 마태복음의 대전제에서부터 시작해야 합니다.

> "한 사람이 두 주인을 섬기지 못할 것이니 혹 이를 미워하고 저를 사랑하거나 혹 이를 중히 여기고 저를 경히 여김이라 너희가 하나님과 재물을 겸하여 섬기지 못하느니라"(마 6:24)

이어지는 25절은 '그러므로'라는 접속사로 시작합니다. 이것은 '염려하지 말라.'는 명령이 하나님만을 주인으로 섬기는 사람에게 주어진 말씀이라는 뜻입니다. 다시 말해 예수님은 하나님과 재물을 동시에 섬길 수 없으니 둘 중 하나만을 주인으로 택하라고 하십니다. 만약 우리가 하나님을 주인으로 섬긴다면, 주인이신 하나님이 우리의 목숨과 삶을 돌보실 것이니 염려하지 말라고 하십니다.

돈을 사랑하는 사람은 염려가 멈추지 않습니다. 돈만 신뢰하기 때문입니다. 염려는 헬라어로 '메림나오' μεριμναώ인데, '분열하다', '나뉘다'라는 뜻을 가지고 있습니다. 마음 한쪽에는 하나님이 있고, 또 다른 한쪽에는 돈이 있는 상태, 이것이 바로 염려라는 것입니다.

하나님이 사람을 창조하실 때, 인간의 마음은 하나님만을 사랑하고 신뢰하며 주인으로 섬겼습니다. 그때 인간의 마음에는 염려가 없었습니다. 그런데 이 염려가 언제 우리 안에 들어왔을까요? 바로 죄를 범할 때였습니다. 선악을 알게 하는 나무의 열매를 보며 꼭 먹고 싶은 탐욕스러운 마음, 즉 탐심이 생겼습니다. 창 3장 그 탐심이 하나님만을 주인으로 섬기던 마음속으로 파고들었고, 결국 그렇게 탐심으로 인해 죄를 범하게 되었습니다.

그 결과가 바로 염려입니다. 자신의 죄가 드러날 것에 대한 염려, 상대가 나를 받아들이지 못할 것에 대한 염려, 먹고살 것에 대한 염려, 남보다 못한 것에 대한 염려가 인생을 지배하기 시작한 것입니다. '메림나오', 즉 마음이 분열되어 하나님과 탐심이 동시에 들어온 순간, 염려가 시작된 것입니다. 그런 의미에서 염려는 단순한 기질이나 상황의 문제가 아니라 근본적으로 믿음의 문제입니다. 염려하는 사람의 마음 상태 자체가 하나님이 의도하신 바와 다르다는 것입니다. 그래서 성경은 믿는 이들에게 그토록 '염려하지 말라.'고 명령합니다.

"아무 것도 염려하지 말고 다만 모든 일에 기도와 간구로, 너희 구할 것을 감사함으로 하나님께 아뢰라"(빌 4:6)

이처럼 염려는 하나님과 탐심 사이에서 믿음을 가르는 문제입니다. 우리의 마음속에 무엇이 자리하고 있는지를 증명하는 문제입니다.

네 보물이 있는 그곳에
네 마음이 있다

탐심의 가장 대표적인 것이 바로 돈입니다. 물론 돈 자체가 나쁜 것은 아닙니다. 사도 바울도 "돈을 사랑함이 일만 악의 뿌리"딤전 6:10라고 했지 돈 자체를 악하다고 말하지는 않았습니다. 다만 돈은 우리가 사용해야 할 대상이지, 사랑해야 할 대상은 아니라는 것입니다.

오늘날 세상은 돈이 없으면 살아갈 수 없기 때문에 사람들은 돈을 매우 소중하게 여깁니다. 그래서 아무리 부자라고 해도 돈을 함부로 낭비하지 않습니다. 돈은 마음이 가는 곳에 쓰게 되어 있습니다. 내가 무언가에 돈을 많이 들이고 있다면 그만큼 그곳에 내 마음이 가 있다는 증거입니다. 마음이 가지 않으면 사람은 자신의 돈을 내어놓지 않습니다. 그래서 예수님이 "네 보물이 있는 그곳에는 네 마음도 있느니라"마 6:21고 말씀하신 것입니다.

열왕기상 8장을 보면, 솔로몬이 성전을 완공하고 성전 봉헌식을 드리는 장면이 나옵니다. 솔로몬과 이스라엘 백성은 하나님께 희생제물을 드렸는데, 그 양이 정말 어마어마했습니다. 7일 동안 소 이만 이천 마리, 양 십이만 마리를 드렸습니다. 양이 너무 많아 놋 제단에서 다 드릴 수 없자 여호와의 성전 앞뜰을 거룩히 구별하여 그곳에서 제사를 드렸습니다. 그 자리에 있던 모든 백성은 이 많은 제물을 아까워하지 않았습니다. 오히려 하나님이 베푸신 은혜로 말미암아 기뻐하며 즐거워했습니다.왕상 8:62-66 그들은 하나님께 드림으로 누리는 기쁨을 맛본 것입니다.

예수님은 한 가난한 과부가 두 렙돈을 헌금하는 것을 보시고 이 사람이 그 누구보다 하나님께 제일 많이 드렸다고 말씀하셨습니다.마 12:42 ; 눅 21:2 왜 예수님은 헌금함 옆에서 사람들이 헌금하는 모습을 지켜보셨을까요? 그것은 헌금을 통해 그 사람의 신앙을 가늠해 보시기 위함이었습니다. 예수님은 헌금의 많고 적음을 보신 것이 아니라 그 사람의 형편에서 얼마만큼을 드리고 있는지를 보고 계셨습니다. 부자의 헌금에 비하면 과부의 두 렙돈은 너무나 적지만 그것은 과부의 전 재산이었습니다.

복음서를 보면, 예수님은 생각보다 돈과 재물에 관한 말씀을 많이 하십니다. 그만큼 사람의 마음이 돈에 매여 있다는 사실을 아셨기 때문입니다. 누가복음 12장에서도 어리석은 부자의 비유를 통해 우리에게 돈과 재물에 대한 깨달음을 주십니다. 그 부자는 밭의 소출이 전보다 더 풍성해져 곡식을 다 담을 창고가 부족했습니다. 그는 고민 끝에 지금 있는 곳간을 헐고 더 큰 곳간을 지어 곡식을 쌓아 두려고 했습니다. 눅 12:18

그런 부자를 보고 예수님은 말씀하셨습니다.

"어리석은 자여 오늘 밤에 네 영혼을 도로 찾으리니 그러면 네 준비한 것이 누구의 것이 되겠느냐 하셨으니 자기를 위하여 재물을 쌓아 두고 하나님께 대하여 부요하지 못한 자가 이와 같으니라"(눅 12:20-21)

예수님은 왜 이 부자에게 어리석다고 하셨을까요? 창고를 더 크게 지은 것 때문일까요? 아닙니다. 그는 먼저 풍성한 소출을 자신의 소유로 착각했습니다. 그래서 많이 모아 두었으니 이제는 안전하다고 믿은 것입니다.

뿐만 아니라 자신의 생명까지도 자기의 것으로 여겼습니다. 하나님이 생명의 주권자이심을 망각한 것입니다. 하나님이 그 영혼을 거두어 가시면 아무것도 아닌 재물과 자신에 대해 지독히도 집착했습니다.

만약 이 부자가 '내 삶은 하나님이 주관하신다.'라는 사실을 믿었다면 어땠을까요? 그해 소출이 풍성한 것을 하나님의 은혜로 여겼을 것입니다. 씨를 뿌리는 것은 사람이지만, 자라게 하시고 열매 맺게 하시는 분은 하나님이시기 때문입니다. 또한 늘어난 곡식을 담기에는 창고가 작다고 걱정하기보다 이웃을 돌아보았을 것입니다.

돈이 내 인생의 주인이 되지 않고 그것을 사랑하지 않으려면 하나님이 내 인생을 주관하시고 책임지신다는 믿음이 필요합니다. 하나님이 우리와 함께하신다는 믿음, 그리고 그분이 우리 인생의 주인이심을 신뢰해야 돈의 유혹을 이길 수 있습니다.

재물이 주인될 때
무너지는 것들

첫째, 재물이 하나님을 대신해 주인 자리를 차지합니다.

"네가 이 세대에서 부한 자들을 명하여 마음을 높이지 말고 정함이 없는 재물에 소망을 두지 말고 오직 우리에게 모든 것을 후히 주사 누리게 하시는 하나님께 두며"(딤전 6:17)

많은 사람들은 눈에 보이는 현실에 영혼의 닻을 내리고 살아가려 합니다. 그러나 이 세상 어디에도 우리의 마음을 영원히 안전하게 붙들어 줄 자리는 없습니다. 그 자리는 오직 하나님께만 있습니다. 그럼에도 우리는 신앙생활에서도 겉핥기식 만족에 머물면서 형식적인 예배, 기도, 모임에 참여하는 것만으로도 스스로를 '하나님 중심'으로 살고 있다고 착각할 때가 많습니다. 하지만 하나님 중심의 삶이란, 하나님을 삶의 주변이 아니라 가장 중심에, 첫 번째 자리에 두는 것입니다. 그 자리를 재물이 차지하는 순간, 하나님은 자연스럽게 뒷전으로 밀려납니다. 그래서 성경은 "재물에 소망을 두지 말고 하나님께 소망을 두라."고 경고하는 것입니다.

이 진리를 보여 주는 한 예가 마더 테레사 Mother Teresa 수녀의 고백입니다. 테레사 수녀는 인도 콜카타에서 단 3페니를 가지고 보육원을 지으려 했습니다. 그 소식을 들은 원장 수녀는 정색하며 말했습니다.

"테레사, 3페니로는 보육원을 지을 수 없어요. 그것으로는 아무것도 할 수 없답니다." 그때 테레사 수녀가 잔잔한 미소를 지으며 대답했습니다.

"네 맞아요. 3페니로는 아무것도 할 수 없어요. 하지만 하나님이 함께하시면 이 3페니를 가지고도 어떤 일이든 할 수 있습니다."

그녀에게 중요한 것은 돈의 액수가 아니라 하나님이 함께하시는 가였습니다. 돈을 의지하는 사람에게는 '3페니'는 부족한 숫자이지만, 하나님을 의지하는 사람에게는 '3페니'조차도 하나님이 역사하실 씨앗이 될 수 있습니다. 재물을 기준으로 판단하는 순간, 하나님은 계산식에서 사라집니다. 그러나 하나님을 먼저 염두에 두는 사람에게 재물은 '조건'이 아니라 '도구'가 됩니다. 결국 중요한 것은 얼마나 가지고 있느냐가 아니라, 누구를 신뢰하고 있느냐입니다. 재물을 바라보는 시선이 하나님을 가리면, 재물은 우상이 되고 우리는 그 종이 됩니다. 그러나 하나님을 먼저 바라보는 사람에게는, 재물이 장애물이 되지 않습니다.

둘째, 탐욕은 채워도 채워지지 않습니다. 어느 바다 위에 갈매기들이 먹이를 찾아 날아다니고 있었습니다. 그때 한 갈매기가 커다란 물고기 한 마리를 발견하고는 재빨리 내려가 낚아챘습니다. 혼자 먹기엔 너무 큰 물고기였기에 다른 갈매기들도 함께 내려와 나누어 먹으려 했습니다. 바로 그때 나이 많은 갈매기 한 마리가 혼자 독차지하려고 물고기를 통째로 삼키려 했습니다. 하지만 물고기의 날카로운 비늘 때문에 목구멍이 찢어져서 물고기는 먹지도 못한 채 고통 속에서 죽고 말았습니다.

석유 재벌인 존 D. 록펠러는 한때 미국 전체 경제의 1%를 혼자 움직일 정도로 거대한 부를 가진 사람이었습니다. 그에게 기자가 물었습니다.

"당신이 정말 원하는 돈의 액수는 어느 정도입니까?"

그는 잠시도 망설이지 않고 이렇게 답했습니다.

"지금보다 조금만 더 있으면 만족할 것 같습니다."

하지만 그는 이미 세계 최고 부자였습니다. 그런데도 그에게는 만족함이 없었습니다. 말년에 그는 이런 고백을 남겼습니다.

"나는 돈으로 모든 것을 살 수 있었지만, 돈은 나에게 평안과 건강과 참된 기쁨을 주지 못했다."

이렇듯 탐욕은 채워도 끝이 없습니다. 재물에 마음을 빼앗기면 하나님을 의지하지 않고 재물에 의지하게 됩니다.

셋째, 재물은 사람을 교만하게 만듭니다. 중국 만방국제학교 설립자 최하진 선교사의 아내인 최수현 선교사는 서울 유명 백화점의 VIP 고객이었습니다. 한국에서의 부유한 생활이 몸에 배어서인지 남편을 따라 중국에 선교하러 가서도 씀씀이가 컸습니다. 돈을 조금 아껴 쓰라고 조심스럽게 말하는 주변 사람들에게 '내 돈을 내가 쓰는 데 무슨 상관이지?'라는 생각으로 쓰던 대로 마구 썼습니다. 그러던 어느 날, 어린 딸이 폐렴에 걸려 한 달 넘게 고통을 겪으며 생명을 위협받았습니다. 그 순간 그녀는 깨달았습니다.

"돈으로는 선교도, 생명도 지킬 수 없구나. 내가 의지한 재물이, 오히려 하나님을 의지하지 못하게 했구나."

그 후로 그녀는 '내 돈으로 하는 사역'이라는 교만을 내려놓고 하나님을 전적으로 의지하게 되었다고 합니다. 재물은 좋은 도구가 될 수 있지만, 한순간에 하나님을 잊게 만드는 가장 위험한 유혹이 될 수도 있습니다. 그래서 교만의 늪에 빠지게 만듭니다.

어떤 도공이 흙으로 아름답고 멋진 잔을 만들었습니다. 이 잔을 본 사람들은 모두 한결같이 잔을 칭찬했습니다. 그러자 잔은 점점 자만해져서 도공의 고마움을 새까맣게 잊어버리고 말았습니다. 그때 도공이 말했습니다.

"잔아, 넌 스스로 아름답고 빛난다고 생각하는구나. 그런데 너는 흙을 빚어 만든 나의 작품일 뿐이야. 너 스스로 존재할 수 있다면, 나 없이도 존재해 보아라."

잔은 아무 말도 할 수 없었습니다. 존재 자체가 은혜였다는 사실을 깨달았기 때문입니다. 우리 역시 하나님 없이도 스스로 설 수 있다고 착각하는 순간, 교만은 이미 우리 마음에 자리를 잡은 것입니다.

넷째, 악이 틈탈 기회를 줍니다.

"부하려 하는 자들은 시험과 올무와 여러 가지 어리석고 해로운 욕심에 떨어지나니 곧 사람으로 파멸과 멸망에 빠지게 하는 것이라 돈을 사랑함이 일만 악의 뿌리가 되나니 이것을 탐내는 자들은 미혹을 받아 믿음에서 떠나 많은 근심으로써 자기를 찔렀도다"(딤전 6: 9-10)

어느 날 사탄이 병 열 개를 들고 한 청년을 찾아왔습니다. 사탄은 아홉 개의 병에는 꿀물이, 한 개의 병에는 독약이 들어 있는데, 꿀물이 든 병을 찾아 마시면 엄청난 액수의 돈을 주겠다고 제안했습니다. 청년은 돈이 아무리 좋아도 생명과 바꿀 수는 없다고 거절했지만 계속 유혹하는 사탄의 간청에 '열 병 중 딱 한 병인데…' 하며 떨리는 손으로 하나를 골라 마셨습니다. 다행히 그는 죽지 않았고, 사탄에게 돈을 받고서 다시는 찾아오지 말라고 했습니다.

하지만 사탄은 다시 나타나 이제 아홉 개 중 하나를 마시면 돈을 두 배로 주겠다고 제안했습니다. 청년은 그 제안을 승낙했고, 쉽게 번 돈으로 방탕한 삶을 살면서도 계속 사탄을 불러댔습니다. 두려움마저 사라져 이제 남은 두 병을 앞에 두고 '돈벼락이냐, 죽음이냐' 하며 인생의 마지막 승부를 거는 지경에 이르렀습니다. 이제 노년이 된 그는 식은땀을 흘리며 마지막 병을 꿀꺽 삼켰습니다. "나는 이겼어! 끝까지 살아남았어! 어서 돈을 내놔라!"

승리에 도취된 노인에게 사탄은 남은 마지막 병을 스스로 마시면서 말했습니다. "처음부터 독약이 든 병은 없었지. 그러나 너는 이미 돈이라는 독약에 죽어 가고 있었어. 청춘을 돈에 얽매여 다 보내고 영원한 것을 잃어버렸지. 이제까지 받은 돈의 대가를 내가 있는 곳으로 와서 고통과 함께 치러야 할 것이다!"

돈은 좋은 종이 되기도 하지만 나쁜 주인이 될 수도 있습니다. 돈이 말하기 시작하면 진리가 침묵합니다. 돈을 시간보다 소중히 여기면 그 때문에 잃어버린 시간은 돈으로 살 수 없음을 망각하고 삽니다. 나를 위해 쓴 돈은 내 목에 매달린 연자 맷돌이요, 다른 사람에게 나누어 준 돈은 천사처럼 나에게 날개를 달아 줍니다.

다섯 째, 하나님의 사랑과 축복을 잃게 됩니다.

"누가 이 세상의 재물을 가지고 형제의 궁핍함을 보고도 도와 줄 마음을 닫으면 하나님의 사랑이 어찌 그 속에 거하겠느냐"(요일 3:17)

청주에 사는 한 스무 살 청년이 장터를 지나가다가 전대가 떨어져 있는 것을 발견했습니다. 그 안에는 많은 돈이 들어 있었습니다. 그곳을 지나가던 사람이 떨어뜨리고 갔으니 반드시 다시 찾으러 올 것이라고 생각하며 전대를 깔고 그 위에 앉아 기다렸습니다.

잠시 뒤 포목상이 나귀를 끌고 두리번거리며 다가왔습니다. 그 청년이 포목상에게 물었습니다. "무엇을 찾고 계십니까?" 이에 포목상이 "조금 전에 여기를 지나가다가 돈 300냥이 든 전대를 떨어뜨렸습니다. 혹시나 하고 찾는 중입니다."라고 대답하자 청년은 "이것입니까?" 하며 전대를 내밀었습니다.

포목상은 정말 고맙다며 절반인 150냥을 주겠다고 했습니다. 그러나 청년은 극구 사양하며 말했습니다. "제가 탐욕이 있었다면 300냥을 다 가지고 갔을 것입니다. 상업을 하시는 모양인데 큰일 하시는 데 요긴하게 쓰시기 바랍니다." 그 청년이 바로 우리나라 독립 선언서의 주창자이자 민족 대표 33인 가운데 한 분인 손병희 선생님이었습니다.

하나님은 돈과 물질 앞에서 깨끗하고 정직한 사람을 기뻐하십니다. 그러므로 우리는 자기 몫에 만족하며 정직하게 최선을 다함으로써 하나님께 영광 돌리는 삶을 살아가야 합니다. 잠 11:28, 22:1

가난하고 어려운 때일수록 돈의 유혹을 경계하고 조심해야 합니다. 돈 앞에 무릎 꿇는 노예가 되어서는 안 됩니다. 돈을 관리하는 사람이 될지언정, 돈의 지배를 받아서는 안 됩니다. 물질은 살아가는 데 반드시 필요하기에, 하나님은 모든 인간이 생존할 수 있을 만큼 충분한 물질을 허락해 주셨습니다. 그러나 일부 사람들이 과도하게 재산을 소유하여 한쪽에서는 기아와 빈곤으로 고통받고 있습니다. 재물에 얽매여 그것을 제일로 여기는 물질만능주의의 결과입니다.

많이 가진 자가 가난한 자에게 나누어 주며, 물질을 다스리며 살아가야 한다는 말씀을 반드시 마음에 새겨야 합니다. 하나님이 주신 물질의 축복을 재물을 사랑하여 쌓아 두거나 범죄하는 데 쓰는 어리석음을 범하지 말고, 오직 하나님의 영광을 위해 사용해야 합니다. 즉 재물은 일용할 양식을 얻는 일, 하나님의 나라를 확장하는 선교와 구제, 정당한 세금을 감당하는 일 등에 사용되어야 합니다.

재물은 이상한 속성을 지니고 있어서, 부유함이 축복이기보다 오히려 그렇지 않은 경우가 더 많습니다. 그러므로 돈이 자신의 우상이 되지 않을 만큼만 가지고 그 안에서 자족할 줄 아는 것이 진정한 부요함이며 축복입니다. 잠 30:7-9 돈과 하나님 사이에서 갈팡질팡하지 말고, 하나님을 주인으로 섬기는 올바른 삶을 사시기를 바랍니다.

4장

다시 고난 속에서 소망을 얻다

(고린도후서 12장 10절) 그러므로 내가 그리스도를 위하여 약한 것들과 능욕과 궁핍과 박해와 곤고를 기뻐하노니 이는 내가 약한 그 때에 강함이라

과거에는 "개천에서 용 난다."는 말을 참 많이 썼습니다. 그런데 요즘은 그렇게 용이 나더라도 다시 개천으로 돌아가는 세상이라고 합니다. 고난과 역경이 더 이상 기회가 될 수 없다는 뜻이겠지요. 누구에게나 고난은 찾아옵니다. 그러나 중요한 것은 고난이 아니라 그 앞에서 어떻게 반응하느냐입니다. 혹시 고난에 빠지면 억울하다는 생각부터 드시나요? 예수님조차 모두에게 인정받지 못하셨습니다. 그러니 서운한 마음이 들더라도 뿌리치시기 바랍니다.

하나님을
가까이하지 않으면

요나는 하나님이 자신의 뜻대로 응답해 주시지 않는다고 불평불만을 늘어놓았습니다. 게다가 원수 같은 니느웨 사람들이 자신의 경고를 듣고 모두 회개하자 하나님을 원망했습니다. 하나님이 자신의 생각대로 일하지 않으셨다고 불평한 것입니다. 그러나 고난의 때에는 하나님을 찾는 것이 우리가 할 수 있는 가장 지혜로운 반응입니다. 왜냐하면 하나님의 생각은 우리의 생각과 다르기 때문입니다. 사 55:8

로버트 머레이 맥체인 Robert Murray McCheyne 목사는 "하나님을 가까이하라. 그리하면 세상의 모든 것이 작아져 보일 것이다."라고 말했습니다. 하나님을 가까이하여 그분의 임재 속에 살아가면 세상의 모든 아픔과 염려가 작아 보일 것입니다. 하지만 하나님을 가까이하지 않고 죄의 길로 가다 보면, 죄에는 관성이 있어서 속도가 붙게 됩니다.

C. S. 루이스는 『스크루테이프의 편지』 홍성사, 2018에서 "지옥행 길은 한 걸음 한 걸음 가게 되어 있다. 그것은 경사도 완만하고 걷기 쉬운데다가, 갈랫길도, 이정표도, 표지판도 없는 길이지."라고 했습니다. 세상에서 제일 쉽고 재밌는 길이 약간의 내리막길입니다. 지금도 죄의 내리막길을 기분 좋게 걸어가고 있는 사람들이 많습니다. 자신도 모르는 사이에 부담 없고 편안한 길을 걷다가 결국 패망의 구렁텅이에 빠지게 되는 것입니다.

길버트 키스 체스터턴 Gilbert Keith Chesterton의 소설 『브라운 신부의 순진』 열린책들, 2019에도 이와 비슷한 구절이 나옵니다. 보석을 훔쳐 달아나려던 도둑에게 브라운 신부가 이렇게 말합니다. "선함의 수준은 일정하게 유지할 수 있지만, 악함의 수준을 일정하게 유지할 수 있는 사람은 없다네. 그 길은 계속 내리막이야. 친절한 사람도 술을 마시면 잔인해지고, 친절한 사람도 살인을 하면 거짓말을 하게 되네. 내가 아는 많은 사람이 자네처럼 정직한 범법자로, 부자의 돈을 훔치는 의적으로 시작했다가 결국 진흙탕에 뒹구는 신세가 되고 말았네."

죄의 길은 처음에는 부담 없이 시작되지만, 어느 순간부터는 스스로 멈출 수 없는 속도가 붙어 멈추기 힘든 내리막으로 우리를 끌고 갑니다. 그래서 하나님께 붙어 있는 삶은 선택이 아니라, 넘어지지 않기 위한 영적 생존 방식입니다.

어둠 속 빛이 되시는 분

성경에는 수많은 역설이 기록되어 있습니다. 예수님의 십자가 죽으심과 부활, 복음 자체가 역설입니다. 사도 바울 또한 "내가 약한 그 때에 강함이라"고후 12:10b고 하며 자신의 약함을 오히려 기뻐했습니다. 살다 보면 우리를 약하게 만드는 일들이 많이 생깁니다. 육신도 영혼도 약해질 수 있는데, 그럴 때마다 우리는 자신의 약함을 인정하기보다, 그것을 감추고 주변 사람들에게 들키지 않으려 애씁니다. 그러나 그리스도를 위해 살게 되면 나의 약함이 수치가 되는 것이 아니라 도리어 그리스도의 능력이 내 안에 머무는 기회가 됩니다. 약함이 강함이 되는 기회를 누릴 수 있는 것입니다.

찬양 「약할 때 강함 되시네」를 작사·작곡한 미국의 찬양 사역자 데니스 저니건Dennis Jernigan은 모태신앙이었지만 청소년기부터 동성애로 인한 깊은 내적 갈등을 겪었습니다. 동성애자라는 사실을 숨기려고 애썼고, 내면은 욕망과 수치심으로 얼룩졌으며, 주변 사람들의 비난에 절망하여 자살을 시도하기도 했습니다. 그러나 그는 고린도후서 12장의 말씀을 통해 새 힘을 얻었고, 매일 찾아오는 사탄의 유혹을 이겨 냈습니다. 그리고 그 고백이 바로 찬양 「약할 때 강함 되시네」가 되었습니다.

우리의 약한 모습이 오히려 더욱 주님을 바라보게 하고, 그리스도의 능력이 임하는 통로가 됩니다. 이 사실을 깨달을 때 우리는 약함을 더욱 자랑할 수 있고, 그로 인해 기뻐할 수 있습니다. 그러므로 더 이상 약점에 매몰되지 말고, 약함으로 강함을 증명하시기를 바랍니다.

1994년 노벨문학상을 수상한 일본 작가 오에 겐자부로의 장남 오에 히카리는 뇌가 밖으로 돌출된 상태로 태어났습니다. 의사는 즉시 수술을 받지 않으면 사망하거나, 수술을 받더라도 평생 장애를 가지고 살아야 한다는 진단을 내렸습니다. 오에 겐자부로는 출생 신고서와 사망 신고서를 동시에 준비해야 하는 고통을 겪게 되었습니다.

다행히 수술은 잘되었지만 아들은 발달장애와 지적장애, 간질, 시각장애를 안고 살아가게 되었습니다. 아들은 아파도 아프다고 표현하지 못했고, 눈물조차 흘리지 않았으며, 주위의 어떤 자극에도 반응하지 않아 부모의 마음을 찢어지게 했습니다.

그러나 오에 겐자부로는 아이의 이름을 '빛'이라는 의미인 '히카리'로 짓고 희망을 잃지 않았습니다. 가족이 함께 산책하던 어느 날, 새소리에 반응한 히카리의 모습을 본 부모는 처음으로 작은 빛을 발견했습니다. 부모는 그날 이후 아들에게 여러 새소리를 들려주자 히카리는 그것을 정확하게 기억해 냈고, 부모는 아이에게 특별한 능력이 있다는 것을 깨닫게 되었습니다.

이를 계기로 소리에 민감한 히카리에게 클래식 음악을 들려주자 들은 곡을 그대로 따라 부르며 음악적 재능을 드러냈습니다. 이후 본격적인 음악 수업을 받은 히카리는 월광소나타를 듣고 똑같이 따라 연주했고, 들은 음을 직접 기록하기도 했습니다. 10년 뒤 그는 직접 작곡한 앨범을 발표하며 세계적으로 주목을 받게 되었습니다.

히카리를 통해 깊은 영감을 받은 오에 겐자부로는 『개인적인 체험』을유문화사, 2009을 집필했고, 이후 노벨문학상을 받게 되었습니다. 히카리는 "아버지가 자신을 완전한 인간으로 이끌어 준 빛"이라 고백했고, 오에 겐자부로는 "아들이 인생의 빛이 아니라 찬란한 빛이었다."고 말했습니다. 허우적거릴 수밖에 없던 어둠 속에서 부자는 서로에게 빛이 된 것입니다.

하나님도 늘 실패한 것만 같은 자리에 찾아오셔서 우리에게 빛이 되어 주십니다. 그러므로 당장 내 앞에 보이는 어둠에 집중하지 말고 빛 되신 하나님을 찾아야 합니다. 하나님이 우리 곁에서 빛으로서 계시기 때문입니다. 그 빛은 단지 어둠을 몰아내는 빛이 아니라, 길을 잃고 헤매고 있는 우리를 다시 생명의 길로 인도하는 빛입니다. 하나님을 바라볼 때, 우리는 절망의 자리에서도 희망의 새벽을 맞이하게 됩니다.

내 삶을 지탱해 주시는
아빠 아버지

세계적인 뇌과학자이자 신경심리학자인 이안 로버트슨Ian Robertson의 저서 『승자의 뇌』알에이치코리아, 2013에 보면, 아카데미상을 받은 배우는 그렇지 않은 배우들보다 평균 4년 정도, 상을 두 번 받은 배우들은 평균 6년 정도 오래 산다고 합니다. 트로피가 사람의 수명에 영향을 준다는 것입니다.

영화는 호불호가 있습니다. 누군가에게는 재미있지만, 다른 누군가에게는 시시할 수도 있습니다. 천만 관객을 동원하는 영화도 있고, 흥행에 실패하는 영화도 있습니다. 그래서 영화를 만드는 사람이나 배우는 늘 스트레스를 받는데, 아카데미상이 이런 막대한 스트레스를 막아 주는 보호막이 된다고 합니다. 사람들이 아무리 영화가 재미없다고 혹평을 해도 "나는 아카데미상 수상자야."라는 한마디로 모든 스트레스를 물리치고 장수하며 스트레스로 인한 손상까지 치유되는 효과가 있다고 합니다. 수상자라는 자긍심이 스트레스를 풀어 주고 아픈 상처도 치유한다고 하니 얼마나 대단한가요?

그러나 우리에게는 아카데미 트로피보다 훨씬 위대한 분, 예수 그리스도가 계십니다. 그분은 나를 위해 십자가에 달려 죽으시고, 영원한 생명을 주신 분입니다. 주님은 어느 순간에도 나를 보호하실 수 있는 영원한 보호막이십니다. 그분의 날개 아래 있을 때 우리는 힘을 얻고 치유를 경험하며 독수리처럼 날아오를 수 있습니다. 그러니 당당히 외쳐야 합니다. "나는 주님과 함께하는 사람이다!" "나는 하나님의 사람이다!"

그뿐인가요? 우리는 하나님께 "아빠 아버지"라고 부르며 도움을 구할 수 있습니다. 예수님도 여러 번 그렇게 기도하셨습니다.

"아빠 아버지여 아버지께는 모든 것이 가능하오니 이 잔을 내게서 옮기시옵소서 그러나 나의 원대로 마시옵고 아버지의 원대로 하옵소서"(막 14:36)

"내 아버지께서 이제까지 일하시니 나도 일한다"(요 5:17)

바로 이 말씀 때문에 유대인들은 예수님을 죽이려고 했습니다. 하나님을 친아버지라 불렀기 때문입니다. 예수님 이전에는 그 누구도 하나님을 "아빠 아버지"라 부른 적이 없었습니다. 하나님은 '엘 샤다이', '여호와 이레'라 부르며 위대한 신으로 믿었습니다. 신은 신이고 피조물은 피조물일 뿐, 하나님을 아픔과 상처를 싸매 주시는 아버지로는 생각하지 않았습니다. 이 세상 그 어떤 신도 "아버지"라 불리지 않습니다. 그러나 하나님은 우리에게 "아빠 아버지"가 되어 주십니다. 힘들고 어려울 때, 상처받았을 때 우리는 그분을 찾으면 됩니다.

히브리어에는 글자마다 수의 개념이 있다고 합니다. 사탄을 숫자로 바꾸면 364인데, 공교롭게도 1년 중 하루를 뺀 모든 날에 사탄이 우리를 유혹하는 것처럼 보입니다. 그러나 성경에는 "두려워하지 말라."는 말씀이 365회 나온다고 하니 너무 염려하지 맙시다. 하나님 아버지가 매일매일 "두려워하지 말라." 말씀하셨으니 말입니다. 그러므로 우리의 삶은 사탄의 364일이 아니라 하나님의 365일에 의해 붙들리고 있습니다.

하늘의 기준으로
나를 바라보라

사람은 어떤 생각을 하며 사는가가 가장 중요합니다. 생각이 삶과 죽음을 가르기 때문입니다. 우리는 늘 새로운 생각을 하며 하나님이 주시는 꿈을 꿔야 합니다. 그렇게 하나님 중심으로 생각을 바꿀 때 과거는 사라지고 미래가 다가오며, 의심은 사라지고 확신이 찾아옵니다. 그리고 믿음이 현실이 됩니다.

그러나 많은 그리스도인은 자신의 단점에는 민감하고 장점에는 둔감합니다. 늘 자신을 폄하하며 못난 사람으로 여기고 살아갑니다. 하지만 우리는 하나님의 형상대로 지음받은 존재입니다. 예수님이 십자가에 달려 죽으시고 부활하심으로 영생을 얻어 하나님의 자녀가 되었습니다. 이보다 더 귀한 존재가 어디 있겠습니까? 그런데 우리는 자신의 부정적인 모습에만 집중하다 보니 이 모든 사실을 잊고 살아갑니다.

흙 1톤 속에 금이 단 5그램만 있어도 금광이 된다고 합니다. 1톤은 금 1,000,000그램이니, 그중 5그램만 있으면 금광이 되는 것입니다. 그런데 사람들은 내 안에 있는 5그램의 금은 보지 못하고 1톤의 흙무더기만 봅니다. 내 속에 숨어 있는 5그램의 금을 발견할 수 있어야 합니다. 세상 사람들이 아무리 흙무더기 같은 인생이라고 평가해도 우리는 결코 흙무더기가 아닙니다. 하나님은 우리로 인해 기쁨을 이기지 못하시며 잠잠히 사랑하시며 기뻐하신다고 말씀하셨습니다.습 3:17 우리는 하나님의 자랑이고 기쁨입니다. 그러므로 자신의 옥에 티만 찾으며 괴로워하거나 실수에 매여 낙심 가운데 살지 마시기 바랍니다.

뿐만 아닙니다. 우리는 지독한 비교 강박 속에 살아갑니다. 핸드폰 하나를 사더라도 인터넷에서 가격을 비교하고, 타인과 외모를 비교하며, 연봉과 자녀의 성취를 비교합니다. 이런 비교는 늘 사람을 불행하게 만듭니다.

성경에도 비교로 인해 실패한 사람들이 나옵니다. 하나님이 자신의 제사는 받지 않으시고 동생 아벨의 제사만 받으시자 분노한 가인,창 4:4-5 "사울이 죽인 자는 천천이요. 다윗은 만만이로다."는 말에 자신이 왕이라는 사실도 잊은 채 질투의 화신이 되어 버린 사울삼상 18:7-8처럼 마귀는 끊임없이 비교하게 만듭니다. 스스로 멸망의 길을 걷게 하는 것입니다.

부정적이고 불안에 휩싸이는 감정은 세상의 기준으로 자신을 바라보는 사람들이 겪는 아픔입니다. 우리는 하늘의 기준으로 자신을 바라보아야 합니다. 그 순간 트라우마를 극복할 수 있습니다. 스데반은 모함을 당할 때도, 심지어 사람들이 돌로 쳐서 죽이는 순간에도 불안해하지 않고 당당했습니다. 영원한 안식을 주시는 예수 그리스도 한 분만을 바라보았기 때문입니다.

『내가 고통당할 때 하나님 어디 계십니까?』, 생명의말씀사, 2014 『하나님, 당신께 실망했습니다』 IVP, 2023 등의 저서로 잘 알려진 필립 얀시 Philip Yancey는 '우리가 고통당할 때 하나님은 어디에 계시는가'에 대한 질문의 해답을 찾으려 했습니다.

2007년, 그는 교통사고로 척추가 골절되는 중상을 입었습니다. 의사는 부러진 척추가 동맥을 찌르면 목숨이 위태로울 수 있다면서 가족과 마지막 통화를 하라고 권했습니다. 그런데 죽음의 고통과 마주한 필립 얀시에게 의사는 진통제나 어떤 약도 주지 않았습니다. 오히려 사지를 꼬집고 핀셋으로 찌르면서 "아픈가요? 지금 제가 찌르고 있는 것이 느껴지시나요?" 하는 질문만 했습니다. 아픈 감각은 곧 신경이 손상되지 않았다는 증거이자 의식이 있다는 증거였기 때문입니다.

고통은 몸이 성하다는 생명의 징후입니다. 삶에서 고통이 느껴진다면, 그것은 내가 살아 있다는 증거입니다. 죽은 물고기는 흐르는 물을 따라 떠내려가기만 합니다. 죽은 물고기는 아무런 고통을 느끼지 않습니다. 그러나 살아 있는 물고기는 거센 물살을 거슬러 올라갑니다. 물살을 거슬러 올라가는 일은 분명 고통스럽고 힘들지만, 그것이 곧 살아 있다는 증거입니다. 필립 얀시는 이 경험을 통해 깨달았습니다. 고통은 하나님이 우리를 버리셨다는 증거가 아니라 여전히 우리 안에 생명이 살아 있다는 증거라는 사실을 말입니다.

사람이라면 누구나 지우고 싶은 상처를 안고 살아갑니다. 역대하 27장에 나오는 남유다의 11대 왕 요담에게도 상처가 있었습니다. 그의 아버지 웃시야는 16세에 왕위에 올랐는데, 초반에는 하나님께 순종하며 통치하여 전쟁에서 승승장구하고 강성해졌습니다. 하지만 그로 인해 마음이 교만해져 여호와의 성전에 들어가 직접 분향하려고 했고, 이를 말리는 제사장들에게 화를 내다가 그만 나병에 걸리고 말았습니다. 대하 26:16-19 웃시야는 죽을 때까지 나병으로 고통받았고, 이러한 아버지의 모습이 아들 요담에게는 충격이었는지 그는 평생 성전에 들어가지 않았습니다. 그로 인해 백성들도 하나님께 온전히 제사를 드리지 못하는 결과를 낳게 되었습니다.

그리스도인으로서 세상을 살다 보면 상처는 피할 수 없습니다. 때로는 상처가 큰 흠집이 되기도 하지만, 그것을 품고 품어서 진주로 만드는 사람도 있습니다. 요담처럼 상처가 무서워 평생 숨어서 살 수는 없지 않을까요? 우리는 약할 때 강해지고, 쓰러져도 다시 일어서는 사람이 되어야 합니다. 일곱 번 쓰러져도 다시 일어나 나의 상처를 별로 만들 수 있어야 합니다.

하나님은 때때로 우리의 결핍과 약함을 통해 더 큰 위로의 통로를 만드십니다. 세계적인 테너 안드레아 보첼리는 태어날 때부터 시력이 약했습니다. 의사들은 그의 어머니에게 아들이 평생 앞을 보지 못할 수도 있다면서 아들을 포기하는 것이 좋겠다고 말했습니다. 하지만 그의 어머니는 하나님이 주신 생명은 버릴 수 없다며 아이를 품었습니다. 보첼리는 약시 상태로 자랐지만, 놀라운 음악적 재능을 보였고, 여섯 살 때 피아노를 시작으로 플루트, 색소폰, 하프 등 여러 악기를 익혔습니다. 그러나 12세 때 축구 시합에서 공에 맞아 시신경이 손상되면서 완전히 실명했습니다. 많은 이들이 그의 인생이 끝났다고 생각했지만, 그는 절망 대신 음악을 붙들었습니다.

"나는 볼 수 없지만, 하나님은 결코 나를 버리지 않으셨습니다."

"눈을 잃었지만, 마음의 눈은 더 선명해졌습니다."

그는 앞을 보지 못해 연습실 악보조차 볼 수 없었지만, 누군가 옆에서 읽어 주면 그대로 기억하여 노래했습니다. 그는 언젠가 한 인터뷰에서 이렇게 고백했습니다.

"사람들은 내가 실명한 것을 불행이라 말하지만, 나는 한 번도 하나님이 나를 버렸다고 느낀 적이 없습니다."

시력을 잃은 것은 장애였지만, 그는 하나님이 주신 목소리로 전 세계 수많은 사람들에게 위로와 소망을 전했습니다. 그의 삶은 우리에게 이렇게 말합니다.

"빛을 잃은 것이 절망이 아니라, 하나님께 붙들리면 그 자리에서도 노래할 수 있다."

삶은 언제나 뜻대로 흐르지 않습니다. 우리의 계획이 무너지고, 눈앞이 캄캄할 때가 있습니다. 그러나 하나님은 그 무너진 자리에서 새로운 길을 열어 주십니다. 고난은 끝이 아니라, 하나님의 손길이 시작되는 자리입니다. 하나님은 우리의 눈물을 외면하지 않으시며, 절망 속에서도 일하고 계십니다. 때로는 모든 것을 잃어야 비로소 하나님만을 의지하게 됩니다. 안드레아 보첼리가 시련 속에서도 찬양을 잃지 않았듯, 하나님은 고난을 통해 우리를 다듬고 빛으로 세우십니다. 우리의 상처는 부끄러운 흔적이 아니라, 하나님의 은혜가 새겨진 자리입니다. 넘어짐 속에서 겸손을 배우고, 눈물 속에서 감사의 이유를 발견합니다. 그때 우리는 비로소 깨닫습니다. 하나님은 고통을 허락하셨지만, 그 속에 소망의 씨앗을 숨겨 두셨다는 것을요. 절망은 하나님께로 향하는 통로가 될 수 있습니다. 하나님이 멀리 계신 것 같을 때, 그분은 오히려 가장 가까이 계십니다. 눈물 속에서 손을 내밀면, 그분은 언제나 그 자리에서 우리의 손을 잡아 주십니다. 그래서 우리는 고백할 수 있습니다.

"고난 속에서도 하나님은 선하시다."

5장

다시 믿음으로 일어서다

(창세기 32장 1-12절) **1** 야곱이 길을 가는데 하나님의 사자들이 그를 만난지라 **2** 야곱이 그들을 볼 때에 이르기를 이는 하나님의 군대라 하고 그 땅 이름을 마하나임이라 하였더라 **3** 야곱이 세일 땅 에돔 들에 있는 형 에서에게로 자기보다 앞서 사자들을 보내며 **4** 그들에게 명령하여 이르되 너희는 내 주 에서에게 이같이 말하라 주의 종 야곱이 이같이 말하기를 내가 라반과 함께 거류하며 지금까지 머물러 있었사오며 **5** 내게 소와 나귀와 양 떼와 노비가 있으므로 사람을 보내어 내 주께 알리고 내 주께 은혜 받기를 원하나이다 하라 하였더니 **6** 사자들이 야곱에게 돌아와 이르되 우리가 주인의 형 에서에게 이른즉 그가 사백 명을 거느리고 주인을 만나려고 오더이다 **7** 야곱이 심히 두렵고 답답하여 자기와 함께 한 동행자와 양과 소와 낙타를 두 떼로 나누고 **8** 이르되 에서가 와서 한 떼를 치면 남은 한 떼는 피하리라 하고 **9** 야곱이 또 이르되 내 조부 아브라함의 하나님, 내 아버지 이삭의 하나님 여호와 주께서 전에 내게 명하시기를 네 고향, 네 족속에게로 돌아가라 내가 네게 은혜를 베풀리라 하셨나이다 **10** 나는 주께서 주의 종에게 베푸신 모든 은총과 모든 진실하심을 조금도 감당할 수 없사오나 내가 내 지팡이만 가지고 이 요단을 건넜더니 지금은 두 떼나 이루었나이다 **11** 내가 주께 간구하오니 내 형의 손에서, 에서의 손에서 나를 건져내시옵소서 내가 그를 두려워함은 그가 와서 나와 내 처자들을 칠까 겁이 나기 때문이니이다 **12** 주께서 말씀하시기를 내가 반드시 네게 은혜를 베풀어 네 씨로 바다의 셀 수 없는 모래와 같이 많게 하리라 하셨나이다

"직업은 못 속인다."는 말, 들어 본 적 있으신가요? 미용업에 종사하는 분들은 사람을 볼 때 자연스럽게 머리 모양부터 살핍니다. 양복점이나 의류업에 종사하는 분들은 옷차림새에 먼저 눈이 갑니다. 그렇다면 우리는 사람을 볼 때 가장 먼저 어디에 시선이 가게 되나요? 대부분의 사람들은 상대방의 외모에 자연스럽게 눈이 갑니다. 그러나 하나님은 사람을 보실 때 가장 먼저 믿음을 보십니다. 누가복음 5장에서 예수님이 중풍 병자를 고치실 때, 환자가 아닌 그를 침상째 메고 온 이들의 믿음을 보시고 치유해 주셨습니다.

"예수께서 그들의 믿음을 보시고 이르시되 이 사람아 네 죄 사함을 받았느니라 하시니"(눅 5:20)

예수님이 가장 먼저 믿음을 보신다는 증거로 이보다 더 확실한 것이 있을까요?

눈앞의 풍랑보다
믿음을 먼저 보시는 하나님

심지어 주님은 우리가 만나는 인생의 풍랑보다도 믿음을 먼저 보십니다. 갈릴리 바다에서 풍랑을 만나 두려워 떠는 제자들을 향해

"어찌하여 무서워하느냐 믿음이 작은 자들아"^{마 8:26a}라고 책망하시지 않습니까? 그런 다음, 바람과 바다를 꾸짖으셔서 풍랑을 잔잔하게 해 주십니다. 주님께 중요한 것은 풍랑보다 믿음의 문제입니다. 하지만 우리는 어떤가요? 언제나 내가 만난 풍랑과 내가 처한 상황, 그리고 그에 따른 문제가 더 중요하지는 않으신가요?

우리는 재물, 스펙, 외모, 가문, 실력, 성품 등으로 사람을 평가합니다. 사람의 관점에서 보면 이 목록들은 결코 무시할 수 없는 것들입니다. 하지만 전능하신 하나님의 관점에서 보면 이 중에서 그 무엇도 중요하지 않습니다. 성품까지도요. 하나님은 오로지 '믿음'으로 사람을 평가하십니다.

하나님이 만일 돈으로 사람을 평가하셨다면, 거지 나사로 같은 이는 성경에 기록되지도 않았을 것입니다. 외모는 어떤가요? 외모가 평가의 기준이 되었다면 예수님은 키가 작아 나무 위로 올라갔던 삭개오의 집을 방문할 생각조차 하지 않으셨을 것입니다. 가문으로만 평가하셨다면, 기생의 아들로 태어난 입다 같은 인물은 결코 사사가 될 수 없었을 것입니다. 성품과 기질로만 평가하셨다면 어땠을까요? 불같은 성격의 요한과 간사하기로 유명한 야곱은 성경에서 찾아볼 수 없었겠지요.

믿음으로만 사람을 평가하시기에 풍랑 앞에서 두려워 떠는 제자들을 향해 "믿음이 작은 자들아"라고 책망하셨고, 말씀으로 자신의 종을 고쳐 달라는 백부장에게는 "이스라엘 중 아무에게서도 이만

한 믿음을 보지 못하였노라"마 8:10b고 칭찬하셨습니다. 개와 같은 취급을 당하면서도 자신의 딸을 고쳐 달라고 간청한 가나안 여인에게는 또 어떻게 말씀하셨나요? "여자여 네 믿음이 크도다 네 소원대로 되리라"마 15:28b고 하셨습니다. 맹인들의 눈을 뜨게 하실 때에도 "너희 믿음대로 되리라"마 9:29b고 말씀하셨고, 12년 동안 혈루병을 앓던 여인을 치유하실 때에도 "딸아 네 믿음이 너를 구원하였으니 평안히 가라 네 병에서 놓여 건강할지어다"막 5:34라고 말씀하셨습니다.

주님은 언제나 믿음을 먼저 보시고, 믿음으로 사람을 평가하셨습니다. 그래서 히브리서 기자는 "믿음이 없이는 하나님을 기쁘시게 하지 못하나니"히 11:6a라고 기록한 것입니다. 지금, 오늘을 살아가는 우리에게는 주님을 기쁘시게 할 수 있는 믿음이 있습니까?

믿음은 관념이나 철학이 아니라 확신입니다. 토마스 구룸Thomas H. Groome은 "오늘날 기독교의 가장 심각한 문제는 교리, 교파 분열, 이단, 교인 수 감소가 아니라 신앙을 가진 사람은 많은데 신앙하는 사람이 적다는 데 있다."고 했습니다. 신앙을 가진 사람은 많은데 어떤 상황 속에서도 온전히 하나님만 바라보며 의지하는 사람은 적다는 말입니다.

평상시에는 믿음이 충만해 보이는 사람도 인생의 위기와 풍랑, 현실적인 어려움을 만나면 자신의 경험을 의지하거나 과거에 해 보았던 방식으로 문제를 해결하려고 합니다. 믿음과 현실 사이에 커다란 간극을 보이며, 믿음이 현실 속에서 제대로 작동하지 못하는 모습을 보게 됩니다. 어떤 사람들은 세상 사람들보다 더 쉽게 흔들리고, 더 깊이 낙심합니다. 두려움에 사로잡혀 불평과 원망을 쏟아내기도 합니다.

그 대표적인 사람이 야곱입니다. 그는 하나님의 놀라운 은혜를 수없이 경험했음에도 불구하고 현실의 위기 앞에서는 흔들리는 사람이었습니다. 이런 야곱의 인생을 통해 현재를 살아가는 우리에게 들려주시는 말씀을 살펴보겠습니다.

믿음 대신 잔꾀를 붙든 야곱

아버지와 형을 속이고 하란으로 도망갔던 야곱이 20년 만에 고향으로 돌아왔습니다. 그는 이제 큰 부자가 되어 두 아내와 열한 명의 자녀, 그리고 수많은 가축을 이끌고 돌아왔지만 마음은 편치 않았습니다. 답답하고 두렵기까지 했습니다. 우리는 그 이유를 잘 알고 있습니다. 야곱이 장자의 축복을 빼앗았을 때 에서가 그를 죽이려고 했기 때문입니다. 그런 형을 20년 만에 다시 만난다고 생각하니 심장이 요동치고 두 다리가 후들후들 떨리기 시작했습니다. 그래서 당시 야곱의 심정이 "심히 두렵고 답답하여" 창 32:7a라고 기록되어 있습니다.

게다가 에서가 사백 명의 부하를 거느리고 자신이 있는 곳으로 오고 있다는 소식을 듣게 되었으니 얼마나 두려웠을까요? 자칫 잘못하면 전 재산을 빼앗기는 것은 물론 온 가족이 몰살당할 수도 있는 절체절명의 상황이었습니다. 그렇다면 야곱은 이 문제를 현실적으로 어떻게 해결하려 했을까요?

종들을 앞서 보냄

"야곱이 세일 땅 에돔 들에 있는 형 에서에게로 자기보다 앞서 사자들을 보내며"(창 32:3)

가장 먼저 야곱은 형 에서의 마음을 떠보고자 종들을 앞서 보냈습니다. 그리고 4절에서 볼 수 있듯이 에서의 마음을 누그러뜨리려 에서를 "주"라고 부르고 자신은 "종"으로 부르도록 했습니다. 더 나아가 5절에서는 에서의 환심을 사기 위해 자신에게 수많은 가축이 있다는 것을 은근히 알렸습니다.

동행자와 가축을 두 떼로 나누어 보냄

"자기와 함께 한 동행자와 양과 소와 낙타를 두 떼로 나누고"(창 32:7b)

왜 야곱은 동행자와 가축을 두 떼로 나누어 보냈을까요? 이어서 그 답이 나옵니다.

"에서가 와서 한 떼를 치면 남은 한 떼는 피하리라"(창 32:8)

앞서가는 한 떼가 에서에게 공격을 당하면 뒤에 있는 무리는 피할 수 있으니 이렇게라도 자신의 가족과 재산을 보호하려고 한 것입니다. 한마디로 머리를 굴린 것이죠. 이처럼 야곱은 인생의 위기를 만날 때마다 끊임없이 약삭빠른 잔꾀로 문제를 해결하려고 했습니다. 그는 하나님을 의지하기 보다는 늘 자기 방식으로 앞서가려 했던 사람이었습니다.

조상들의 하나님께 기도함

앞서 모든 방안을 세워 보아도 두려움이 사라지지 않자, 그제야 야곱은 하나님께 기도하기 시작했습니다. 그런데 그는 '나의 하나님'이 아닌 '조상들의 하나님'께 기도했습니다. 기도의 내용을 구체적으로 살펴볼까요?

"야곱이 또 이르되 내 조부 아브라함의 하나님, 내 아버지 이삭의 하나님 여호와여 주께서 전에 내게 명하시기를 네 고향, 네 족속에게로 돌아가라 내가 네게 은혜를 베풀리라 하셨나이다"(창 32:9)

그는 먼저, 약속의 말씀을 붙들고 기도했습니다. 20년 전 하나님이 고향으로 돌아가면 은혜를 베풀겠다 약속하신 말씀을 따라 돌아가게 되었으니, 이제 그 은혜를 베풀어 달라는 것입니다. 또한 자신이 얻은 부가 하나님의 은혜였음을 고백했습니다.

"나는 주께서 주의 종에게 베푸신 모든 은총과 모든 진실하심을 조금도 감당할 수 없사오나 내가 내 지팡이만 가지고 이 요단을 건넜더니 지금은 두 떼나 이루었나이다"(창 32:10)

하란으로 들어갈 때는 빈손이었는데, 하나님이 베푸신 은총으로 말미암아 부자가 되었음을 고백했습니다. 그리고 마지막으로 형 에서의 손에서 자신을 건져 달라고 간구했습니다.

"내가 주께 간구하오니 내 형의 손에서, 에서의 손에서 나를 건져내시옵소서 내가 그를 두려워함은 그가 와서 나와 내 처자들을 칠까 겁이 나기 때문이니이다"(창 32:11)

야곱은 약속의 말씀을 붙들고 기도했고, 자신이 부유해진 것이 하나님의 은혜였음을 고백하면서도 여전히 에서가 두렵고 겁이 난다며 그의 손에서 구원하여 달라고 기도했습니다. 사실 야곱의 기도는 흠잡을 데가 없었습니다. 하지만 문제는, 이렇게 기도한 다음 다시 현실의 벽 앞에서 두려워 떨기 시작했다는 것입니다. 그래서 이 문제를 또 한 번 자신에게 익숙한 방식으로 해결하려고 했습니다.

예물로 형의 마음을 움직이려고 함

밤을 새워 기도한 야곱은 에서를 위하여 예물을 준비하기 시작했습니다.

"야곱이 거기서 밤을 지내고 그 소유 중에서 형 에서를 위하여 예물을 택하니"(창 32:13)

준비된 예물은 암염소 이백 마리, 숫염소 이십 마리, 암양 이백 마리, 숫양 이십 마리, 젖 나는 낙타와 새끼 삼십 마리, 암소 사십 마리, 황소 열 마리, 암나귀 이십 마리, 새끼 나귀 열 마리, 총 오백오십 마리였습니다. 그런데 형 에서의 마음을 사기 위해 모든 짐승을 한꺼번에 보낸 것이 아니라 여러 차례 나누어서 보냈습니다. 야곱은 왜 이렇게 했을까요?

"내가 내 앞에 보내는 예물로 형의 감정을 푼 후에 대면하면 형이 혹시 나를 받아 주리라 함이었더라"(창 32:20b)

야곱은 하나님을 온전히 의지하기보다 예물을 통해 형의 마음을 달래려고만 했습니다. 왜 그랬을까요? 비록 기도는 드렸지만, 현실의 문제를 해결하는 데 있어서는 여전히 자신에게 익숙한 세상의 방식을 따랐기 때문입니다. 그는 20년 전에도 배고파하던 형에게 팥죽 한 그릇을 내밀어 장자권을 거래했던 사람이었습니다.

야곱은 벧엘에서 처음으로 살아 계신 하나님을 만났습니다. 그리고 하란에 머무는 동안 많은 은총을 입어 부자가 되었습니다. 가나안으로 들어오는 길에는 하나님이 자신을 지키시고 보호하시기 위해 보내신 마하나임, 하나님의 군대까지 만났습니다. 그래서 많은 위로와 용기를 얻었고, 하나님이 함께 계신다는 사실도 깨달았습니다. 그뿐만 아니라 하나님은 20년 전의 약속도 지키시는 신실하신 분임을 알게 되었습니다. 하지만 현실적으로 두려움이 사라지지 않자 잔꾀를 부리며 자신에게 익숙한 방식으로 문제를 해결하려고 한 것입니다.

두려움에 임한 마하나임의 축복

하나님은 야곱이 에서 때문에 얼마나 두렵고 떨릴지 이미 알고 계셨습니다. 그래서 야곱이 가나안 땅으로 오는 길에 하나님의 사자를 먼저 파송하여 만나게 해 주셨습니다.

"야곱이 길을 가는데 하나님의 사자들이 그를 만난지라"(창 32:1)

하나님의 사자는 하나님이 보내신 천사를 말하는데, '사자들'이라는 표현을 보면 아주 많은 수의 천사임을 알 수 있습니다. 야곱은 길에서 만난 이들이 하나님이 자신을 위해 보내신 군대임을 알아보고, 그 땅 이름을 '마하나임'이라고 불렀습니다.

"야곱이 그들을 볼 때에 이르기를 이는 하나님의 군대라 하고 그 땅 이름을 마하나임이라 하였더라"(창 32:2)

히브리어로 '마하나임'이란, '하나님의 군대' 또는 '두 군대'라는 뜻입니다. 하나님이 두려워 떠는 야곱을 보호하시기 위해 하나님의 두 군대를 미리 보내신 것입니다. '두 군대'라는 표현은 하나님의 천사들이 야곱의 앞과 뒤에서 진을 치고 지키고 있다는 것을 알려 줍니다. 그렇다면 하나님은 왜 야곱의 행렬 가운데 하나님의 군대를 파송하셨을까요?

첫째, 약속을 지키시기 위해서입니다. 하나님은 20년 전 야곱이 에서의 낯을 피해 도망칠 때 벧엘에서 야곱을 만나 이렇게 약속하셨습니다.

"내가 너와 함께 있어 네가 어디로 가든지 너를 지키며 너를 이끌어 이 땅으로 돌아오게 할지라 내가 네게 허락한 것을 다 이루기까지 너를 떠나지 아니하리라 하신지라"(창 28:15)

야곱은 하나님을 잊어버리고 자신이 가진 꾀와 술수로 살아왔지만, 하나님은 약속대로 언제나 야곱을 지키시기 위해 하늘의 군대를 보내 주셨습니다.

둘째, 두려워 떠는 야곱을 보호하시기 위해서입니다. 에서 때문에 두려워 떠는 야곱을 지키시고 보호하시기 위해 야곱이 요청하기도 전에 하나님의 군대를 보내셨습니다. 하나님은 언제나 우리보다 앞서 행하시는 분입니다. 시내산에서도 모세에게 "내가 사자를 너보다 앞서 보내어 가나안 사람과 아모리 사람과 헷 사람과 브리스 사람과 히위 사람과 여부스 사람을 쫓아내고"출 33:2 라며 안심시키셨고, 다윗이 블레셋과 싸울 때도 "나가서 싸우라 너보다 하나님이 앞서 나아가서 블레셋 사람들의 군대를 치리라"대상 14:15b 고 말씀하셨습니다.

사탄은 언제나 뒤에서 우리를 몰아가지만, 하나님은 항상 우리보다 앞서 행하시며 우리를 위해 싸워 주십니다. 그러므로 하나님의 사람인 우리는 눈에 보이는 것만 바라보아서는 안 됩니다. 우리 눈에 보이지 않아도 하나님의 역사가 이미 진행되고 있음을 확신하는 믿음이 있어야 합니다. 눈에 보이지 않는 하나님의 손, 그리고 하나님의 군대를 볼 수 있어야 합니다.

야곱은 가나안으로 들어가는 길목에서 하나님이 보내신 군대, 즉 하나님이 자신을 지키시고 보호하시기 위해 보내신 천사들을 만났습니다. 이를 통해 야곱은 자신이 혼자가 아니라는 사실을 깨달으며 힘과 용기를 얻었습니다. 바로 마하나임의 축복을 경험한 것입니다.

그런데 야곱은 자기보다 앞서 보낸 사자들로부터 에서가 사백 명의 부하를 거느리고 자신을 만나러 온다는 소식을 듣고 다시 두려움과 답답함에 빠졌습니다. 창 32:6-7a 하나님이 함께하신다는 약속을 받았고, 지금까지 그 약속대로 지켜 주심을 경험했습니다. 그뿐만 아니라 하나님이 직접 하늘의 군대를 보내셔서 보호하심을 보여 주셨지만, 에서가 다가오는 현실 앞에서 또다시 흔들리며 두려워했습니다. 그리고 인간의 잔꾀를 부리기 시작했습니다. 하나님을 의지하고 신뢰하기보다 자신에게 익숙한 삶의 방식으로 문제를 해결하고자 한 것입니다.

이해할 수 없어도
오직 믿음으로

우리의 모습은 어떤가요? 하나님을 인격적으로 만나 측량할 수 없는 은혜를 받았고, 말씀을 붙들어 오랜 시간 기도하며, 예배를 드리면서 말씀을 통해 위로와 용기를 얻기도 했습니다. 그런데 막상 현실로 돌아와 보면 해결된 문제는 하나도 없습니다. 사업장이나 일터는 제대로 돌아가지 않고, 재정 문제와 인력 문제에 시달리기 일쑤입니다. 믿었던 자녀가 속을 썩이기도 하고, 때로는 이혼하겠다고 하소연하는 자녀 때문에 골치가 아프기도 합니다. 그뿐입니까? 가족이나 나 자신이 병에 걸리기도 합니다.

이런 상황이 오면 마음이 답답하고 두려움이 몰려옵니다. 눈앞에 놓인 문제만 보이고 하나님은 보이지 않습니다. 이럴 때 우리도 야곱처럼 눈에 보이지 않는 하나님보다 눈에 보이는 사람을 더 의지하고 잔꾀를 부리기 시작합니다. 자신에게 익숙한 삶의 방식으로 문제를 해결하려 합니다. 그러나 이것은 하나님께 속한 사람의 삶의 방식이 아닙니다.

매달 2만 명이 넘는 결연 아동을 후원하고, '드림스쿨'이라는 이름으로 100개 학교 건립을 협약한 교육 기업 디쉐어의 현승원 의장도, 모든 문이 닫힌 것 같은 때가 있었습니다. 그의 꿈은 스타 영어 강사였습니다. 그는 꿈을 이루기 위해 하루 15시간 이상의 강의와 교재 분석에 몰두하며 7~8년을 보냈습니다. 또한 100만 원도 채 안 되는 월급을 받으면서도 포기하지 않았습니다. 여기서 한 발짝 더 나아가 미국 유학을 준비했지만 모든 길이 막히며 친동생과 함께 학원을 운영하게 되었습니다.

그런데 어쩔 수 없이 선택했던 그 길에서 하나님이 계획하신 훨씬 더 크고 놀라운 삶이 펼쳐지기 시작했습니다. 학원이 전국 단위 규모로 성장해 기업을 이루게 된 것입니다. 현승원 의장은 "우리가 계획했던 모든 길이 막혔을 때, 바로 그때가 하나님이 말씀하시는 때"라고 고백합니다. 그리고 "고집을 내려놓고 하나님의 말씀에 귀 기울이며 순종하는 것이 가장 빠른 지름길"이라고 덧붙입니다. 만약 그가 자신의 뜻과 계획이 좌절될 때 하나님을 원망하며 주저앉아 있었다면, 반전의 하나님을 만날 수 있었을까요?

하나님의 사람은 이해할 수 없는 문제 앞에서도, 인생의 풍랑 앞에서도 끝까지 하나님을 신뢰하며 의지합니다. 또한 "세상 끝날까지 너희와 항상 함께 있으리라" 마 28:20b는 약속의 말씀을 붙들고 임마누엘의 신앙으로 당당하게 살아갑니다.

하나님의 사람이 가져야 할 삶의 방식은 믿음으로 사는 것입니다. 그래서 하박국 선지자가 "왜 악과 불의를 보고만 계십니까? 왜 악인이 형통하고 의인은 고통을 받으며 살아가야 합니까?"라고 항의할 때 하나님은 이렇게 말씀하셨습니다.

"의인은 그의 믿음으로 말미암아 살리라"(합 2:4b)

하나님의 사람은 이 세상의 삶이 이해되지 않아도 믿음으로 말미암아 살아야 한다는 것입니다. 사람들이 흔들리며 주님을 떠나도, 우리는 믿음으로 순종하며 살아야 합니다. 하나님은 언제나 먼저 믿음을 보시고, 그 믿음으로 사람을 평가하십니다. 그렇기에 하나님의 사람은 믿음과 현실 사이에서 현실이 아닌 믿음을 택하는 자입니다.

6장
다시 하나님을 만나다

[창세기 32장 22-24절] 22 밤에 일어나 두 아내와 두 여종과 열한 아들을 인도하여 얍복 나루를 건널새 23 그들을 인도하여 시내를 건너가게 하며 그의 소유도 건너가게 하고 24 야곱은 홀로 남았더니 어떤 사람이 날이 새도록 야곱과 씨름하다가

살아가다 보면 가치관이 변하고 삶의 의미와 방향이 완전히 새롭게 바뀌는 순간들이 생깁니다. 우리는 이것을 전환점, 즉 '터닝 포인트'라 부릅니다. 누구에게나 알게 모르게 인생의 터닝 포인트가 찾아옵니다.

하나님과 상관없이 살아가던 인생 가운데 주님이 찾아오셔서 인격적으로 만나 주셨다면, 혹은 극심한 고난과 절망 속에서 하나님의 부르심과 비전을 발견하게 되었다면, 그것이 바로 인생의 전환점이 되는 것입니다. 성경의 많은 인물도 삶의 전환점을 맞닥뜨리고 변화되었습니다. 6장에서는 야곱의 인생에 생긴 전환점을 하나씩 살펴보겠습니다.

실패의 자리에서 하나님을 만나다

먼저 야곱이 형 에서를 속이고 도망치던 현장을 따라가 보겠습니다. 그는 루스라는 곳에 이르러 잠이 들었고, 하늘까지 닿은 사닥다리에 하나님의 사자들이 오르락내리락하는 꿈을 꾸게 되었습니다. 그때 처음으로 하나님의 음성을 들었습니다. 도망치는 인생이었지만, 하나님은 그곳까지 따라오셔서 야곱을 만나 주셨습니다. 그는 도망가고 있었지만, 하나님은 그에게 새로운 시작을 준비하고 계셨던 것입니다.

"내가 너와 함께 있어 네가 어디로 가든지 너를 지키며 너를 이끌어 이 땅으로 돌아오게 할지라 내가 네게 허락한 것을 다 이루기까지 너를 떠나지 아니하리라 하신지라"(창 28:15)

야곱은 하나님이 이곳에서도 함께하신다는 사실을 깨닫고 베개로 삼았던 돌을 기둥으로 세워 그 위에 기름을 붓고 그곳을 '벧엘'이라 불렀습니다.창 28:18-19 이것이 바로 야곱이 하나님을 인격적으로 처음 만난 사건입니다.

할아버지가 아브라함이고, 아버지가 이삭인 야곱은 뼛속까지 모태신앙인이었습니다. 어릴 때부터 하나님에 대한 수많은 이야기를 들으며 자랐고, 끊임없는 종교교육을 받았으며, 셀 수 없는 제사를 드렸습니다. 하지만 하나님의 임재를 경험해 본 적도, 하나님을 인격적으로 만난 적도 없었습니다. 그런 그가 에서로부터 도망치는 자리, 실패의 자리, 아무도 자신을 도와줄 수 없는 외로움과 고독의 자리에서 하나님을 만나게 되었습니다. 이처럼 벧엘은 야곱의 인생에서 처음으로 하나님을 만나고 서원까지 하게 된 첫 번째 전환점이었습니다.창 28:20-22 하나님은 야곱이 잘 나가던 때가 아니라, 모든 것이 무너진 순간에 찾아오셨습니다. 그래서 벧엘은 절망의 장소가 아니라, 은혜의 시작점이 되었습니다. 문제는 상황이 아니라,

그 자리에서 하나님을 만나느냐의 여부에 달려 있습니다. 야곱의 벧엘은 곧 우리 인생의 '다시 시작되는 자리'가 될 수 있습니다.

홀로 서 있을 때 찾아오시는 하나님

야곱이 에서를 피해 20년의 도피 생활을 청산하고 고향으로 돌아가기 위해 얍복강을 건너기까지 참으로 지난한 과정이 있었습니다. 자신을 죽이려 했던 에서를 만날 생각에 두려워하던 야곱은, 그 마음을 아시고 하나님이 보내신 군대를 만나 마하나임의 축복을 받았음에도 여전히 옛 방식으로 문제를 해결하려 했습니다.

종들을 앞서 보내 에서의 마음을 떠보고, 동행자와 가축을 두 떼로 나누어 먼저 보냈으며, 두려움이 사라지지 않자 '조상들의 하나님'께 기도하기 시작했습니다. 뿐만 아닙니다. 오백오십 마리나 되는 많은 가축을 보내 에서의 마음을 움직이려고 했습니다.

어떤가요? 어디서 많이 본 모습 아닌가요? 믿음이 현실에서 제대로 작동하지 않는 야곱의 모습은 곧 우리의 모습과 같습니다. 우리도 하나님을 만났고, 그 돌보심을 경험했으며, 수없이 많은 예배를 드리고 기도했습니다. 그래서 그때만큼은 평안이 넘치고 믿음으로 승리할 수 있으리라 확신했지만, 현실로 돌아오면 언제 그랬냐는

듯 믿음이 흔들리고 두려워 떨며 내 삶의 방식으로 문제를 해결하려고 몸부림칩니다.

그런데 현실 앞에서 흔들리고 두려워 잔꾀를 부리는 야곱에게 하나님은 다시 찾아오셨습니다. 이쯤 되면 "야곱아, 너는 정말 구제불능이구나." 혹은 "너는 변하지 않는 자구나."라며 포기해 버리실 만도 한데 하나님은 결코 야곱의 손을 놓지 않으셨습니다. 바로 다시 찾아오신 그 얍복강 나루터의 은혜가 야곱의 두 번째 전환점이었습니다.

얍복강 나루터의 은혜는 무엇을 말하는 것일까요? 바로 '그럼에도 불구하고' 하나님이 야곱을 포기하지 않으시고 다시 찾아와 만나 주신 것입니다. 그래서 나 중심의 삶에서 하나님 중심의 삶으로 새롭게 인생을 시작하게 되는 것을 의미합니다.

그렇다면 야곱이 얍복강 나루터의 은혜를 누릴 때, 어떤 상황에 놓여 있었습니까? 그는 외로이 홀로 서 있었습니다. 야곱은 기도한 후 일어나 밤중에 두 아내와 두 여종과 열한 명의 아들, 그리고 모든 소유를 인도하여 얍복강 나루를 건너게 했습니다.

"밤에 일어나 두 아내와 두 여종과 열한 아들을 인도하여 얍복 나루를 건널새 그들을 인도하여 시내를 건너가게 하며 그의 소유도 건너가게 하고"

(창 32:22-23)

목숨을 걸고 모았던 많은 가축, 사랑하는 두 아내 레아와 라헬, 열한 명의 아들도 자신의 품에서 떠나보냈습니다. 그리고 외로이 얍복강 나루터에 홀로 남았습니다. 그런데 그때, 어떤 사람이 나타나 야곱을 붙잡고 씨름을 했습니다. 야곱이 붙든 것이 아니라 하나님께서 먼저 야곱을 붙드신 순간이었습니다. 인생에서 더 이상 의지할 것이 없을 때, 하나님은 우리를 가장 깊은 자리에서 만나 주십니다.

"야곱은 홀로 남았더니 어떤 사람이 날이 새도록 야곱과 씨름하다가"

(창 32:24)

얍복강 나루터에 홀로 남아 있는 야곱에게 찾아온 '어떤 사람'은 누구입니까? 바로 하나님이십니다. 여기서 우리가 주목해야 할 점은, 야곱이 외로이 홀로 있을 때 하나님이 찾아오셨다는 것입니다. 의지하고 집착해야 할 것을 모두 떠나보낸 그 시간, 하나님은 야곱에게 다가오셨습니다.

홀로 남아 있는 그때가 사람을 의식하지 않고 가장 정직해질 수 있는 시간입니다. 내 안에 가득 찬 탐욕과 욕망을 내려놓고 비울 수 있는 시간입니다. 히브리어로 얍복יבק이라는 말은 '비우다, 쏟아 내다'라는 뜻입니다. 그러므로 얍복강 나루터가 가지는 의미는 먼저 내 안의 탐욕과 욕망을 쏟아 내고 나를 비우는 곳입니다. 그리고 인생의 모든 가면을 벗어 버리고 가장 정직하게 서 있는 곳입니다. 그래서 하나님은 내 안에 있는 탐욕과 욕망을 쏟아 낼 수 있도록, 우리가 인생의 가면을 벗고 정직한 모습으로 설 수 있도록 얍복강 나루터에 홀로 두십니다.

하지만 인생의 가면을 벗고 내 안의 탐욕을 비워 벌거벗은 모습으로 하나님 앞에 선다는 것은 결코 쉽지 않습니다. 타락한 죄성을 가진 우리는 사람들 속에 묻혀 살아갈 때 진정한 자신의 모습을 보지 못합니다. 더구나 사람들이 자신을 향해 박수와 환호를 보내면 더더욱 진정한 자신의 모습을 볼 수 없습니다. 그래서 우리는 가면을 쓰고 살아가는 일이 얼마나 많은지조차 알지 못합니다. 경건의 능력이 아닌 경건의 모양이라는 가면, 모태신앙인이라는 가면, 목사, 장로, 권사라는 가면을 쓰고 살아갑니다. 별 볼 일 없는 이런 가면을 쓰고 폼을 잡고 허세를 부리는 것입니다.

그래서 하나님은 우리를 인생의 얍복강 나루터에 외로이 홀로 세우십니다. 인생에서 박수 소리도 떠나게 하시고 이루어 놓은 성공도 물거품이 되게 하십니다. 때로는 친구들도 떠나고, 부모님마저도 등을 돌리게 하십니다. 많은 일거리가 사라져 앞길이 막막해지기도 합니다.

혹시 우리의 인생에 이런 일들이 일어나고 있지는 않습니까? 그렇다면 지금이 바로 하나님이 우리를 얍복강 나루터에 홀로 서게 하시는 시간입니다. 그 시간이 고통스럽고 견디기 어렵지만, 그 순간은 하나님이 찾아오셔서 우리의 인생에 간섭하시는 시간입니다.

그러므로 이제 인생의 얍복강 나루터에서 모든 가면을 벗어 버리고, 가장 정직한 모습으로 하나님 앞에 서야 합니다. "하나님, 제가 원래 이런 죄인입니다. 이제 모든 것을 내려놓고 제 인생의 가면을 벗어 버리고 가장 진솔한 모습, 벌거벗은 모습으로 하나님 앞에 서기를 원합니다."라고 고백합시다.

아버지의 집을 떠난 탕자가 언제 돌아왔습니까? 친구들과 어울려 흥청망청 술을 마시며 돌아다닐 때인가요? 아닙니다. 즐겁게 어울리던 친구들이 떠나고, 돈도 다 떨어져 돼지가 먹는 쥐엄 열매를 먹으며 홀로 외로이 있을 때입니다. 세상 친구들이 다 떠나고 난 외로움과 고독의 자리, 물질이 다 떨어진 빈곤의 자리에 있을 때입니다. 그러므로 우리에게는 외로이 홀로 서는 시간이 필요합니다.

그렇다고 해서 세상 사람들과 어울려 살지 말라는 말이 아닙니다. 하나님은 사람이 혼자 사는 것이 좋지 않다고 하시며 돕는 배필을 허락하신 분입니다. 그러므로 우리는 이 세상 속에서 사람들과 더불어 살아야 합니다.

그러나 하나님은 비움을 통해서만 채움의 은혜를 베풀어 주실 수 있기에, 우리를 변화시키시고 주님을 더욱 깊이 인격적으로 만나게 하시기 위해, 상상할 수 없는 은혜를 베풀어 주시기 위해 우리를 인생의 얍복강 나루터에 홀로 두시는 것입니다. 어쩌면 인생에서 가장 비참하게 느껴지는 외로이 홀로 서 있는 시간이야말로 하나님을 만날 수 있는 가장 좋은 기회입니다.

가장 어두울 때
빛으로 임하시는 하나님

또한 야곱은 인생의 밤이 왔을 때 얍복강 나루터의 은혜를 누리게 되었습니다. 모든 소유와 가족을 보내고 홀로 남아 있던 그는, 밤이 새도록 씨름을 하면서 하나님을 만났습니다. 20년 전 벧엘에서 처음으로 하나님을 만났던 그 시간도 바로 밤이었습니다. 야곱이 도망치다 칠흑같이 어두운 밤, 외로움과 두려움에 떨며 돌을 베개 삼아 누워 자고 있을 때 하나님이 찾아와 만나 주셨습니다. 시간도 깊은 밤이었지만, 야곱 인생도 한 치 앞을 알 수 없는 밤이었습니다.

성경을 보면 하나님은 여러 인물에게 인생의 밤 가운데 찾아오시고 그들을 만나 주셨습니다. 다윗은 형통하고 평범한 날이 아니라 사울 왕에게 쫓기고 아들 압살롬에게 배신을 당했던 그 인생의 밤에 '나의 힘이 되신 하나님'을 만났습니다. 욥은 어떻습니까? 모든 자녀와 재산을 잃고 자신마저 병든 고난의 밤, 귀로 듣기만 했던 그 하나님을 눈으로 뵙게 되었습니다. 요나도 물고기 뱃속에 있던 고통의 밤에 주님을 만났습니다.

우주에 낮과 밤이 있듯이 우리의 인생에도 낮과 밤이 있습니다. 세상 사람에게만이 아니라 하나님의 사람에게도 절망의 밤, 슬픔의 밤, 고통의 밤, 질병과 실패의 밤이 있습니다. 밤은 누구에게나 두렵고 괴로운 것입니다. 앞이 보이지 않아 모든 것이 닫혀 있는 것 같고, 오직 나 혼자인 것처럼 느껴지기 때문입니다. 그래서 숨을 쉴 수 없을 것만 같은 밤의 고통을 이겨 내지 못하고 하나밖에 없는 소중한 생명을 스스로 끊기도 합니다. 어떤 사람들은 인생의 밤이 너무 괴로워 자포자기한 채, 될 대로 되라는 식으로 더 많은 죄를 짓기도 합니다.

그러나 하나님은 그 밤에 우리를 찾아와 주십니다. 오히려 인생의 밤에 더 깊은 방식으로 만나 주십니다. 그래서 인생의 밤이 끝이 아니라 시작이 되게 하십니다. 그러므로 하나님의 사람인 우리는 인생의 밤을 만났을 때 포기하지 말고, 말씀을 붙들고 기도해야 합니다. 시편 119편의 저자로 알려진 다윗은 '내가 날이 밝기 전에 부르짖었다.'고 말합니다.

"내가 날이 밝기 전에 부르짖으며 주의 말씀을 바랐사오며"(시 119:147)

날이 밝기 전은 가장 어두운 시간입니다. 다윗은 동트기 직전, 그 절망의 밤에 부르짖어 기도했습니다. 모든 것이 끝났다고 생각되는 그때, 견딜 수도 감당할 수도 없는 인생의 밤에 부르짖어 기도했습니다. 그런데 우리는 이어서 나오는 "주의 말씀을 바랐사오며"에 집중해야 합니다. 즉 다윗은 말씀을 붙들고 기도한 것입니다. 이처럼 하나님의 사람들은 인생의 밤을 만났을 때 부르짖어 기도할 뿐만 아니라 말씀을 붙들어야 합니다.

대구 엠마오교회 한창수 목사는 어둠뿐인 어린 시절을 겪어야 했습니다. 어머니는 그를 출산한 직후 치료가 불가능한 암을 발견했는데, 오랜 투병 끝에 모르핀 중독으로 인한 쇼크사로 세상을 떠나게 되었습니다. 아버지는 돈을 벌러 간다는 명목으로 삼 남매를 두고 사라졌습니다. 형은 공부를 핑계로, 누나는 시집을 핑계로 집을 떠났습니다.

그가 살던 동네는 조폭들의 본거지였습니다. 버림받고 가난했던 소년이 품은 세상에 대한 분노는 그를 뒷골목으로 끌어들이기에 충분했습니다. 그렇게 그는 자연스럽게 조폭의 세계에 발을 들였습니다. 하지만 하나님은 한순간도 그를 버려두지 않으셨습니다.

하나님은 교회에 가면 필통을 받을 수 있다는 친구의 권유를 통해 그를 교회로 부르셨습니다. 그곳에서 권사님들을 통해 따뜻한 밥을 먹게 하시고, 잠시나마 숨을 돌릴 수 있도록 용돈도 틈틈이 받았습니다. 그뿐만 아니라 권사님들은 말씀도 가르쳐 주셨습니다.

어느 날 한 권사님이 마태복음 6장을 읽어 주셨는데, "오늘 있다가 내일 아궁이에 던져지는 들풀도 하나님이 이렇게 입히시거든 하물며 너희일까보냐 믿음이 작은 자들아" 마 6:30에서 '하물며 너희일까보냐'라는 부분이 갑작스레 심장을 파고들었습니다. 버림받은 줄로만 알았던 그는 자신의 인생을 돌보는 존재가 있다는 사실에 벅차기 시작했습니다.

그때부터 어둠은 하나둘 사라지고, 예수님의 사랑의 빛이 가득 찼습니다. 찢어지게 가난했기에 교실에서 자며 신문 배달, 붕어빵 장사, 방범대원 일로 생계를 이어 갔지만 얼굴에는 미소가 떠나지 않았습니다. 비참한 환경이나 처절한 생활은 결코 빛을 없애지 못했습니다. 그렇게 주변의 친구들과 어른들의 도움으로 성장해 신학교에 진학했고, 지금은 교회를 개척하여 무엇보다 말씀을 중심에 둔 목회 철학을 실천하고 있습니다.

앞이 보이지 않고 사방을 둘러보아도 소망이 보이지 않을 때, 하나님이 찾아와 주십니다. 더 깊은 구렁텅이로 빠져들 것만 같은 그때 하나님이 건져 주십니다. 실패와 좌절의 늪에 빠져 허우적거릴 때 오히려 하나님의 도우심을 기대할 수 있어야 합니다. 그것이 그리스도인의 자세입니다.

얍복강 나루터의
은혜를 소망하며

야곱은 얍복강 나루터에 외로이 홀로 서서 인생의 깊은 밤을 만났을 때 하나님을 만나는 은혜를 경험하게 되었습니다. 우리도 움켜쥐고 있던 것들을 내려놓아야 합니다. 인생의 가면을 벗어 버리고 가장 정직한 모습으로 주님 앞에 서야 합니다. 가족에게도, 가까운 친구에게도 차마 보여 줄 수 없는 우리의 모습을 하나님은 이미 다 알고 계십니다. 그리고 그 모습 그대로 나아와 무릎 꿇고 엎드리기를 기다리십니다. 때로는 우리의 고집스러운 모습을 꺾으시기 위해 일부러 철저히 홀로 두시기도 합니다. 우리는 그 신호를 결코 무시해서는 안 됩니다. 원망하고 절규하는 것으로 그 귀한 시간을 허비해서도 안 됩니다.

우리는 종종 문제를 해결하기 위해 더 많은 방법을 찾고, 더 많은 사람을 붙잡으려 합니다. 하지만 하나님은 때로 우리가 의지하던 모든 것을 거두어 가심으로, 오직 하나님만 붙들게 하십니다. 그 순간이 바로 얍복강의 순간이며, 진짜 은혜가 시작되는 자리입니다. 한 목회자가 이런 고백을 했습니다.

"내가 가진 것이 많을 때는 하나님이 잘 보이지 않았습니다. 그러나 모든 것을 잃어버렸을 때, 하나님만이 전부라는 사실이 선명해졌습니다."

부족함이 문제가 아니라, 하나님 없이도 살 수 있다고 착각하는 마음이 문제였던 것입니다. 우리는 붙들고 싶은 것이 많아서, 오히려 은혜의 자리에 나아가지 못할 때가 있습니다. 그러나 하나님은 우리의 손을 비우게 하시고, 비워진 손에 자신을 다시 채우시는 분이십니다. 야곱은 다리를 저는 자가 되었어도, 그날 이후 하나님을 의지하는 사람으로 바뀌었습니다. 상처는 남았지만, 상처가 은혜가 되었습니다. 그의 환도뼈는 약함이 아니라, 하나님을 붙든 증거가 되었습니다. 한 목수가 있었습니다. 낡고 부러진 망치는 더 이상 필요가 없을 듯해서 버리려 했습니다. 하지만 장인은 그 망치를 다시 깎고, 다듬고, 두드려서 최고급 바이올린 활의 부품으로 재탄생시켰습니다. 부러지고 쓸모없어 보였던 도구가, 가장 귀한 자리에 쓰임 받는 도구가 된 것입니다. 하나님은 무너진 자리에서 새롭게 빚으시는 분이십니다. 우리가 완전히 부서졌다고 느낄 때조차, 하나님은 새롭게 우리를 사용할 준비를 하고 계십니다. 무너졌던 그 자리에서 하나님을 붙들면, 그 약함이 능력으로 바뀝니다. 그래서 믿음의 사람은 위기를 두려워하지 않습니다. 위기는 하나님을 만나는 통로이기 때문입니다.

어떤 희망도 보이지 않는 절망의 밤, 슬픔의 밤, 질병과 실패의 밤을 만났다면 무엇보다 먼저 말씀을 붙들고 부르짖어 기도하시기를 바랍니다. 그러면 인생의 밤이 끝이 아니라 새로운 시작을 맞이하게 될 것입니다. 우리 모두가 인생의 얍복강 나루터의 은혜를 누리고 그곳에서 다시 하나님을 만날 수 있기를 소망합니다.

7장
다시 새 이름을 얻다

[창세기 32장 24-28절] ²⁴ 야곱은 홀로 남았더니 어떤 사람이 날이 새도록 야곱과 씨름하다가 ²⁵ 자기가 야곱을 이기지 못함을 보고 그가 야곱의 허벅지 관절을 치매 야곱의 허벅지 관절이 그 사람과 씨름할 때에 어긋났더라 ²⁶ 그가 이르되 날이 새려하니 나로 가게 하라 야곱이 이르되 당신이 내게 축복하지 아니하면 가게 하지 아니하겠나이다 ²⁷ 그 사람이 그에게 이르되 네 이름이 무엇이냐 그가 이르되 야곱이니이다 ²⁸ 그가 이르되 네 이름을 다시는 야곱이라 부를 것이 아니요 이스라엘이라 부를 것이니 이는 네가 하나님과 및 사람들과 겨루어 이겼음이니라

야곱은 목숨을 걸고 수단과 방법을 가리지 않으며 모은 가축들과 우여곡절 끝에 얻은 두 아내 레아와 라헬, 그리고 열한 명의 아들을 먼저 얍복강 나루터로 건너가게 했습니다. 그렇게 가족을 모두 보내고 외로이 홀로 남게 되자 비로소 하나님이 찾아와 야곱을 만나 주셨습니다.

그런데 하나님은 야곱에게 어떤 모습으로 찾아오셨을까요? 천상의 천사들을 대동하고 영광스러운 빛으로 눈부시게 내려오셨을까요? 과연 하나님이 야곱에게 어떻게 찾아오셨는지, 그리고 그 만남 이후 야곱은 어떻게 변했는지 그 과정을 살펴보겠습니다.

언제나 먼저
찾아오시는 하나님

얍복강 나루터에 홀로 남아 있는 야곱에게 갑자기 누군가 나타나 씨름을 걸어왔습니다.

> "야곱은 홀로 남았더니 어떤 사람이 날이 새도록 야곱과 씨름하다가"
>
> (창 32:24)

과연 홀로 남은 야곱에게 어두운 밤 갑자기 찾아와 씨름을 걸어온 사람은 누구였을까요? 형 에서가 보낸 자객은 아니었을까요? 이 인물이 누구인지에 대한 힌트는 호세아에서 얻을 수 있습니다. "야곱은 … 하나님과 겨루되 천사와 겨루어 이기고"호 12:3b-4a라는 기록으로 볼 때 어떤 사람들은 야곱과 씨름한 인물을 천사라고 말하기도 합니다. 그런데 야곱이 직접 한 말을 보면 그 존재는 하나님이심을 알 수 있습니다.

날이 새도록 씨름하다가 갑자기 그 사람이 떠나려고 하자 야곱은 "당신이 내게 축복하지 아니하면 가게 하지 아니하겠나이다"창 32:26b라며 붙잡았습니다. 어떻게 자신과 밤이 새도록 싸운 사람에게 축복해 달라는 말을 할 수 있을까요? 그렇기에 이 존재가 단순히 사람이 아니라 하나님이심을 알 수 있는 것입니다.

그리고 결정적으로 씨름이 끝난 후 하나님이 야곱의 이름을 '이스라엘'로 바꾸어 주셨는데, 그 뜻이 '하나님과 겨루어 이겼다.'입니다. 그뿐만 아니라 야곱이 씨름했던 곳의 이름을 '브니엘'이라고 불렀는데, 이는 '하나님의 얼굴'이라는 뜻입니다. 그러므로 야곱과 밤새도록 씨름했던 사람은 바로 하나님이심을 알 수 있습니다.

사실 그 존재가 하나님이 보내신 천사이든 하나님 자신이시든 그것은 중요하지 않습니다. 천사도 하나님이 자신을 대신하여 보내신 자이기 때문입니다. 여기서 중요한 것은 '씨름의 주체는 누구인가?' 하는 것입니다. 이는 곧 '씨름을 걸어온 것은 누구였는가?' 하는 것입니다. 야곱이 먼저 씨름을 건 것이 아니라 하나님이 친히 찾아오셔서 씨름을 걸어오신 것입니다.

야곱의 생애를 보면 언제나 하나님이 야곱을 찾아와 주셨음을 알 수 있습니다. 20년 전에도 벧엘의 들판에서 돌을 베개 삼아 누워 있던 그때 찾아와 주셨습니다. 하란에서의 객지 생활 가운데서도 찾아오셔서 그를 지켜 주시고 복을 주셨습니다. 그뿐인가요? 고향으로 돌아오는 길목에서는 하늘의 군대를 파송하시면서까지 찾아와 주셨습니다. 이후 얍복강 나루터에서 외로이 홀로 있을 때도 어김없이 찾아와 주셨습니다.

하나님은 언제나 찾아오시는 분입니다. 모세가 미디안 광야에 있을 때에도 찾아오셨습니다. 갈대아 우르에 살던 아브라함에게도 찾아오셨습니다. 사마리아 우물가의 여인에게도 찾아오셨습니다. 그리고 우리에게도 인간의 몸을 입고 친히 이 땅에 찾아오셨습니다. 모태신앙이든 누군가의 기도와 전도를 통해 하나님의 사람이 되었든 하나님이 우리를 찾아와 만나 주신 것입니다. 오늘 우리가 이 자리에 있는 것은 하나님이 부르시고 우리를 찾아오셨기 때문입니다.

하나님은 야곱이 얍복강 나루터에서 인생의 가면을 벗고 외로이 홀로 남아 있던 그 밤에 야곱을 찾아오셨습니다. 그리고 야곱을 붙들고 씨름을 시작하셨습니다. 세상의 종교는 수행과 고행을 통해 스스로 신에게 나아가지만, 기독교는 하나님이 먼저 찾아오시는 종교입니다. 우리가 하나님을 찾은 것처럼 보이지만, 사실은 하나님이 먼저 우리를 찾아오신 것입니다. 신앙은 우리가 붙들어서 시작되는 것이 아니라, 하나님의 손에 붙들리면서 시작됩니다.

기도는
씨름과 같다

그렇다면 하나님과 야곱이 했던 '씨름'은 무엇을 의미하는 것일까요? 우리에게 '씨름' 하면 가장 먼저 떠오르는 것은 씨름 선수들이 상대편의 샅바를 붙잡고 안다리 걸기나 배지기 같은 기술을 사용해서 넘어뜨리는 것이겠지요. 하지만 여기서 말하는 씨름은 단순한 힘겨루기가 아닙니다. 호세아 선지자는 이 씨름을 기도로 설명합니다.

"야곱은 모태에서 그의 형의 발뒤꿈치를 잡았고 또 힘으로는 하나님과 겨루되 천사와 겨루어 이기고 울며 그에게 간구하였으며"(호 12:3-4a)

심지어 하나님이 씨름을 걸어오셨으니 이것은 하나님이 야곱으로 하여금 그분을 붙잡고 간절히 기도하게 하셨음을 뜻합니다. 그러니까 그날 밤 야곱은 밤새도록 울며 하나님께 간구한 것입니다. 이는 야곱의 기도가 얼마나 간절했는지를 보여 줍니다. 지금까지의 기도와는 전혀 달랐습니다. "하나님, 저는 이제 아무것도 가진 것이 없습니다. 형이 저를 죽이려고 사백 명의 부하를 거느리고 지금 이

곳으로 오고 있습니다. 하나님이 저를 붙잡아 주시지 않으면 저는 일어설 수 없고 죽고 말 것입니다."

여기서 우리는 '기도란 무엇인가'에 대해 다시 한번 생각해 볼 수 있습니다. 기도는 하나님과 대화를 나누는 것, 곧 왕의 침소에서 하나님과 은밀한 사랑의 대화를 나누고 친밀한 교제를 나누는 것입니다. 그런데 여기서 한 걸음 더 나아가 신학자 포사이스 P. T. Forsyth 는 『영혼의 기도』복있는사람, 2023라는 책에서 "기도를 하나님께 말하는 것, 곧 다정한 어조로 대화를 나누는 것으로만 생각한다면 그것은 기도를 축소시키는 것"이라고 강하게 경고합니다. 총신대학교 총장이었던 정성구 박사도 "기도는 영적 전쟁이다."라고 강조했습니다. 또한 강원도 태백에 있는 예수원 예배실 중앙에는 "기도하는 것은 노동이다."라는 글귀가 걸려 있습니다. 다윗 역시 환난의 날, 원통하고 억울한 일을 당했을 때 큰 소리로 부르짖어 기도했습니다.

"내가 소리 내어 여호와께 부르짖으며 소리 내어 여호와께 간구하는도다"

(시 142:1)

기도는 기본적으로 육을 가진 인간이 영이신 하나님 아버지와 친밀한 대화를 나누는 것입니다. 하지만 대화의 차원을 넘어 나를 쳐서 복종시키고 부인해야만 하는 영적인 전투이며 거룩한 노동입니다. 모세가 두 손을 들어 기도했던 것처럼, 기도는 하나님의 은혜가 아니면 살아갈 수 없다는 항복이며 영적인 몸부림입니다.

그런데 기도에 대해 편향되게 가르치는 경우도 많이 보게 됩니다. 하나님은 우리가 구하기도 전에 이미 우리에게 필요한 것이 무엇인지 다 알고 계시기 때문에, 큰 소리로 부르짖어 기도하는 것은 기도가 무엇인지 모르는 것이라고 말합니다. 정말 그럴까요? 기도가 무엇인지 몰라 그렇게 간절하게 부르짖어 기도하는 것일까요? 아닙니다. 기도는 하나님과의 친밀한 대화인 동시에 영적인 전투임을 잊지 말아야 합니다.

겟세마네 동산에서의 예수님의 기도를 떠올려 보시기 바랍니다. 예수님은 그날 저녁 아버지와 그저 은밀한 대화를 나누신 것이 아니었습니다. 자신을 부인하시기 위해 땀방울이 핏방울이 되도록 애써 기도하셨습니다. 히브리서 기자는 육체를 입고 이 땅에 오신 예수님의 기도를 이렇게 표현합니다.

"그는 육체에 계실 때에 자기를 죽음에서 능히 구원하실 이에게 심한 통곡과 눈물로 간구와 소원을 올렸고"(히 5:7a)

예수님의 기도는 영적인 전투이며 자신을 쳐서 복종시키시는 몸부림이자 씨름이었습니다. 그렇기에 야곱의 기도 또한 씨름으로 표현된 것입니다. 기도는 씨름처럼 무승부가 없는 영적 전투로, 반드시 누군가는 이기고 누군가는 져야만 끝납니다. 그러므로 야곱도 얍복강 나루터에서 '죽으면 죽으리라'는 일사 각오로 부르짖어 기도했던 것입니다.

그런데 우리의 기도는 왜 이렇게 뜨겁지도, 간절하지도 않은 것일까요? 그것은 주님 외에 또 다른 대안이 있기 때문입니다. 기도를 하면서도 여전히 고민하던 일의 처리 방법에 대해 하나씩 대책을 세우기 시작합니다. 첫 번째는 이 사람에게 부탁하고, 그다음에는 저 사람에게, 그래도 안 되면 마지막 보루는 이 사람으로 하자 하고 '아멘'으로 기도를 마무리하기 일쑤입니다. 그래서 그 방법대로 하고 문제가 해결되지 않으면 바로 하나님을 원망하고 억울함을 토로하며 돌아서고 맙니다.

기도는 문제 해결을 위한 수단이 아니라 하나님 앞에서 씨름하는 영적 싸움입니다. 기도는 내 뜻을 관철시키는 행위가 아니라 하나님의 뜻에 나를 굴복시키는 과정입니다. 내 생각과 계획을 내려놓고, 하나님의 뜻을 구하며, 그분의 주권 앞에 무릎 꿇는 치열한 순종의 시간이 바로 기도입니다.

깨어짐이라는
뜻밖의 축복

하나님과 야곱은 날이 새도록 씨름을 했지만 승부가 나지 않았습니다. 그러자 하나님은 마지막 수단으로 야곱의 허벅지 관절을 치셨습니다.

"자기가 야곱을 이기지 못함을 보고 그가 야곱의 허벅지 관절을 치매 야곱의 허벅지 관절이 그 사람과 씨름할 때에 어긋났더라"(창 32:25)

허벅지 관절은 다리와 허리를 연결하는 부분이라 인체에서 가장 중요한 곳 중 하나입니다. 이곳이 어긋나면 힘을 제대로 쓸 수도, 제대로 걸을 수도 없습니다. 그런데 하나님은 야곱의 허벅지 관절을 치셨고, 야곱은 그 자리에서 쓰러졌습니다. 하나님은 허벅지 관절을 치셔서 야곱이 자신의 힘으로 설 수 없다는 사실을 깨닫게 하신 것입니다.

야곱은 지금까지 자신이 부유해진 것이 하나님의 은혜라고 말하면서도 마음속으로는 자신의 지혜와 수고, 노력 덕분에 이 많은 재물을 얻었다고 생각하고 있었습니다. 그런데 하나님이 허벅지 관절을 치신 순간, '아, 내 인생은 이제 끝났구나. 나는 내 마음대로 걸을 수도 없는 존재가 되었구나'라는 생각을 하게 되었습니다. 자신의 힘으로는 살아갈 수 없게 되니 잔머리를 굴릴 필요도 없고 도리어 생각이 단순해졌습니다. 이제 의지할 분은 오직 하나님뿐이었습니다.

야곱은 형 에서로부터 자신을 구원해 달라고 기도했는데, 하나님은 그의 기도처럼 상황을 바꾸시는 대신 야곱의 자아를 깨뜨리셨습니다. 우리도 마찬가지입니다. 우리는 "하나님, 제가 처해 있는 상황과 형편을 다 아시지요? 이 상황을 역전시켜 주시고 눈엣가시 같은 그 사람을 변화시켜 주세요."라고 기도합니다. 하지만 하나님은 상황이나 사람을 변화시켜 주시는 것이 아니라 야곱처럼 나 자신을 철저히 깨뜨리십니다. 이를 통해 변화되고 난 다음에 복을 주십니다. 그러므로 깨어짐이 곧 축복입니다. 하나님께 항복당하는 것이 축복의 지름길입니다.

야곱은 자신에게 씨름을 걸어온 사람이 형 에서가 보낸 자객은 아닐까 두려워했지만, 그가 하나님이신 것을 알고 그분을 붙들고 놓아 주지 않았습니다.

"그가 이르되 날이 새려하니 나로 가게 하라 야곱이 이르되 당신이 내게 축복하지 아니하면 가게 하지 아니하겠나이다"(창 32:26)

여기서 "당신이 내게 축복하지 아니하면 가게 하지 아니하겠나이다"라는 호소에 담긴 의미는 무엇일까요? "주님, 이제 저는 주님이 붙잡아 주시지 않으면 홀로 일어설 수 없습니다. 주님이 은혜를 베풀어 주시지 않으면 저는 아무것도 할 수 없습니다."

야곱은 자신과 씨름한 사람이 하나님이시며 그분이 자신의 허벅지 관절을 치셨다는 것을 알게 된 후부터 오직 하나님만 의지해야 살 수 있음을 깨닫게 된 것입니다. 그동안 야곱의 삶은 거짓말과 사기를 일삼으며 세상의 방법으로 얼룩져 있었습니다. 한번 목표를 정하면 수단과 방법을 가리지 않고 이루어 냈고, 강한 집념으로 자신의 힘과 능력으로 살아 보려고 몸부림쳤습니다. 하지만 허벅지 관절이 깨어지자 비로소 이 모든 것을 깨닫게 되었습니다.

그러므로 깨어짐은 저주가 아니라 축복입니다. 야곱이 "당신이 내게 축복하지 아니하면 가게 하지 아니하겠나이다"라는 고백을 하기까지 20년이 걸렸습니다. 단지 하나님을 만났다고 해서 누구나 할 수 있는 고백이 아니라 하나님 앞에서 철저히 낮아지고 항복당한 사람만이 할 수 있는 고백이었습니다.

야곱이
이스라엘이 되기까지

그런데 하나님 앞에 항복하며 "당신이 내게 축복하지 아니하면 가게 하지 아니하겠나이다"라고 고백하는 야곱에게 하나님은 뜬금없이 "네 이름이 무엇이냐?"라고 물으셨습니다.

"그 사람이 그에게 이르되 네 이름이 무엇이냐 그가 이르되 야곱이니이다"

(창 32:27)

하나님이 야곱의 이름을 몰라서 물으신 것일까요? 아닙니다. 이는 야곱에게 자신이 누구인지 돌아보도록 하신 것입니다. 야곱이라는 이름의 뜻이 무엇인가요? 바로 '발뒤꿈치를 잡은 자', 다른 말로 하면 '간사한 자'입니다. 그러니까 하나님은 야곱이 "주님, 저는 간사한 자입니다."라는 고백을 하게 하신 것입니다. 그런데 하나님은 이런 야곱의 이름을 이스라엘로 바꾸어 주셨습니다.

> "그가 이르되 네 이름을 다시는 야곱이라 부를 것이 아니요 이스라엘이라 부를 것이니 이는 네가 하나님과 및 사람들과 겨루어 이겼음이니라"(창 32:28)

'이스라엘'이라는 이름은 '하나님과 겨루어 이겼다.'는 뜻입니다. 야곱이 허벅지 관절이 어긋났음에도 하나님을 붙잡고 놓아주지 않았을 때 하나님은 "내가 졌다, 그리고 네가 이겼다."라고 말씀하셨습니다. 사실 그 씨름으로 평생 다리를 절며 살아야 하는 부상을 입은 것은 하나님이 아니라 야곱인데도 하나님은 야곱이 이겼다고 말씀하셨습니다.

그런데 어떻게 야곱이 하나님을 이기겠습니까? 전능하신 하나님을 이길 수 있는 사람은 아무도 없습니다. 그러므로 이 말은 '하나님이 져 주셨다.'는 말입니다. 아빠와 다섯 살 난 아들이 씨름을 하면 항상 누가 이기게 될까요? 바로 아들입니다. 아빠가 져 주기 때문입니다. 그러므로 야곱이 하나님과 겨루어 이겼다는 말은, 야곱이 하나님이 의도하신 시험을 잘 통과했다는 의미입니다.

하나님은 야곱과의 씨름을 통하여 우리에게 말씀하십니다. "누가 하나님과 겨루어 이길 수 있느냐?" 그것은 바로 하나님 앞에서 철저히 깨어진 사람입니다. 내가 의지하던 모든 것이 다 끊어졌을지라도 포기하지 않고 더욱 간절히 하나님의 얼굴을 구하는 사람입니다. 자신에게 철저히 절망하며 하나님의 시험을 끝까지 통과하는 사람입니다. 다른 사람은 몰라도 "주님 아니면 살아갈 수 없어요. 한순간도 주님의 은혜 없이는 살아갈 수가 없어요."라고 고백하며 부르짖어 기도하는 자입니다. 우리 모두 철저히 깨어짐으로 하나님과 겨루어 이기는 자들이 되시기를 소망합니다. 하나님과 겨루어 이기는 자는 이 세상 그 누구와 겨루어도 이길 수 있는 사람입니다. 그러므로 깨어짐이 축복입니다.

론 솔로몬 Lon Solomon 목사는 『브로큰니스』 국민일보, 2024에서 자신의 인생에서 깨어짐이 어떻게 축복이 되었는지를 고백합니다. 그는 대학 시절 술과 마약에 빠져 지냈습니다. 그러다 한 노방 전도자를 만나 회심했고, 이후 모든 중독을 끊고 캐피털바이블신학교와 존스홉킨스대학교 대학원에 진학하여 목회자의 길에 들어섰습니다.

그러나 목회자로서 왕성하게 사역하던 시기에 하나님은 그의 삶을 완전히 흔들어 놓으셨습니다. 46세에 얻은 늦둥이 딸이 생후 3개월 만에 원인 불명의 전신 발작을 일으킨 것입니다. 하루에도 수차례 응급실을 오가던 시간이 8년째 되던 해, 비로소 병명은 '미토콘드리아 질환'으로 밝혀졌습니다. 약물로 발작은 조절할 수 있었지만, 이미 수천 번의 발작으로 인한 뇌 손상은 되돌릴 수 없었습니다. 딸은 언어 능력을 잃게 되었고, 스스로 옷을 입거나 식사하는 일조차 불가능해졌습니다.

그는 하나님께 수없이 물었습니다. "하나님, 왜입니까? 신실하게 주님을 섬기려는 제게 왜 이런 일이 일어났습니까?" 성공적인 목회를 이어 가던 그는 한순간에 삶이 무너져 내리는 경험을 했습니다.

그러나 말씀을 붙잡고 씨름하다가 고난은 하나님이 외면하신 결과가 아니라 하나님이 우리를 다루시고 빚으시는 과정이라는 것을 깨달았습니다. 욥이 "주신 이도 여호와시요 거두신 이도 여호와시오니 여호와의 이름이 찬송을 받으실지니이다"욥 1:21b라 고백했듯, 하나님은 평안도 지으시고 환난도 창조하시는 분임을 믿게 되었습니다.사 45:7

그는 "하나님이 경건한 사람에게 고난을 주시는 이유는, 우리를 향한 높고 숭고한 목적이 있기 때문입니다."라고 말하며 그 과정을 '깨어짐' brokenness 이라 불렀습니다. "깨어짐은 파괴처럼 보이지만, 사실은 회복의 시작입니다. 하나님은 자아의 지배가 깨지는 그 모든 순간에 부드러운 사랑과 위로로 함께하십니다."

그는 딸의 장애를 통해 겸손과 평정을 배웠고, 이후 수많은 장애 아동과 가족을 돌보는 사역을 시작했습니다. 그는 고백했습니다.

"딸의 고통은 하나님의 완전한 계획이었습니다. 하나님은 그 고통을 통해 저를 낮추셨고, 제가 아버지이자 목사로서 새로 태어나게 하셨습니다." 그리고 이렇게 말했습니다. "우리가 겪는 모든 고난은 하나님이 우리를 그분께 더 가까이 이끄시는 통로입니다." 그에게 깨어짐은 하나님의 형벌이 아니라 하나님의 초대장이었습니다. 자신을 무너뜨리신 자리에서 오히려 하나님을 더 깊이 만났기 때문입니다.

야곱이 하나님과 씨름하던 그 밤, 하나님은 그의 허벅지 관절을 치셨습니다. 그의 교만과 자존심과 자기 의지의 힘줄이 꺾인 것입니다. 그날 이후 그는 다리를 절며 살게 되었지만 그 깨어짐이 바로 새로운 이름, '이스라엘'의 시작이 되었습니다. 깨어짐은 끝이 아니라 하나님이 새 일을 시작하시는 순간이었습니다. 론 솔로몬 목사 역시 딸의 고통이라는 깨어짐을 통해 자신의 한계와 무력함을 인정하고, 오직 하나님만 붙드는 법을 배웠습니다. 그리고 그 깨어짐이 수많은 영혼을 살리는 사역으로 이어졌습니다.

우리의 삶에도 깨어짐은 피할 수 없습니다. 그러나 하나님은 그 깨어짐을 통해 우리를 낮추시고, 새 이름을 주시며, 다시 세우십니다. 하나님은 깨어진 사람을 통해 새 일을 시작하십니다.

그래서 우리는 실패를 두려워할 필요가 없습니다. 하나님이 사용하시는 사람은 완벽한 사람이 아니라, 깨어진 사람입니다. 자신을 포장할 이유가 없어진 사람, 더 이상 스스로 의지할 것이 없는 사람, 그 사람에게서 하나님의 역사가 시작됩니다. 철저히 무너진 순간에 비로소 우리는 하나님을 제대로 바라보게 됩니다. 시련 속에서 우리는 하나님의 손을 붙들게 됩니다. 깨어진 자리에서야 우리는 새 이름을 받게 됩니다. 야곱이 이스라엘이 되었듯, 우리도 깨어짐을 통해 진정한 하나님의 사람으로 다시 태어나게 됩니다. 하나님은 완전한 사람을 찾지 않으시고, 깨어진 사람을 부르시고 고치시고 사용하십니다. 그러기에 하나님께 나의 모든 것을 맡겨 드리며 하나님이 우리를 더 아름답고 단단하게 빚어가시길 기대합시다.

8장
다시 화해의 길로 나아가다

(창세기 32장 29-32절, 33장 1-5절) [29] 야곱이 청하여 이르되 당신의 이름을 알려주소서 그 사람이 이르되 어찌하여 내 이름을 묻느냐 하고 거기서 야곱에게 축복한지라 [30] 그러므로 야곱이 그 곳 이름을 브니엘이라 하였으니 그가 이르기를 내가 하나님과 대면하여 보았으나 내 생명이 보전되었다 함이더라 [31] 그가 브니엘을 지날 때에 해가 돋았고 그의 허벅다리로 말미암아 절었더라 [32] 그 사람이 야곱의 허벅지 관절에 있는 둔부의 힘줄을 쳤으므로 이스라엘 사람들이 지금까지 허벅지 관절에 있는 둔부의 힘줄을 먹지 아니하더라 [1] 야곱이 눈을 들어 보니 에서가 사백 명의 장정을 거느리고 오고 있는지라 그의 자식들을 나누어 레아와 라헬과 두 여종에게 맡기고 [2] 여종과 그들의 자식들은 앞에 두고 레아와 그의 자식들은 다음에 두고 라헬과 요셉은 뒤에 두고 [3] 자기는 그들 앞에서 나아가되 몸을 일곱 번 땅에 굽히며 그의 형 에서에게 가까이 가니 [4] 에서가 달려와서 그를 맞이하여 안고 목을 어긋맞추어 그와 입맞추고 서로 우니라 [5] 에서가 눈을 들어 여인들과 자식들을 보고 묻되 너와 함께 한 이들은 누구냐 야곱이 이르되 하나님이 주의 종에게 은혜로 주신 자식들이니이다

'BC' Before Christ 는 예수님 탄생 이전을, 'AD' Anno Domini 는 예수님 탄생 이후를 뜻합니다. 이 연도 표기는 인류 역사의 중요한 사건들을 설명하는 데 쓰입니다. 하나님을 믿는 우리에게도 분명한 BC와 AD가 있습니다. 하나님을 인격적으로 만난 사람은 속도나 크기의 차이는 있을지 몰라도, 누구도 부인할 수 없는 변화를 경험하게 됩니다.

예수님을 믿기 전 우리는 죄의 종이자 세상에 속한 자, 죄와 죽음의 법 아래 매인 자였습니다. 그러나 이제 우리는 하나님이 나의 아빠 아버지가 되시는 자녀로서, 하나님께 속한 사람으로, 죄와 상관없는 부활의 생명으로 다시 태어나 영생을 맛보며 평안을 누리게 되었습니다. 한마디로 그리스도 안에서 새로운 피조물이 된 것입니다.

그러므로 예수님을 믿고 인격적으로 만난 사람은 반드시 인생의 목적과 방향, 그리고 가치관이 변하게 되어 있습니다. 오히려 주님을 인격적으로 만났다고 하면서도 아무런 변화가 없다면, 그것이야말로 기적이라고 생각합니다. 예수님을 믿는 것은 관념이 아니라 분명하고 실제적인 일입니다. 단순히 교회에 다니는 종교생활을 넘어 주님과의 관계를 맺고 살아가는 것입니다.

사도 바울과 사마리아 우물가의 여인, 삭개오를 보십시오. 주님을 만나기 전과 후의 삶이 선명하게 다릅니다. 8장에서는 하나님을 만난 이후 야곱의 삶이 어떻게 변했는지를 살피고, 우리 인생의 적용점을 찾아보겠습니다.

이름을 바꿔 주신 하나님

"거기서 야곱에게 축복한지라"(창 32:29b)

하나님이 야곱을 축복하신 자리가 어디였나요? 바로 인생의 터닝 포인트였던 얍복강 나루터입니다. 허벅지 관절이 깨진 곳입니다. "이제 나는 주님 없이는 살 수 없습니다."라고 고백하던 자리입니다. 인생의 모든 가면을 벗어던지고 하나님만을 바라볼 수밖에 없는 그 자리에서 축복하셨습니다. 그렇다면 구체적인 축복의 내용은 무엇일까요? 문맥적으로 보면 가장 먼저 야곱의 이름이 이스라엘로 바뀐 것입니다.

"그가 이르되 네 이름을 다시는 야곱이라 부를 것이 아니요 이스라엘이라 부를 것이니 이는 네가 하나님과 및 사람들과 겨루어 이겼음이니라"(창 32:28)

'야곱'이라는 이름은 '발뒤꿈치를 잡은 자', 다른 말로 하면 '간사한 자'로 야곱은 끊임없이 누군가를 속이는 자로 살아왔습니다. 그러나 '이스라엘'은 '하나님과 겨루어 이긴 자'로, 원어의 의미는 '하나님이 통치하시는 자'입니다. 이 이름은 야곱과 그의 후손뿐만 아니라 이스라엘 민족 전체를 상징하게 됩니다.

얍복강 나루터의 사건 이후, 야곱은 더 이상 어제의 야곱이 아니었습니다. 그래서 야곱은 하나님이 자신을 찾아와 만나 주시고 축복하신 그 자리를 '하나님의 얼굴을 대면하여 보았다.'라는 의미로 '브니엘'이라 불렀습니다. 그리고 야곱이 아닌 이스라엘로 브니엘의 아침을 맞이했습니다.

> "그가 브니엘을 지날 때에 해가 돋았고 그의 허벅다리로 말미암아 절었더라"(창 32:31)

비록 허벅지 관절이 깨져 평생 절뚝거리며 살아야 했지만, 야곱은 이스라엘이라는 이름으로 새로운 인생을 시작하게 되었습니다. 하룻밤 사이의 변화라는 것이 믿기지 않을 정도로, 그는 스스로도 놀랄 만큼 새로운 사람이 되었습니다. 그런데 이보다 더 놀라운 사실이 있습니다. 구원받은 우리가 예수님을 믿음으로 새 언약의 백성이 되어, 육체적인 혈통과 민족적인 배경을 초월하여 영적 이스라엘이 되었다는 것입니다.

신약성경을 보면, 예수님을 믿는 이들에게 붙여진 칭호가 있었습니다. 바로 '그리스도인'Christian입니다.행 11:26 그리스도인이란 '그리스도를 따르는 자'로, 안디옥교회 성도들의 말과 행동, 삶의 모습이 너무도 그리스도를 닮았기에 세상 사람들이 붙여 준 칭호였습니다. 그러므로 우리도 그리스도를 닮은 작은 예수로, 영적 이스라엘로 살아야 합니다.

새 이름에 걸맞은 삶을
살게 된 야곱

야곱은 바뀐 새 이름에 걸맞은 삶을 살게 되었습니다. 이전처럼 간사한 자로 살지 않고 '하나님과 겨루어 이긴 자, 하나님이 통치하시는 자'로 살았다는 것입니다. 구체적으로 이스라엘이라는 새로운 이름에 걸맞은 삶은 어떤 것이었을까요?

담대함으로 당당한 인생을 살다
허벅지 관절이 깨진 야곱이 불편한 몸으로 얍복강을 건너자마자 형 에서가 사백 명의 장정을 거느리고 오는 것을 보게 되었습니다.

"야곱이 눈을 들어 보니 에서가 사백 명의 장정을 거느리고 오고 있는지라"(창 33:1a)

20년을 두려워하고 무서워하던 형이 흙먼지를 일으키며 사백 명의 용사들을 거느리고 달려오고 있었습니다. 그때 야곱은 어떻게 했을까요? 예전 같으면 먼저 도망가거나 돈으로 문제를 해결하려

했을 것입니다. 그러나 이번에는 달랐습니다.

"여종들과 그들의 자식들은 앞에 두고 레아와 그 자식들은 다음에 두고 라헬과 요셉은 뒤에 두고"(창 33:2)

여종과 그 자식들을 가장 앞에, 레아와 그 자식들을 그다음에, 자신이 가장 사랑했던 라헬과 아들 요셉은 맨 뒤에 세웠습니다. 그리고 누구보다 자신이 가장 앞에 나아가 당당히 에서를 맞이했습니다.

얍복강 나루터의 사건이 있기 전, 그러니까 이름이 바뀌기 전 야곱의 모습이 어땠는지 기억하시나요? 모든 소유물, 아내와 자식들을 순차적으로 보내고 자기만이라도 살겠다며 가장 뒤에 남아 있었습니다.

그랬던 그가 이제는 가장 앞장섭니다. 형 에서가 자신을 향해 오고 있다는 소식만 들어도 무서워하던 사람이, 이제는 사백 명의 장정을 거느리고 달려오는 형의 모습을 보고도 두려워하지 않았습니다. 오히려 종들과 아내들과 자식들이 보는 앞에서 당당하게 형을 맞이했습니다. 20년 전의 잘못이 사라지기라도 했을까요? 아니면 특별한 계책이라도 있었을까요? 아닙니다. 아무것도 바뀌지 않았습니다. 단 하나, 야곱 자신만이 변화되었습니다.

이제 야곱은 과거의 시선이 아니라 하나님과 겨루어 이긴 자로서 형 에서를 바라보았습니다. 현실을 현실로만 보는 것이 아니라 하나님의 눈, 믿음의 눈으로 바라보게 된 것입니다. 그러자 두려움은 사라지고 담대함이 생겨 형 에서를 만났습니다. 이후에는 이런 담대함으로 바로 왕 앞에도 서게 됩니다. 이스라엘, 하나님과 겨루어 이긴 자는 세상의 누구를 만나도 두려워하지 않습니다. 영적 이스라엘인 우리도 담대함을 가지고 당당하게 인생을 살아야 합니다.

먼저 화해의 손을 내밀다

20년 동안 헤어져 있던 형제 에서와 야곱이 드디어 극적인 상봉을 하게 되었습니다. 20년 동안 한 사람은 두려움과 초조함으로, 한 사람은 미움과 복수심으로 가득 찬 나날을 보냈습니다. 증오의 불꽃이 튀어도 모자랄 상봉의 순간은 어땠을까요?

얍복강 나루터에서 하나님과 겨루어 이긴 야곱, 이름이 바뀐 야곱이 먼저 형 앞에 나아가 몸을 일곱 번 땅에 굽히며 절했습니다.

"자기는 그들 앞에서 나아가되 몸을 일곱 번 땅에 굽히며 그의 형 에서에게 가까이 가니"(창 33:3)

야곱은 자신의 자존심을 내려놓고 자신의 종들과 아내들과 자식들이 보는 앞에서 일곱 번이나 땅에 엎드려 절했습니다. 야곱이 먼저 화해의 손길을 내민 것입니다. 우리 삶에서도 용서하고 화해하며 산다는 것은 결코 쉽지 않습니다. 작은 오해 하나로 마음의 벽이 생기기도 하고, 자존심 때문에 먼저 손 내밀지 못한 채 시간을 흘려보내기도 합니다. 가까운 가족이나 오랜 친구 사이에서 진심으로 사과하고 화해하는 일, 그것이야말로 가장 어려운 일 중 하나입니다.

「오늘 나는」이라는 찬양이 있습니다. 가사를 보면 이렇게 고백합니다.

> 내가 먼저 손 내밀지 못하고
> 내가 먼저 용서하지 못하고
> 내가 먼저 웃음 주지 못하고
> 이렇게 머뭇거리고 있네
> 그가 먼저 손 내밀기 원했고
> 그가 먼저 용서하길 원했고
> 그가 먼저 웃음 주길 원했네
> 나는 어찌된 사람인가
> 오 간교한 나의 입술이여
> 오 더러운 나의 마음이여
> 왜 나의 입은 사랑을 말하면서
> 왜 나의 맘은 화해를 말하면서
> 왜 내가 먼저 져 줄 수 없는가
> 왜 내가 먼저 손해 볼 수 없는가

이 찬양의 가사처럼 화목하고 화해하려면 내가 먼저 손을 내밀어야 합니다. 그런데 우리는 상대가 먼저 손 내밀고 용서하길 원합니다. 누가 자존심을 내려놓고 먼저 화해의 손길을 내밀 수 있을까요? 바로 겸손한 자입니다. 하나님과 겨루어 이긴 자, 하나님 앞에서 깨어지고 항복당한 자, 하나님의 다스림을 받으며 살아가는 자입니다. 이렇게 야곱이 먼저 자존심을 내려놓고 화해의 손을 내밀자 하나님이 형 에서의 마음을 누그러뜨리셨습니다.

"에서가 달려와서 그를 맞이하여 안고 목을 어긋맞추어 그와 입맞추고 서로 우니라"(창 33:4)

에서는 자기 앞에 나아와 몸을 구푸려 일곱 번 절하는 동생 야곱에게 달려와 와락 끌어안고 입을 맞추었습니다. 그리고 누가 먼저랄 것도 없이 울기 시작했습니다. 그 순간, 그동안 가슴에 쌓여 있던 앙금이 눈 녹듯 사라졌습니다. 이보다 더 아름다운 모습이 어디 있을까요?

동서고금을 막론하고 가장 아름다운 모습은 화해하는 것이고, 가장 추한 모습은 화해하지 못하고 원수 맺고 살아가는 것입니다. 하나님은 짧은 인생을 살아가는 우리가 서로를 판단하고 정죄하는 것이 아니라 서로의 허물을 덮어 주고 용서하며 화해하기를 원하십니다. '이스라엘'로 이름이 바뀐 야곱이 그 이름에 걸맞게 변화된 것처럼 우리도 그렇게 살기를 원하십니다. 우리가 하나님의 사람이라면 먼저 화해의 손을 내밀고 용서해야 합니다.

언제나 하나님의 은혜를 고백하다

얍복강 나루터의 사건 이후 이름이 바뀐 야곱은 자신의 인생 모든 것이 하나님의 은혜임을 알게 되었습니다. 그래서 에서를 만나 대화를 나눌 때 '하나님의 은혜'라는 말을 가장 많이 사용했습니다. 야곱은 자신의 자녀들을 소개하면서 하나님이 주의 종에게 은혜로 주신 자식들이라고 말했습니다.

> "에서가 눈을 들어 여인들과 자식들을 보고 묻되 너와 함께 한 이들은 누구냐 야곱이 이르되 하나님이 주의 종에게 은혜로 주신 자식들이니이다"
>
> (창 33:5)

야곱은 자식들이 자신의 소유가 아니라 하나님이 은혜로 주신 선물임을 알았습니다. 그런데 많은 부모가 자식은 내가 낳았으니 자신의 소유라고 생각하고 자녀의 인생을 좌지우지하려 합니다. 자녀는 하나님이 은혜로 우리 가정에 주신 선물임을 잊지 마시기 바랍니다.

더 나아가 야곱은 자신의 모든 소유도 하나님이 자신에게 맡기신 것으로 하나님이 은혜로 주신 것임을 알았습니다. 그는 에서에게 예물을 받도록 강권하면서 자신이 이렇게 풍족하게 된 것은 오직 하나님의 은혜임을 고백했습니다.

"하나님이 내게 은혜를 베푸셨고 내 소유도 족하오니"(창 33:11a)

이 구절에서 우리말 성경에는 '왜냐하면'이라는 뜻의 '키'라는 단어가 빠져 있는데, 이것을 넣어 보면 자신의 소유가 '하나님의 은혜 때문에' 족하게 되었다는 의미가 됩니다. 이 외에도 야곱은 33장 5절, 8절, 10절에서 은혜라는 말을 사용합니다. "하나님의 은혜를 입었습니다, 하나님이 은혜로 주신 것입니다, 모든 것이 하나님이 베푸신 은혜입니다." 이렇게 야곱은 은혜라는 말이 입에서 떠나지 않는 사람이 되었습니다. 우리도 그 은혜를 알고 감격하여 살아가기를, 그래서 입술에서 '하나님의 은혜'라는 고백이 그치지 않는 성도가 되기를 소망합니다.

축복의 사람으로 살다

훗날 야곱은 아들 요셉으로 인해 애굽으로 들어가게 되었습니다. 그런데 그날 놀랍게도 야곱은 바로 왕을 축복했습니다.

"요셉이 자기 아버지 야곱을 인도하여 바로 앞에 서게 하니 야곱이 바로에게 축복하매"(창 47:7)

바로 왕은 당대 세계 최고의 권력자였습니다. 누가 감히 그 앞에 나아가 축복을 베풀 수 있었겠습니까? 그런데 야곱은 거동하기도 힘든 다리로, 그것도 가뭄을 피해 애굽으로 온 이방인의 신분으로 바로 왕을 축복했습니다. 그뿐만 아니었습니다.

"야곱이 바로에게 축복하고 그 앞에서 나오니라"(창 47:10)

야곱은 바로 왕을 처음 만났을 때뿐만 아니라 헤어질 때에도 다시 축복했습니다. 바로 왕을 축복하고 또 축복한 것입니다. 이를 보면 다른 사람을 축복하는 일이 그의 몸에 배어 있음을 알 수 있습니다. 과거의 야곱은 누군가를 속이고 남의 축복을 빼앗던 사람이었습니다. 그러나 이제는 누군가를 축복하는 사람이 되었습니다. 축복받는 데만 집착하던 영적 어린아이가 아니라 하나님의 제사장으로서 다른 사람을 축복하는 사람으로 변화된 것입니다. 야곱의 변화 중 가장 놀라운 변화는 바로 '속이는 자'였던 그가 이제 '축복하는 자'로 바뀌었다는 사실입니다.

우리도 영적인 이스라엘, 왕 같은 제사장으로서 속이는 자가 아니라 축복하는 자로 살아야 합니다. 택시를 탔다면 기사님을, 수업에 들어갔다면 교수님을, 병원에 갔다면 의사와 간호사를 축복하는 것입니다. 저도 요즘 일과를 마치고 잠자리에 들 때, 오늘 만났던 사람들을 기억하며 축복하는 습관을 만들어 가고 있습니다. 영적인 이스라엘인 우리는 야곱처럼 축복하는 자로 살아야 하기 때문입니다.

하나님이 주신 이름, 정체성에 맞게 살라

야곱이 보여 주듯 이름은 중요합니다. 왜냐하면 단순한 호칭을 넘어 그 사람의 정체성을 드러내기 때문입니다. 그러므로 우리는 하나님이 주신 이름, 곧 정체성에 맞게 살아야 합니다.

알렉산더 대왕의 일화를 보면 그 의미가 분명해집니다. 어느 날 밤, 알렉산더 대왕이 군인들의 막사를 순찰하던 중 한 막사 안에서 "알렉산더 이 나쁜 놈아! 알렉산더 이 도둑놈아!" 하는 소리를 들었습니다. 화가 난 그가 들어가 보니, 동료의 물건을 훔친 병사의 이름이 실제로 알렉산더였습니다. 알렉산더는 그 병사에게 "네 이름이 알렉산더냐?"라고 물었습니다. 그러자 죽어 가는 목소리로 "예." 라고 대답했습니다. 화가 난 알렉산더는 그 병사의 목을 휘어잡고 이렇게 외쳤습니다. "네가 알렉산더라고? 이름을 바꿔라. 싫으면 네 행동을 바꿔라!"

주식회사 '향기내는사람들'을 세우고, 장애인 커피 전문가를 양성하는 브랜드 '히즈빈스'를 창업한 사람은 임정택 대표입니다. 그는 한동대학교 재학 시절 '배워서 남 주자.', '세상을 변화시키자.'라는 학교의 설립 이념보다 한국의 빌 게이츠가 되어 성공하겠다는 야망으로 가득했습니다.

그러던 중 홍콩에서 열린 '아시아대학생 창업교류전'에 참가했을 때 한 베이징대 학생이 "중국의 극빈층 1억 명의 삶을 변화시키고 싶다"라고 말하는 것을 듣고 그저 성공만을 꿈꾼 자신의 모습을 반성하게 되었습니다.

이후 하나님께 인생의 방향을 구하며 간절히 기도했습니다. 그때 하나님은 "내 형제 중에 지극히 작은 자 하나에게 한 것이 곧 내게 한 것이니라"마 25:40b는 말씀을 주셨습니다. 처음에는 그 뜻을 알 수 없었지만, 말씀을 묵상하는 가운데 '작은 자를 섬기며 살라'는 하나님의 뜻임을 깨달았습니다.

그는 그 말씀을 붙잡고 장애인복지관과 주민센터를 다니며 수급자와 장애인들을 만나기 시작했습니다. 그 과정에서 정신장애인의 현실을 마주했고, 사회적 편견으로 일조차 할 수 없는 그들의 모습에 마음이 아팠습니다. 하나님은 그 순간 깨닫게 하셨습니다. "그들을 돕는 것이 아니라 그들을 통해 내가 너를 돕고 있다."

그 후 그는 매주 정신장애인들과 함께 시간을 보내며 친구가 되었습니다. 어느 날 그들에게 소원을 묻자 한 사람이 '사람답게 사는 것'이라고 대답했습니다. 그 말을 들은 그는 "이들과 함께 행복하게 사는 회사를 만들라"는 하나님의 부르심을 확신했습니다. 또한 당시 인기드라마 「커피프린스 1호점」의 영향으로 여러 사람이 "바리스타가 되고 싶다."고도 말했습니다. 그는 커피 시장을 조사한 끝에 성장 가능성을 보았고, 하나님께 기도하던 중 한 커피 전문가를 만나 장애인들이 무료로 전문 기술을 배우며 세상과 소통하는 것을 도왔습니다.

하지만 카페를 열 자금이 없었습니다. 그는 다시 하나님께 기도한 후 포항의 대기업 포스코를 찾아갔습니다. 다섯 번의 거절 끝에, 여섯 번째 방문에서 드디어 지원이 확정되었습니다. 그는 그때 확신했습니다. "하나님의 일은 하나님의 때에, 하나님의 방법으로, 하나님이 하신다."

그 후 한동대학교에 히즈빈스 1호점이 문을 열었고, 지금은 국내외 38개 매장에서 165명의 장애인 커피 전문가가 일하고 있습니다. 그가 지금까지 지켜 온 원칙은 두 가지입니다. "첫째, 기도로 시작해 기도로 마친다. 둘째, 매일 말씀을 묵상하며 기도로 하루를 연다."

그는 일터가 돈을 버는 곳이 아니라 사람을 살리는 도구라고 강조합니다. 때로는 아무리 기도해도 상황이 나아지지 않는 고통스러운 순간이 찾아오지만, 그는 환난을 인내하면 결국 유익이 된다는 것을 배웠습니다. 롬 5:3-4 지금도 그는 한 영혼, 한 가정을 살리는 사명으로 걸어가고 있습니다.

야곱이 이스라엘이 된 것처럼 세상의 성공을 좇던 청년은 하나님을 만나 '가장 작은 자를 살리는' 하나님의 비전을 받은 자로 서게 되었습니다. 이름이 바뀌는 것은 정체성이 바뀌는 것입니다. 간사한 자에서 하나님의 통치를 받는 자로 정체성이 변한 야곱은 이전의 야곱이 아닌 이스라엘로 새로운 인생을 살게 되었습니다. 그것은 바로 두려움 없는 담대함으로, 자존심을 내려놓고 먼저 화해의 손길을 내밀며, 언제나 하나님의 은혜를 고백하며 축복의 사람으로 사는 삶입니다.

그렇다면 당신은 누구인가요? 이름이 바뀌기 전의 야곱인가요, 아니면 그리스도인이자 영적 이스라엘인가요? 여전히 세상의 기준과 가치대로 살고 있다면 '그리스도인'이라는 이름에 걸맞게 살아야 합니다. 하나님이 주신 이름에 걸맞은 삶, 세상 속에서 그분의 향기를 내는 삶이 곧 우리를 향한 부르심입니다.

9장

다시 벧엘로 올라가다

(창세기 35장 1-7절) **1** 하나님이 야곱에게 이르시되 일어나 벧엘로 올라가서 거기 거주하며 네가 네 형 에서의 낯을 피하여 도망하던 때에 네게 나타났던 하나님께 거기서 제단을 쌓으라 하신지라 **2** 야곱이 이에 자기 집안 사람과 자기와 함께 한 모든 자에게 이르되 너희 중에 있는 이방 신상들을 버리고 자신을 정결하게 하고 너희들의 의복을 바꾸어 입으라 **3** 우리가 일어나 벧엘로 올라가자 내 환난 날에 내게 응답하시며 내가 가는 길에서 나와 함께 하신 하나님께 내가 거기서 제단을 쌓으려 하노라 하매 **4** 그들이 자기 손에 있는 모든 이방 신상들과 자기 귀에 있는 귀고리들을 야곱에게 주는지라 야곱이 그것들을 세겜 근처 상수리나무 아래에 묻고 **5** 그들이 떠났으나 하나님이 그 사면 고을들로 크게 두려워하게 하셨으므로 야곱의 아들들을 추격하는 자가 없었더라 **6** 야곱과 그와 함께 한 모든 사람이 가나안 땅 루스 곧 벧엘에 이르고 **7** 그가 거기서 제단을 쌓고 그 곳을 엘벧엘이라 불렀으니 이는 그의 형의 낯을 피할 때에 하나님이 거기서 그에게 나타나셨음이더라

우리는 살아가면서 필연적으로 위기를 만납니다. 예기치 못한 고난과 어려움에 빠져 허우적거리기도 합니다. 하지만 "위기는 곧 기회다."라는 말처럼 위기의 다른 말은 기회입니다. 성경에서도 인생의 위기가 오히려 축복이 된 사람이 많습니다.

위기가
도리어 축복이 되다

먼저 살펴볼 인물은 요셉입니다. 그는 형들에게 미움을 받고 애굽에 종으로 팔려 가는 것도 모자라 보디발의 아내 때문에 억울한 누명을 쓰고 감옥에 갇혔습니다. 하지만 그 일로 인해 왕의 꿈을 해몽하게 되었고, 애굽의 총리가 되었습니다.

다니엘은 또 어떻습니까? 왕 이외의 그 어떤 신도 섬겨서는 안 된다는 칙령을 어기고 하나님께 기도하다가 사자 굴에 던져지는 위기를 만났습니다. 하지만 그 속에서 오히려 하나님의 보호하심을 받음으로 하나님만이 살아 계신 참 신이심을 드러낼 수 있었습니다.

다윗은 골리앗이라는 거대한 블레셋 장수와 싸워야 하는 위기를 만났습니다. 하지만 만군의 여호와의 이름으로 나아가 골리앗을 무너뜨려 블레셋과의 전쟁에서 승리할 수 있었고, 이로 인해 이스라엘의 용장으로 세워지고 왕의 자리까지 오르게 되었습니다.

마지막으로 사도 바울은 재판을 받기 위해 로마로 압송되던 중 유라굴로라는 광풍을 만났습니다. 하지만 그 풍랑 가운데서 하나님의 음성을 듣게 되었고, 배에 타고 있던 모든 사람에게 소망을 주었습니다. 그로 인해 배에서 가장 영향력 있는 사람이 되었습니다. 유라굴로라는 광풍을 만났기에 살아 계신 하나님을 드러내고 그곳에 있던 영혼들을 하나님께 인도할 수 있었습니다.

이들에게 만약 위기가 없었다면 어땠을까요? 감옥에 갇히고, 사자 굴에 던져지고, 결코 이길 수 없을 것 같은 적과 싸우고, 광풍을 만난 위기가 없었다면 총리가 되고 왕이 되며 하나님의 살아 계심을 드러낼 수 있었을까요?

야곱의 삶에도 가정의 위기가 닥쳐왔습니다. 야곱이 이를 어떻게 극복하고 해결해 나갔는지를 살펴보면서 우리 가정에도 피할 수 없는 위기를 어떻게 대처해야 할지를 생각해 보고자 합니다. 여기서 중요한 것은 찾아온 위기보다 '그것을 어떻게 극복하는가'입니다. 위기가 또 다른 축복의 기회가 될 수 있기 때문입니다.

위기를 돌파하게 하시는
하나님의 방법

창세기 34장은 야곱의 가정에 찾아온 위기에 관해 설명합니다.

야곱의 외동딸 디나가 가나안 땅의 여인들을 보러 나갔다가 그곳의 추장 세겜에게 강간을 당했습니다. 이 소식을 들은 야곱의 아들들은 분노를 참지 못하고 복수를 감행했습니다. 세겜의 아버지 하몰이 자신의 아들과 디나의 결혼을 허락해 달라고 하자, 야곱의 아들들은 모든 세겜 남자들이 할례를 받도록 요구했습니다.

그 후 할례를 받고 상처를 회복하고 있을 때 시므온과 레위가 그 성을 기습하여 모든 남자를 잔혹하게 죽였습니다. 그뿐만 아니라 모든 재물을 빼앗고 그들의 자녀와 아내를 사로잡았습니다. 철저한 피의 복수를 행한 것입니다. 그런데 이 때문에 야곱과 가족들이 주변 이방 족속들에게 공격을 당해 멸망할 위기에 놓이게 되었습니다. 분노를 이기지 못하고 행한 복수가 또 다른 복수를 불러온 것입니다.

"야곱이 시므온과 레위에게 이르되 너희가 내게 화를 끼쳐 나로 하여금 이 땅의 주민 곧 가나안 족속과 브리스 족속에게 악취를 내게 하였도다 나는 수가 적은즉 그들이 모여 나를 치고 나를 죽이리니 그러면 나와 내 집이 멸망하리라"(창 34:30)

온 가족이 맞닥뜨린 최대의 위기 가운데 한동안 잠잠하시던 하나님이 나타나 말씀하셨습니다.

> "하나님이 야곱에게 이르시되 일어나 벧엘로 올라가서 거기 거주하며"
>
> (창 35:1a)

왜 하나님은 다른 많은 지역을 제쳐 두고 벧엘로 가라고 하셨을까요?

처음 은혜를 기억하라

벧엘은 야곱이 하나님을 인격적으로 처음 만난 곳이기 때문입니다. 벧엘은 야곱이 에서의 낯을 피해 도망하던 때 하나님이 찾아오셔서 처음 만나 주신 곳이었습니다. 그러므로 벧엘은 야곱에게 하나님의 은혜를 가장 실감 나게 느낄 수 있는 장소였습니다.

여기서 우리가 놓치지 말아야 할 것이 있습니다. 야곱은 가나안 땅 세겜 성읍에서 풍족하고 안정되게 살아가면서 하나님의 은혜를 잊고 있었습니다. 가정의 위기 가운데 오셔서 "벧엘로 올라가라"고 하신 것은 야곱에게 하나님이 베풀어 주신 놀라운 은혜를 기억하고 깨달아 영적으로 각성하도록 하신 것입니다.

우리 인생에도 하나님을 인격적으로 만났던 극적인 순간들, 그 은혜를 실감 나게 경험한 사건들이 있습니다. 하나님이 만나 주시고 눈물을 닦아 주시며 회복시켜 주셨던 그 은혜의 자리가 바로 내 인생의 벧엘입니다. 그런데 야곱처럼 나의 벧엘을 잊고 살고 있지는 않으신가요? 하나님이 베풀어 주신 그 은혜를 깨달을 때 영적으로 각성이 일어나게 됩니다. 그래서 여호수아서에서도 하나님은 가나안 땅을 정복하던 이스라엘 백성에게 다시 길갈로 돌아오라고 말씀하셨습니다.

"여호수아가 온 이스라엘과 더불어 길갈 진영으로 돌아왔더라"(수 10:15, 43)

왜 하나님은 전쟁 중인 이스라엘 백성에게 길갈로 돌아오라고 하셨을까요? 바로 그곳에 요단강을 건넌 후 세운 열두 기념비가 있었기 때문입니다. 가나안 원주민을 몰아내야 하는 이스라엘 백성이 길갈에 돌아와 기념비를 보면서 '요단강을 마르게 하시고 건너게 하신 전능하신 하나님이 우리와 함께하신다. 내일도 그 하나님이 함께하시면 우리는 누구와 싸워도 이길 수 있다.'는 생각을 할 수 있는 것입니다. 이와 같은 맥락에서 "다시 일어나 벧엘로 올라가라"는 말씀은 하나님이 우리를 만나 주시고 측량할 수 없는 은혜를 베풀어 주셨던 그 현장과 순간을 다시 기억하며 새로운 영적 각성의 기회로 삼으라는 의미입니다.

서원을 지키라

또한 벧엘은 야곱이 하나님께 서원을 드렸던 곳이기 때문입니다. 야곱은 30년 전 벧엘에서 하나님을 인격적으로 만났습니다. 그는 베개로 삼았던 돌을 기둥으로 세워 기름을 부으면서 가는 길을 지켜주시고, 먹을 양식과 입을 옷을 주시며, 마침내 아버지의 집으로 평안히 돌아오게 해 주신다면 이 돌이 하나님의 집이 될 것이라고 서원했습니다.창 28:18-22a 곧 하나님이 임재하셨던 이곳으로 돌아와 예배와 헌신의 장소로 삼겠다는 의미입니다.

이 서원대로라면 야곱은 지금 세겜이 아닌 벧엘에 올라와 거주하며 하나님을 예배해야 했습니다. 그런데 야곱은 막상 고향에 돌아와 안정된 생활을 하게 되자 하나님을 향한 약속을 잊어버렸습니다. 그래서 그동안 침묵하시던 하나님이 가정의 위기를 만난 야곱에게 다시 나타나셔서 "일어나 벧엘로 돌아가라"고 말씀하신 것입니다. 야곱은 잊었지만, 하나님은 그 서원을 기억하고 계셨습니다.

서원은 단순한 인간과의 계약이 아닙니다. 하나님 앞에서 한 약속이자 전능하신 하나님께 드리는 선언이며 믿음의 고백입니다. 그러므로 서원을 행하지 않는 것은 실수가 아니라 죄이기 때문에 성경은 하나님 앞에서 한 서원은 반드시 지켜야 한다고 가르칩니다. 그렇다면 하나님은 서원의 자리 벧엘에서 야곱이 무엇을 하기를 원하셨을까요?

"하나님이 야곱에게 이르시되 일어나 벧엘로 올라가서 거기 거주하며 네가 네 형 에서의 낯을 피하여 도망하던 때에 네게 나타났던 하나님께 거기서 제단을 쌓으라 하신지라"(창 35:1)

바로 "제단을 쌓으라"고 명령하셨습니다. 이는 예배의 대상이 곧 하나님이심을 분명히 가르치시는 것입니다. 아브라함도 가는 곳마다 단을 쌓았는데, 창세기에는 "거기서 여호와를 위하여 제단을 쌓았더라"창 13:18b고 기록되어 있습니다. '여호와를 위하여'라는 말씀처럼 예배의 대상은 오직 하나님이십니다. 야곱이 벧엘에서 만난 하나님처럼 나를 구원하시고 함께하시며 지켜 주셔서 여기까지 인도하신 하나님, 내 영혼을 끝까지 책임지실 하나님께 찬양과 경배를 드리는 것입니다.

많은 이들이 자신을 중심으로, 자기 생각을 따라 예배드리는 모습을 보게 됩니다. 그러나 다른 사람을 의식하거나 자신의 생각과 취향에 따라 판단하는 예배는 옳지 않습니다. 오직 하나님만을, 하나님의 영광만을 생각하고 그 보좌만 바라보아야 합니다.

예배의 자리를
회복하는 방법

"우리가 일어나 벧엘로 올라가자 내 환난 날에 내게 응답하시며 내가 가는 길에서 나와 함께 하신 하나님께 내가 거기서 제단을 쌓으려 하노라 하매"(창 35:3)

야곱은 벧엘로 올라가라는 하나님의 명령에 순종하여 그곳에서 제단을 쌓겠다고 말하며 30년 전 자신이 서원했던 벧엘로 돌아와 무너진 돌기둥을 다시 세우고 제단을 수축했습니다. 예배를 회복한 것입니다.

> "야곱이 하나님이 자기와 말씀하시던 곳에 기둥 곧 돌 기둥을 세우고 그 위에 전제물을 붓고 또 그 위에 기름을 붓고 하나님이 자기와 말씀하시던 곳의 이름을 벧엘이라 불렀더라"(창 35:14-15)

혹시 영적 침체에 빠져 있습니까? 가정이 위기에 빠졌습니까? 하나님과 멀어지셨습니까? 하나님과의 첫사랑을 잃어버리셨습니까? 아니면 위기의 영역을 넘어 하나님의 임재를 경험하고 싶으십니까? 심령과 가정에 영적 부흥이 일어나기를 원하십니까? 다시 일어나 벧엘에 올라 하나님을 예배하십시오. 예배가 위기를 극복하며 하나님과의 관계를 회복할 수 있는 지름길입니다. 예배 없는 회복은 없습니다. 하나님의 형상대로 지음받은 우리는 예배를 능가하는 삶을 살 수 없기 때문입니다. 그렇다면 예배의 회복을 위해 우리는 구체적으로 무엇을 실천해야 할까요?

정결하게 하다

먼저 자신을 정결하게 해야 합니다. 벧엘로 올라가라는 하나님의 말씀을 들은 야곱은 자신의 집안 사람들과 함께한 모든 자를 모은 뒤 이렇게 말했습니다.

"너희 중에 있는 이방 신상들을 버리고 자신을 정결하게 하고 너희들의 의복을 바꾸어 입으라"(창 35:2b)

'자신을 정결하게 하라'는 말씀은 우상 숭배와 죄로 더럽혀진 마음을 깨끗하게 하라는 뜻입니다. 예배를 드리기 전 우리는 반드시 자신을 정결하게 해야 합니다. 어린양의 보혈로 정결하게 되어야 하나님이 그 예배를 받으십니다.

정결함을 위해 가장 먼저 해야 할 일은 이방 신상들을 버리는 것이었습니다. 이 말씀을 보면 야곱의 집안에 이방 신상들이 있었음을 알 수 있습니다. 아마 라헬이 가지고 있던 라반의 드라빔이나 세겜 사람들과 교역하거나 문화적으로 접촉하면서 그들이 가지고 있던 이방 신상들을 손에 넣은 것으로 보입니다. 야곱의 가족들은 자신을 정결하게 하라는 말씀에 순종했습니다.

"그들이 자기 손에 있는 모든 이방 신상들과 자기 귀에 있는 귀고리들을 야곱에게 주는지라 야곱이 그것들을 세겜 근처 상수리나무 아래에 묻고"(창 35:4)

'이방 신상들과 귀고리들'이라는 표현을 보면 여러 종류의 우상과 장식품을 가지고 있었음을 알 수 있습니다. 특히 귀고리는 단순한 장식품이 아니라 해와 달 등 여러 우상의 형상이 새겨진 것이었습니다. 야곱은 이방 신상들을 버리라는 하나님의 말씀에 우상의 형상이 새겨진 귀고리들까지 상수리나무 아래에 묻었습니다. 철저하게 우상을 제거했음을 의미하는 것입니다.

오늘 우리에게도 눈에 보이는 이방 신상들은 없을지라도 하나님보다 더 사랑하는 마음의 우상들이 있습니다. 하나님보다 돈을 더 사랑한다면, 자식을 더 사랑한다면, 그것이 바로 우상이 되는 것입니다. 하나님보다 더 사랑하는 우상을 우리의 마음과 가정에서 제거해야 합니다.

또한 정결함을 위해 의복을 바꾸어 입으라고 하셨습니다. 히브리인들에게 옷을 바꿔 입는 것은 "과거의 죄악된 생활에서 벗어나 이제는 말씀대로 새로운 삶을 살겠습니다."라는 결단을 상징합니다. 그러므로 이 명령은 하나님과 상관없는, 아니 하나님이 미워하시는 우상 숭배와 관련된 죄악된 습관을 끊어버리라는 것입니다.

오늘날 우리가 끊어야 할 죄악된 습관은 무엇입니까? 게임, 알코올, 도박 중독인가요? 아니면 거짓말을 하거나 입만 열면 욕을 하는 습관인가요? 거룩하신 하나님의 보좌를 향해 나아가는 이들은 자신을 정결하게 해야 합니다. 가정에 찾아온 위기를 극복하려면, 하나님이 싫어하시는 옛 생활 습관과 습성들을 끊어버려야 합니다.

무너진 제단을 다시 쌓다

또한 무너진 제단을 다시 쌓아야 합니다. 마침내 야곱과 그와 함께한 모든 사람이 하나님의 말씀에 따라 벧엘로 올라와 제단을 쌓았습니다.

> "야곱과 그와 함께 한 모든 사람이 가나안 땅 루스 곧 벧엘에 이르고 그가 거기서 제단을 쌓고 그곳을 엘벧엘이라 불렀으니"(창 35:6-7a)

벧엘에서 밧단아람으로 떠난 지 30년 만에 서원을 드렸던 그 자리로 돌아와 하나님께 예배를 드린 것입니다. 그러자 하나님이 야곱에게 나타나셔서 복을 주셨습니다.

> "야곱이 밧단아람에서 돌아오매 하나님이 다시 야곱에게 나타나사 그에게 복을 주시고"(창 35:9)

하나님이 이전에는 복을 주지 않으셨다는 말이 아닙니다. 하나님은 늘 야곱을 돌보시며 많은 복을 주셨습니다. 그런데 벧엘에 올라와 제단을 쌓음으로써 하나님과의 관계가 온전히 회복되자, 하나님은 야곱에게 이전의 복과는 비교할 수 없는 복을 주셨습니다.

예배,
모든 회복의 시작

하나님은 언제나 예배를 통해 무너진 곳을 다시 세우시고, 잃어버린 것들을 회복시키십니다. 이것이 하나님이 일하시는 방식입니다. 그러므로 예배의 회복 없이는 그 어떤 것도 회복될 수 없습니다. 많은 이들이 인생의 위기와 문제 앞에서 자기의 힘과 노력으로 문제를 해결하려고 하며 예배를 소홀히 합니다. 하지만 하나님의 사람은 문제가 꼬일수록, 인생의 밤과 풍랑을 만난 때일수록 예배를 더욱 소중히 여기고 예배에 목숨을 걸어야 합니다. 예배는 하나님을 만나는 일이고, 하나님을 만났을 때 문제가 해결되며 무너진 것들이 회복될 수 있기 때문입니다.

예배의 회복 없이 주어지는 축복은 그것이 어떤 모양이든 축복이 아닙니다. 하나님이 주시는 축복은 언제나 예배를 통해서만 가능합니다. 그렇기에 하나님은 오늘 우리에게도 찾아와 말씀하십니다. "너의 삶에 무엇이 무너졌느냐? 가정에 위기가 찾아왔느냐? 무너진 제단을 다시 쌓아라. 너의 가정이 벧엘이 되게 하라!" 벧엘은 곧 하나님의 집이므로, 가정에서의 예배를 먼저 회복하라고 하시는 것입니다.

이용규 선교사의 책 『내려놓음』규장, 2021을 보면 '소 대신 예배를 택하는 마음'이라는 글이 있습니다. 그가 몽골 이레교회에서 개척한 베르흐 지역의 예배 처소를 방문해 예배를 드리고 있는데, 벌러르라는 자매가 온몸이 땀으로 젖은 채 숨을 헐떡이며 교회 안으로 들어왔습니다.

그 자매는 몇 달 전, 기도를 통해 듣지 못하던 귀가 열리는 은혜를 경험한 사람이었습니다. 그런데 예배를 드리기 몇 시간 전, 그녀가 기르던 소 한 마리를 잃어버렸습니다. 그녀는 온 들판을 뛰어다니다가 예배 시간이 다가오자 소 찾는 일을 멈추고 교회로 달려왔던 것입니다.

그때 이용규 선교사는 소가 아닌 예배를 선택한 이 자매의 믿음의 결단을 부끄럽게 하지 말아 달라고 하나님께 기도했습니다. 그런데 예배가 끝나자마자 밖에서 "음메" 하는 소 울음소리가 들려오는 것이 아닙니까? 잃었던 소가 집이 아니라 예배 처소로 찾아온 것입니다. 소가 아닌 예배를 선택한 자매는 결국 예배와 소, 두 가지를 모두 얻었습니다.

예배의 회복이 곧 나를 살리는 일입니다. 하나님과의 첫사랑을 잃어버리고 영적 침체에 빠졌다면, 신앙생활이 무미건조하거나 하나님의 임재를 다시 경험하고 싶다면, 가정과 심령에 영적 부흥이 일어나기를 갈망한다면, 예배를 회복해야 합니다. 하나님은 오늘, 지금 우리에게도 말씀하십니다. "일어나 다시 벧엘로 올라가라!"

10장
다시 하나님께 돌아가다

(창세기 35장 5-7절) ⁵ 그들이 떠났으나 하나님이 그 사면 고을들로 크게 두려워하게 하셨으므로 야곱의 아들들을 추격하는 자가 없었더라 ⁶ 야곱과 그와 함께 한 모든 사람이 가나안 땅 루스 곧 벧엘에 이르고 ⁷ 그가 거기서 제단을 쌓고 그 곳을 엘벧엘이라 불렀으니 이는 그의 형의 낯을 피할 때에 하나님이 거기서 그에게 나타나셨음이더라

인생을 살다 보면 원치 않는 위기를 만나는 순간이 숱하게 찾아옵니다. 아무리 평탄한 인생을 사는 사람이라도 한두 번의 위기는 반드시 겪게 됩니다. 야곱의 인생도 마찬가지였습니다. 어찌 보면 야곱만큼 숱한 위기를 겪은 삶도 드물 것 같습니다. 오죽하면 훗날 바로 왕 앞에서 "험악한 세월을 보내었나이다" 창 47:9b라고 말할 정도였을까요? 그런데 야곱이 위기를 겪을 때마다 하나님은 단 한 순간도 놓치지 않으시고 역사하셨습니다.

위기 앞에 있다면
벧엘로 올라가라

가장 먼저 야곱은 형 에서를 속여 그 낯을 피해 도망쳐야만 했습니다. 형 에서를 피해 얍복강 나루터에 몸을 숨긴 그날 밤, 야곱은 인생의 가면을 벗고 홀로 남았습니다. 그곳에서 차가운 돌을 베개 삼아 죽음의 공포와 내일에 대한 두려움으로 떨고 있을 때 하나님이 찾아오셨습니다. 그리고 "너를 떠나지 아니하리라"고 약속해 주셨습니다.

그렇게 죽을 고비를 넘겨서 도착한 외삼촌 라반의 집에서도 고난은 계속 찾아왔습니다. 결혼도 외삼촌과의 관계도 어느 하나 쉬운 것이 없었습니다. 특히 그곳을 떠날 때에는 라반이 추격해 오는 위기의 순간도 있었습니다. 창세기 31장을 보면 야곱은 가나안으로 돌아가기 위해 라반에게 알리지 않고 아내와 자녀들, 그리고 가축들을 데리고 라반의 집을 떠났습니다. 이 사실을 뒤늦게 알게 된 라반이 분한 마음을 품고 야곱을 추격했습니다. 그런데 하나님이 그날 저녁 라반의 꿈에 나타나셔서 이렇게 경고하셨습니다.

"너는 삼가 야곱에게 선악간에 말하지 말라 하셨더라"(창 31:24b)

'선악간'은 '좋은 말이든 나쁜 말이든'이라는 뜻입니다. 바로 야곱에게 어떤 말로든 위협하거나 해치지 말라는 의미입니다. 그래서 라반은 야곱과 언약을 맺고 화해했습니다.

이후 야곱이 하란에서의 20년 생활을 청산하고 고향으로 돌아올 때는 또 어땠을까요? 야곱은 평생 그의 배신에 치를 떨었을 에서가 사백 명의 부하를 거느리고 자신을 향해 오고 있다는 소식을 듣게 되었습니다. 전 재산을 빼앗기는 것은 물론, 온 가족이 몰살당할 수도 있는 상황이었습니다. 얼마나 두렵고 답답했을까요? 그런데 하나님은 그 모든 일을 이미 알고 계셨습니다. 그래서 야곱이 가는 길에 '마하나임', 하나님의 사자들을 보내어 그를 보호하셨습니다.

이뿐만인가요? 야곱의 외동딸 디나가 세겜에게 강간을 당하자 분노한 아들들이 피의 복수를 행했습니다. 그로 인해 야곱의 가족은 주변의 이방 족속들에게 보복을 받을 위기에 놓이게 되었습니다. 바로 그 위기의 순간, 하나님이 야곱에게 나타나셨습니다.

"하나님이 야곱에게 이르시되 일어나 벧엘로 올라가서 거기 거주하며 … 하나님께 거기서 제단을 쌓으라 하신지라"(창 35:1)

절체절명의 순간, 하나님은 왜 벧엘로 가라고 하셨을까요? 바로 그곳은 30년 전 이 돌이 하나님의 집이 될 것이라고 서원했던 언약의 장소이기 때문입니다. 창 28:22 이는 하나님이 임재하시고 만나 주셨던 곳으로 반드시 돌아와 이곳을 예배와 헌신의 장소로 삼겠다는 약속이었습니다. 하지만 세겜에서의 번영과 안정된 삶에 젖어 그 약속을 완전히 잊은 채 살던 야곱에게 하나님이 나타나셔서 다시금 그 약속을 상기시키신 것입니다. 그리고 하나님은 야곱에게 벧엘로 올라가 제단을 쌓으라고 명하셨습니다. 이는 곧 예배의 회복을 말씀하신 것이었습니다.

예배드릴 때
시작되는 변화

야곱이 순종하여 벧엘로 올라가 예배를 드리자 놀라운 일이 일어났습니다.

"그들이 떠났으나 하나님이 그 사면 고을들로 크게 두려워하게 하셨으므로 야곱의 아들들을 추격하는 자가 없었더라"(창 35:5)

얼마 전까지만 해도 이방 족속의 사람들은 야곱의 아들들이 저지른 끔찍한 살인으로 인해 분노하여 복수의 칼날을 갈고 있었습니다. 그런데 야곱 집안의 모든 사람이 하나님을 예배하기 위해 스스로를 정결하게 하고 벧엘을 향해 출발하자 아무도 그들을 추격하지 않았습니다. 오히려 그들이 두려움에 떨게 되었습니다. 야곱의 뒤를 봐 주는 큰 규모의 군대가 있었던 것도 아니었습니다. 하나님이 말씀에 순종하며 나아가는 야곱의 가족을 위해 가나안 사람들의 마음속에 큰 두려움과 공포심을 일으키신 것입니다.

출애굽한 이스라엘 백성이 가나안 땅을 정복할 때에도 하나님은 그 땅의 주민들과 왕들의 마음속에 이런 두려움을 갖게 하셨습니다. 그래서 두 정탐꾼이 여리고성에 들어갔을 때, 기생 라합이 여리고성 안에 있는 사람들의 마음 상태에 대해 이렇게 말했습니다.

"우리가 너희를 심히 두려워하고 이 땅 주민들이 다 너희 앞에서 간담이 녹나니"(수 2:9b)

'간담이 녹는다'는 것은 겁에 질려 싸울 기운조차 없는 상태를 말합니다. 여호수아 5장에서도 요단 서쪽의 아모리 사람의 모든 왕들과 해변의 가나안 사람의 모든 왕들 역시 하나님이 함께하시는 이스라엘 백성이 자기 땅에 쳐들어온다는 소식을 들었을 때 이렇게 반응했습니다.

"마음이 녹았고 이스라엘 자손들 때문에 정신을 잃었더라"(수 5:1b)

이처럼 야곱의 가족이 자신을 정결하게 하며 예배의 부르심에 순종하자, 하나님은 주변의 적들에게 두려운 마음을 주어 그들이 감히 움직이지 못하게 하셨습니다. 그러므로 가나안 여러 이방 족속들이 야곱의 가족을 두려워하고 추격하지 못했던 것은 그들이 강해서도 아니고 숫자가 많아서도 아니었습니다. 전능하신 하나님이 그들과 함께하셨기 때문입니다.

바로 하나님이 함께하시는 자가 가장 강한 자입니다. 기드온과 삼백 용사 이야기를 잘 아실 것입니다. 하나님이 기드온을 부르실 때도 "큰 용사여 여호와께서 너와 함께 계시도다"삿 6:12라고 말씀하셨습니다.

'큰 용사'라는 말은 히브리어로 '기보르 하일' גִּבּוֹר חַיִל이라 하며, 직역하면 '능력 있는 용사, 힘센 전사, 탁월한 사람'을 뜻합니다. 그러나 기드온은 '큰 용사'와는 거리가 먼 사람이었습니다. 그는 미디안 사람들이 두려워 포도주 틀 안에 숨어 자기 밀을 타작할 정도로 소심하고 겁이 많았습니다. 그런데 하나님은 이런 기드온에게 "너는 큰 용사다."라고 말씀하신 것입니다. 거기에는 다른 이유가 없습니다. 기드온에게 근거가 있는 것이 아니라 오직 여호와께서 함께하시기 때문입니다.

아무리 소심한 사람이라도 하나님이 함께하시면 큰 용사가 될 수 있고, 아무리 나약한 사람이라도 하나님이 함께하시면 사탄의 견고한 진을 무너뜨리는 강한 용사가 될 수 있으며, 아무리 미약한 사람이라도 하나님이 함께하시면 세상이 감당할 수 없는 사람이 될 수 있습니다. 이렇게 하나님이 함께하심으로 큰 용사가 된 기드온은 삼백 명의 군사를 이끌고 13만 5천 명에 이르는 미디안 군대를 물리쳤습니다.

이것을 보면 누가 진정으로 강한 사람인가요? 돈이 많은 사람인가요, 많이 배운 사람인가요, 아니면 배경이 좋은 사람인가요? 모두 다 소용없는 조건들입니다. 하나님이 함께하시는 자가 가장 강한 사람입니다. 그래서 하나님은 신명기에서 "그들이 한 길로 너를 치러 들어왔으나 네 앞에서 일곱 길로 도망하리라" 신 28:7b 고 말씀하신 것입니다.

가정이 위기에 빠졌다면, 누군가 우리를 대적하려고 한다면, '언젠가 성공해서 복수하겠다'는 마음을 품기보다 스스로를 정결하게 하고 예배의 부르심에 순종하는 결단을 내려야 합니다. 그때 비로소 하나님이 우리의 방패가 되어 주시고 우리를 대신하여 싸워 주실 것입니다. 우리가 하나님을 예배할 때, 그들이 우리를 두려워하게 될 것입니다. 그러므로 더 이상 세겜에 머물러 있지 말고, 일어나 벧엘로 올라가시기를 기도합니다. 하나님이 함께하시면 약한 자도 강해지고, 아무것도 가진 것 없는 사람도 하나님의 일을 이루는 도구가 됩니다. 참된 능력은 '내가 무엇을 가졌는가'가 아니라 '누가 나와 함께하시는가'에 달려 있습니다. 하나님이 함께하는 사람은 세상을 두려워하지 않고, 세상이 그 사람을 두려워합니다.

예배의 목적은 하나님 한 분께 있다

마침내 야곱의 모든 가족이 벧엘에 무사히 도착했습니다. 거기서 가장 먼저 한 일은 제단을 쌓는 것이었습니다. 즉 예배를 드린 것입니다.

> "그가 거기서 제단을 쌓고 그 곳을 엘벧엘이라 불렀으니 이는 그의 형의 낯을 피할 때에 하나님이 거기서 그에게 나타나셨음이더라"(창 35:7)

30년 전 하나님이 바로 이곳에 계신다는 사실을 깨닫고, 자신이 베개로 삼았던 돌을 가져다가 기둥으로 세우고 그 위에 기름을 부어 '벧엘'이라 부른 곳에 다시 돌아온 것입니다. 그때 야곱의 심정이 어땠을까요?

 군대를 다녀오신 분은 알겠지만, 휴가를 나와 드리는 예배는 그 감격이 얼마나 큰지 모릅니다. 해외 근무를 마치고 돌아와 드리는 예배도, 오랜 투병 끝에 회복되어 드리는 예배도 마찬가지입니다. 예배당에 들어서는 순간, 찬양 소리만 들어도 눈물이 왈칵 쏟아지고, 강단에서 선포되는 말씀 한마디 한마디가 살아 있는 주의 음성으로 들립니다. 30년 만에 하나님이 자신을 찾아와 만나 주신 그 현장에서 예배드리는 야곱은 오죽했을까요?

 이렇게 30년 만에 야곱의 가정은 벧엘, 곧 '하나님의 집'이 되었습니다. 하나님은 우리의 가정도 이렇게 벧엘이 되기를 원하십니다. 단순한 주거 공간이 아니라 찬양과 기도가 끊이지 않고 하나님의 임재가 머무는 거룩한 집이 되기를 바라시는 것입니다.

 우리의 집과 세상의 집은 무엇으로 구별될 수 있을까요? 집의 크기나 인테리어, 혹은 주변의 부대시설일까요? 아닙니다. 이런 것들은 하나도 중요하지 않습니다. 세상과 우리를 구별하는 단 하나의 기준은 바로 하나님의 임재입니다. 그렇게 야곱은 벧엘에서 제단을 쌓고 난 뒤, 그곳을 '엘벧엘'이라고 불렀습니다.

"그가 거기서 제단을 쌓고 그 곳을 엘벧엘이라 불렀으니"(창 35:7a)

 30년 전 하나님이 자신을 만나 주시고 축복해 주신 장소를 '벧엘', 곧 '하나님의 집'이라 불렀는데, 다시 돌아와서는 그곳을 '엘벧엘'이라고 부른 것입니다. '엘벧엘'은 '하나님의 집의 하나님'이라는 뜻으로, '벧엘에 계신 전능하신 하나님'이라는 의미를 담고 있습니다. 즉 동일한 장소이지만 이름이 '벧엘'에서 '엘벧엘'로 바뀐 것입니다.

야곱이 처음 하나님을 인격적으로 만났을 때 그 임재의 현장을 '벧엘'이라고 불렀던 것은 장소에 대한 개념이었지만, 다시 돌아와서 '엘벧엘'이라고 부른 것은 하나님에 대한 신앙 고백으로 변화된 모습을 보여 줍니다. 이제 야곱은 장소와 공간에 초점을 맞추는 것이 아니라 자신의 인생 가운데 함께하신 하나님께 초점을 맞추어 찬양하며 예배하고 있는 것입니다. 물론 하나님의 집과 성전, 제단은 중요합니다. 하지만 더 중요한 것은 하나님 한 분이십니다.

아무리 성전이 화려하고 웅장해도 하나님이 그곳에 계시지 않는다면 무슨 의미가 있을까요? 또한 아무리 초호화 오케스트라를 동원해 예배를 드린다 해도 하나님이 그곳에 임재하지 않으신다면 무슨 의미가 있을까요?

어린아이들은 선물에만 관심이 있고, 그 선물을 준 사람의 마음에는 별로 관심이 없습니다. 아직 성숙하지 못한 어린아이들의 특징입니다. 그런데 야곱이 그러했습니다. 그는 지금까지 하나님보다는 하나님이 주신 것에 더 많은 관심을 두었고, 그것에 초점을 맞춰 살아왔습니다. 그러나 이제 야곱은 하나님이 주신 것들도, 하나님을 향한 그 어떤 행위도 하나님보다 더 중요하지 않다는 사실을 깨달았습니다. 그래서 하나님만을 바라보며 집중하기 시작했습니다. 그래서 제단을 쌓고 그 이름을 '엘벧엘'이라고 부른 것입니다.

우리 중에도 여전히 어린아이처럼 하나님이 아니라 하나님이 주신 것에만, 그 복에만 관심을 두는 이들이 있습니다. 그러나 하나님이 아닌 그 어떤 것에 마음을 빼앗기면 우리의 신앙은 기복적이고 형식적으로 변하며, 결국 하나님이 주신 것들조차 우상이 될 수 있습니다. 그러므로 우리의 신앙은 언제나 장소나 공간도 아니고, 하나님이 내게 주신 축복도 아닌 하나님 그 자체여야 합니다. 그러므로 이제 벧엘에 머무르지 말고 일어나 엘벧엘로 나아가야 합니다. 우리의 신앙이 엘벧엘로 나아가도록 다시 운동화 끈을 단단히 묶으시기를 바랍니다.

인천 담트고 길닦는 교회의 한근영 사모가 쓴 『나는 같이 살기로 했다』 규장, 2020에는 예배에 극적인 부르심을 받은 고백이 담겨 있습니다. 하나님을 알기 전 한근영 사모는 유독 기독교를 혐오하던 사람이었습니다. 다른 종교에는 더불어 살아가자는 교리가 담겨 있는데, 유독 기독교인들은 자신들의 하나님만이 유일한 신이라 외쳤기에 거부감을 가졌습니다. 대학 시절에도 기독동아리 학생들을 피해 다닐 정도였습니다.

그러나 그 시절 드렸던 한 번의 예배가 그녀의 인생을 바꿔 놓았습니다. 대학 선배의 간절한 부탁으로 마지못해 참석한 대학 교회 예배에서 찬양이 시작되자마자 눈물이 쏟아졌습니다.

> 너의 하나님 여호와가 너의 가운데 계시니 그는 구원을 베푸실 전능자 전능자시라 그가 너로 인하여 기쁨을 이기지 못하시며 너를 잠잠히 사랑하시며 즐거이 부르며 기뻐 기뻐하시리라

스바냐 3장 17절의 말씀이 담긴 찬양이었습니다. 가사 한 구절 한 구절이 뚜렷이 그녀의 귓가에 와서 꽂혔습니다. '정말 하나님이 이런 분이실까? 그 크신 하나님이 인간을 사랑하셔서 기뻐 뛰신다는 것이 말이 되는 얘기일까?' 그 크신 하나님이 이토록 작은 인간의 삶에 찾아오셔서 그토록 실제적인 사랑을 하신다는 것이 믿기지 않았지만, 그녀는 눈물을 멈출 수 없었습니다.

예배가 끝나자 제정신이 돌아왔습니다. 그녀는 예배 시간에 울던 자신의 모습을 보고 혹시라도 선배들이 이전보다 더 득달같이 달려들어 전도하면 어쩌나 싶어 "약속대로 교회에 한 번 왔으니까 다시는 오라 하지 마세요." 하며 급히 예배당을 나섰습니다.

몇 개월이 지난 어느 날, 그녀는 지난번과는 무언가 달라진 것을 느꼈습니다. 예배 중에 눈물로 찬양하던 그들의 모습이 계속 떠올랐습니다. 특별히 잘난 것도, 화려한 것도 없는 사람들이었지만 그들의 얼굴에는 이상할 만큼 깊은 평안과 기쁨이 있었습니다. 더욱 부러웠던 것은, 그들에게서 보이는 깊은 안정감이었습니다. 그 때

문에 그녀도 그들처럼 실재하시는 하나님과 사랑을 주고받는 실제적인 관계를 누리고 싶어졌습니다.

예배 한 번 드렸을 뿐인데, 20년 넘게 가지고 있던 기독교인들에 대한 개념과 정체성이 완전히 뒤집히고 있었습니다. 심지어 그날 기독교인들이 "하나님만이 참 신이시요, 그분만이 우리를 구원하시는 구세주"라고 주장하는 이유도 갑자기 이해되었습니다. 내게 잘해 주는 사람이 아무리 많아도 나를 낳아 준 어머니가 단 한 분이듯, 살아 계신 참된 신이라면 그분도 한 분뿐이라는 논리가 성립될 것이기 때문입니다.

평생 하나님을 부인하던 삶이 예배를 통해 변화되었습니다. 그저 마지못해 갔던 예배의 자리에서도 하나님은 이미 그녀를 기다리고 계셨던 것입니다. 지금도 하나님은 우리가 예배의 자리를 회복하고, 그 중심이 다시 하나님께로 바로 세워지기를 간구하고 계십니다. 그 마음을 깨닫고 돌이킬 수 있는 우리가 되기를 소망합니다.

예배의 목적은 언제나 하나님 한 분입니다. 예배의 자리에 나왔지만 마음은 하나님이 아닌 다른 곳을 바라본다면, 그것은 예배가 아니라 종교적 습관일 뿐입니다. 예배는 하나님을 만나러 오는 자리입니다. 예배는 하나님께 돌아가는 시간이 먼저 되어야 합니다. 그래서 성경은 끊임없이 말합니다.

"너희는 내게로 돌아오라 만군의 여호와의 말이니라 그리하면 내가 너희

에게로 돌아가리라 만군의 여호와의 말이니라"(스가랴 1:3b)

예배는 돌이킴입니다. 예배는 다시 하나님을 바라보는 방향 전환입니다. 예배는 삶의 중심을 제자리로 되돌리는 시간입니다. 형식은 남아 있지만, 마음은 멀어진 예배, 입술은 움직이지만, 영혼은 잠들어 있는 예배, 찬양은 부르지만, 하나님을 향한 사랑이 식어버린 예배, 이 예배는 진정한 예배가 아닙니다. 예배는 하나님을 이용하는 시간이 아니라, 하나님께 굴복하는 시간입니다. 예배는 우리가 원하는 것을 주장하는 것이 아니라, 하나님이 원하시는 것을 인정하는 것입니다.

한 교회에서 이런 일이 있었습니다. 예배를 드리러 들어오던 한 청년이 문 앞에서 잠시 멈춰 섰습니다. 그리고 이렇게 고백했습니다.

"하나님, 오늘 예배의 중심은 제가 아니라 하나님이십니다. 제 생각과 기분이 아닌 하나님이 기뻐하시는 예배가 되게 해 주세요."

그 순간 그는 예배의 자리가 하나님의 보좌 앞이라는 사실을 다시 깨닫게 되었습니다. 우리도 다시 돌아가야 합니다. 예배의 대상으로 돌아가야 하고, 예배의 중심으로 돌아가야 하고, 예배의 목적이신 하나님께 돌아가야 합니다. 예배가 회복되면, 삶이 회복되고, 관계가 회복되고, 무너진 것이 회복됩니다.

AGAIN

2부

다시 회복하라

11장
벧엘이 벧아웬이 되지 않게 하라

(창세기 35장 9-15절) ⁹ 야곱이 밧단아람에서 돌아오매 하나님이 다시 야곱에게 나타나사 그에게 복을 주시고 ¹⁰ 하나님이 그에게 이르시되 네 이름이 야곱이지마는 네 이름을 다시는 야곱이라 부르지 않겠고 이스라엘이 네 이름이 되리라 하시고 그가 그의 이름을 이스라엘이라 부르시고 ¹¹ 하나님이 그에게 이르시되 나는 전능한 하나님이라 생육하며 번성하라 한 백성과 백성들의 총회가 네게서 나오고 왕들이 네 허리에서 나오리라 ¹² 내가 아브라함과 이삭에게 준 땅을 네게 주고 내가 네 후손에게도 그 땅을 주리라 하시고 ¹³ 하나님이 그와 말씀하시던 곳에서 그를 떠나 올라가시는지라 ¹⁴ 야곱이 하나님이 자기와 말씀하시던 곳에 기둥 곧 돌기둥을 세우고 그 위에 전제물을 붓고 또 그 위에 기름을 붓고 ¹⁵ 하나님이 자기와 말씀하시던 곳의 이름을 벧엘이라 불렀더라

야곱의 가족이 세겜에 거한 지 10년쯤 되었을 때, 외동딸 디나가 히위 족속 추장 세겜에게 강간을 당하는 비극이 벌어졌습니다. 이로 인해 야곱의 아들들이 세겜의 남자들에게 피의 복수를 벌였고, 복수는 또 다른 복수를 불러 주변 가나안 족속들에게 언제 공격을 받을지 모르는 위기에 처했습니다.

바로 그때, 야곱이 얍복강 나루터에서 하나님의 사자와 씨름한 이후 한동안 나타나지 않으셨던 하나님이 찾아오셔서 "벧엘로 올라가서 … 제단을 쌓으라"창 35:1고 말씀하셨습니다. 야곱이 순종하여 단을 쌓아 예배를 드리자 다시 말씀하셨습니다.

"하나님이 다시 야곱에게 나타나사 그에게 복을 주시고"(창 35:9b)

하나님은 야곱의 인생에서 무너졌던 제단이 다시 세워지고 예배가 회복될 때, 그의 가정이 벧엘이 될 때 다시 나타나셔서 복을 주셨습니다. 하나님은 우리에게도 예배가 회복될 때 복을 주십니다. 그러므로 인생의 위기를 만날 때마다 예배를 최우선 순위에 두고 집중해야 합니다. 왜냐하면 예배는 하나님을 만나는 자리이기 때문입니다. 하나님을 만날 때 비로소 문제들이 해결되고 무너진 것들이 회복될 수 있습니다. 예배의 회복 없이 주어지는 축복은 그 어떤 것도 축복이라고 할 수 없습니다. 회복의 통로는 언제나 예배뿐입니다.

예배드릴 때 시작되는
회복의 역사

『하나님만 바라보는 시간』규장, 2024의 저자이자 순전한교회의 담임인 이태재 목사는 선교 단체 간사로 섬기기 위해 다니던 신학교를 자퇴했습니다. 사역을 마치고 맞은 마지막 날 밤, 아버지가 쓰러졌다는 소식을 들었습니다. 아버지는 그날 저녁부터 뇌경색 쇼크가 수차례 왔고, 결국 오른쪽이 마비된 채로 여생을 보내야 했습니다. 언어 장애까지 겹쳐 가족 모두가 깊은 절망에 빠졌습니다.

간사 사역을 마치면 하나님이 큰 격려를 해 주실 것이라고 기대했는데 펼쳐진 현실은 광야였습니다. 이후 그는 낮에는 학교에 가고, 저녁에는 아버지를 돌보며, 주중에는 선교 단체 지부 사역을 하고, 주말에는 교회 전도사로 섬기며 지내게 되었습니다. 쓰러진 아버지를 보면 눈물만 흘렀고, 집안에 돈이 없는 현실을 마주하면 커다란 두려움에 짓눌렸습니다. 그렇게 눈물로 가득 채운 3개월이 지나갈 무렵, 쓴물 같은 고백이 나왔습니다. "하나님, 이게 뭐예요! 하나님이 말씀하셔서 순종했는데, 지금 이 상황은 뭔가요!"

당시 그가 섬긴 교회는 막 개척한 상가 교회였습니다. 빔프로젝터도 없었고, 악기라고는 조율 안 된 피아노 한 대가 전부였습니다. 그런 환경 속에서 어느 주일, 그는 찬양 인도를 위해 예배당 앞에 섰습니다. 그때 부른 찬양이 「내 평생 사는 동안」이었는데, 갑자기 너무도 분명한 성령의 감동이 임하기 시작했습니다. '태재야, 네가 그렇게 외쳤던 다윗과 바울의 고백을 올려 드릴 때가 바로 지금이야!' 그래서 그는 이렇게 외쳤습니다. "하나님, 여전히 하나님은 나의 하나님이십니다! 하나님은 여전히 찬양받기 합당하십니다! 하나님은 좋으신 하나님이십니다!"

그날 이후, 상황은 그대로였지만 그의 마음이 변했습니다. 어머니에게 하나님의 선하심을 선포했고, 온 가족이 하나님을 높여 드렸습니다. 예배가 바뀌자 가족도 변하기 시작했습니다. 어머니는 돈이 아닌 하나님만을 의지하며 믿음의 중심을 잡았고, 술을 섬기던 아버지는 인생에 찾아온 가장 큰 어려움을 겪으며 예수 그리스도를 구주로 영접하여 믿음의 삶을 살기 시작했습니다.

이태재 목사는 "어려움이 찾아오면 마치 기다렸다는 듯 다른 어려움이 또 밀려옵니다. 바로 그때가 예배의 꽃을 피울 때입니다."라고 고백합니다. 그의 고백처럼 하나님은 예배를 통해 위기를 극복하게 하십니다. 예배는 상황을 바꾸기보다 사람을 바꾸고, 변화된 사람이 다시 가장을 세우게 하십니다.

본문의 야곱의 이야기 또한 그와 같습니다. 예배가 회복될 때 하나님은 무너졌던 그의 삶의 자리를 바로잡아 주셨습니다. 더불어 하나님은 예배를 통해 위기를 돌파하게 하시며, 야곱의 삶의 자리를 회복하게 하셨습니다. 예배는 하나님과의 관계를 회복하는 자리입니다. 그분의 임재 앞에 설 때, 우리는 상황보다 크신 하나님을 다시 바라보게 됩니다. 눈물로 드린 예배는 절망의 자리를 소망의 자리로 바꿉니다. 하나님은 그 예배를 통해 무너진 마음을 세우시고, 새로운 믿음의 역사를 시작하십니다. 그때 비로소 우리의 예배는 고난을 이기는 힘이 되고, 삶을 다시 일으키는 은혜가 됩니다.

영적 리더십이 회복되다

세겜의 사건을 떠올려 보면, 아들들은 아버지와 한마디 상의도 하지 않았습니다. 오히려 아버지의 권위를 대신해 마음대로 살육하고 재산을 빼앗았습니다. 그러고는 수습하지도 못하고 일을 크게 만들었습니다. 이는 야곱이 가정의 영적 중심을 잃어버렸음을 보여 줍니다. 이 사건은 야곱의 가정이 하나님을 중심에 두지 않았을 때 어떤 혼란이 찾아오는지를 분명히 드러내 보여 줍니다.

그러나 야곱이 벧엘로 올라가 제단을 쌓아 예배를 드리자 하나님은 다시 야곱을 중심에 세우셨습니다. 아들들이 해결하지 못한 일을 아버지가 신앙으로 해결했을 때, 하나님은 그의 가정을 바로 세우시고 무너졌던 영적 권위와 리더십을 다시 회복시켜 주셨습니다.

하나님이 하나님의 자리에 서 계시다

"그들이 떠났으나 하나님이 그 사면 고을들로 크게 두려워하게 하셨으므로 야곱의 아들들을 추격하는 자가 없었더라"(창 35:5)

하나님이 친히 가정의 보호자가 되어 주셨습니다. 세겜의 사건으로 인해 주변 족속들의 공격이 두려웠지만, 하나님이 그들의 마음에 큰 두려움을 주셔서 아무도 야곱의 가족을 추격하지 못하게 하셨습니다. 하나님이 야곱의 가정을 지켜 주셨던 것입니다.

신앙이 제자리를 찾다

위기 속에서 하나님을 만난 야곱의 가정은 마침내 벧엘에 이르러 형식적인 행사가 아닌 진정한 예배를 드리게 되었습니다.

> "야곱과 그와 함께 한 모든 사람이 가나안 땅 루스 곧 벧엘에 이르고 그가 거기서 제단을 쌓고 그 곳을 엘벧엘이라 불렀으니 이는 그의 형의 낯을 피할 때에 하나님이 거기서 그에게 나타나셨음이더라"(창 35:6-7)

그곳에서 예배를 드리자 루스, 곧 공허한 사막 같은 땅이 벧엘, 즉 하나님의 집이 되었습니다. 그리고 야곱은 그곳을 더 나아가 '엘벧엘'이라고 불렀습니다. 이는 '벧엘의 하나님', 곧 '하나님의 집의 하나님'이라는 의미입니다. 성전이나 제단보다 더 중요한 것은 하나님 그 자체이심을 고백하는 것입니다. 이렇게 예배가 회복되자 야곱의 신앙도 성숙해졌습니다. 이제 그는 종교적인 거룩함조차 우상으로 삼지 않겠다고 고백합니다. 무엇이 진정으로 중요한지를 깨달은 것입니다.

회복 이후 누리는 더 큰 은혜

예배의 회복을 통해 하나님은 야곱에게 이전보다 더 큰 은혜를 구체적으로 약속하셨습니다. 그 약속의 말씀은 무엇이었을까요?

네 이름이 이스라엘이 되리라

"하나님이 그에게 이르시되 네 이름이 야곱이지마는 네 이름을 다시는 야곱이라 부르지 않겠고 이스라엘이 네 이름이 되리라 하시고 그가 그의 이름을 이스라엘이라 부르시고"(창 35:10)

하나님은 이미 야곱이 에서를 피해 도망치다 얍복강 나루터에서 하나님의 사자와 씨름한 뒤, 그의 이름을 '이스라엘'로 바꾸어 주셨습니다.창 32:28 그러나 그 이후에도 여전히 야곱이라 부르셨습니다. 왜 바뀐 이름인 '이스라엘'이라 부르지 않으셨을까요? 그것은 이름은 바뀌었지만, 그 이름에 걸맞은 삶을 온전히 살지 못했기 때문입니다.

고대 히브리인들에게 이름은 단순한 호칭을 넘어 한 사람의 인격을 나타내는 것이었습니다. 그러므로 이름이 바뀐다는 것은 곧 그의 인격이 바뀌는 것인데, 야곱의 인격은 아직 바뀌지 않았습니다.

이스라엘이라는 이름처럼 하나님과 겨루어 이긴 자로서 죄와 싸워 승리하는 삶을 살아야 했습니다. 그러나 세겜에 10여 년이나 머무르며 예배를 소홀히 하고 세속 문화에 젖어 하나님과 멀어져 있었습니다.

그런데 야곱이 하나님의 부르심에 순종하여 무너진 제단을 수축하고 예배를 드리자 하나님은 '다시는 야곱이라 부르지 않을 것이며 네 이름이 이스라엘이 될 것'이라고 말씀하신 것입니다. 실제로 이후의 말씀을 보면 그의 이름이 '이스라엘'로 기록되어 있습니다.

"이스라엘이 다시 길을 떠나 에델 망대를 지나 장막을 쳤더라 이스라엘이 그 땅에 거주할 때에 르우벤이 가서 그 아버지의 첩 빌하와 동침하매 이스라엘이 이를 들었더라"(창 35:21-22)

이제 '야곱'이라는 옛 이름처럼 속이는 자가 아니라 하나님과 겨루어 이긴 자, 곧 '이스라엘'로 당당히 살게 된 것입니다. 이스라엘이라는 이름 속에는 하나님과의 관계 속에서 승리하는 자, 자신과의 싸움, 세상과의 싸움, 마귀와의 싸움에서 승리하는 자로 살아가게 되었다는 뜻이 담겨 있습니다. 예배를 통해 그 힘과 능력을 공급받기 때문입니다. 야곱이 '이스라엘'이라는 새 이름을 얻게 된 것은 단순히 이름만 바뀐 것이 아니라, 그의 존재가 하나님 안에서 새로워졌다는 선언이었습니다. 이처럼 하나님은 오늘도 회복된 자에게 새로운 이름과 삶을 허락하시며 더 큰 은혜를 약속해 주십니다. 무너진 자존심 대신 하나님의 약속을 붙들게 하셨고, 두려움 대신 예배의 확신을 주셨습니다.

우리가 잘 아는 찬양인 「나 같은 죄인 살리신」의 작사자 존 뉴턴도 그 은혜를 깊이 경험한 사람입니다. 노예를 사고파는 노예선 선장이었던 존 뉴턴은 한때 방탕하고 추악한 삶을 살면서 하나님을 조롱했습니다. 그러던 어느 날 폭풍우 속에서 죽음을 눈앞에 두었을 때, 그는 비로소 울부짖으며 하나님을 찾고 예배드렸습니다. 그날 이후 그의 인생은 완전히 바뀌었습니다. 그는 더 이상 노예를 사고파는 사람이 아니라, 복음을 전하는 하나님의 종으로 새 이름을 얻었습니다. 야곱이 하나님 앞에서 '이스라엘'로 거듭난 것처럼 존 뉴턴도 회개의 예배를 하나님께 드리고 '새사람'으로 다시 태어났습니다.

이렇듯 예배는 실패자에서 예배자로, 두려움의 사람에서 믿음의 사람으로 바뀌는 은혜가 그 자리에 임합니다. 하나님은 야곱에게 그리하신 것처럼 오늘 우리에게도 예배를 통해 '새로운 이스라엘'의 삶을 약속하고 계십니다. 예배는 하나님이 우리를 새롭게 부르시는 만남의 자리입니다. 그 자리에서 우리는 과거의 이름을 내려놓고, 하나님이 주시는 새로운 이름으로 살아가게 됩니다. 그때야 비로소 우리의 인생을 새롭게 빚으시는 하나님의 손길과 마주하는 은혜의 시간이 펼쳐지게 되는 것입니다.

큰 민족을 이루고 후손 중에 왕이 나오리라

"하나님이 그에게 이르시되 나는 전능한 하나님이라 생육하며 번성하라 한 백성과 백성들의 총회가 네게서 나오고 왕들이 네 허리에서 나오리라"(창 35:11)

또한 하나님은 큰 민족을 이루고 후손 가운데 많은 왕이 나올 것이라고 약속하셨습니다. 여기서 중요한 것은 이 놀라운 약속의 말씀을 하시면서 스스로를 가리켜 '전능한 하나님'이라고 강조하신 것입니다. 전능하시기에 100% 지키실 수 있다는 의미입니다. 누구나 약속은 할 수 있지만, 지킬 힘과 능력이 없다면 끝까지 책임질 수 없습니다. 하지만 하나님은 자신의 '전능하심'을 강조하시며, 그 약속을 반드시 이루실 것임을 선언하셨습니다.

하나님은 아브라함에게도 나타나셔서 "나는 전능한 하나님이라 너는 내 앞에서 행하여 완전하라"(창 17:1b)고 말씀하셨습니다. 사실 이 말씀은 아브라함을 향한 질책이었습니다. 당시 아브라함이 하나님의 약속을 온전히 신뢰하지 못하고 인간의 방법으로 문제를 해결하려 했기 때문입니다.

하나님은 야곱 이전에 이미 아브라함에게 '장차 큰 민족을 이루고, 복의 근원이 되게 하겠다'고 약속하셨습니다. 아브라함은 그 말씀을 믿고 가나안 땅에 들어왔는데, 10년이 지나도 자녀가 생기지 않자 조급해지기 시작했습니다. 어쩌면 당연한 일이었는지도 모릅니다. 그때 아브라함은 85세, 사라는 75세였기 때문입니다.

그래서 사라는 여종 하갈과 동침하여 자녀를 얻도록 했고, 그렇게 이스마엘이 태어났습니다. 하지만 이후 13년 동안 하나님은 침묵하셨고, 아브라함이 99세가 되었을 때 다시 나타나셔서 자신이 '전능하신 하나님'임을 선포하셨습니다. "나는 전능한 하나님이다. 그런데 왜 너는 나를 믿지 못하고 하갈과 동침하여 아들을 낳았느냐"는 질책이었습니다.

야곱에게도 다시금 전능하심을 강조하신 하나님은, 약속대로 야곱의 열두 아들을 400년 후 200만 명이 넘는 거대한 민족으로 성장하게 하셨습니다. 오죽하면 애굽 왕 바로가 산파들에게 히브리 여인들이 사내아이를 낳으면 모두 죽이라고 명령까지 했을까요? 이뿐만이 아닙니다. 야곱의 후손들 가운데 가장 많은 왕이 배출되었고, 다윗의 후손으로 왕 되신 예수 그리스도가 나셨습니다.

이 땅을 너와 네 자손에게 주리라

"내가 아브라함과 이삭에게 준 땅을 네게 주고 내가 네 후손에게도 그 땅을 주리라"(창 35:12)

아직도 일정한 거처 없이 떠돌아다니던 야곱에게 후손들에게까지 가나안 땅을 주시겠다는 약속은 얼마나 큰 축복의 말씀이 되었을까요? 결과적으로 보면 이스라엘 백성이 출애굽 이후 광야를 거쳐 가나안 땅을 차지하게 된 것은 우연이 아니었습니다. 아브라함과 이삭, 그리고 야곱과 맺으신 하나님의 약속이 있었기에 가능한 일이었습니다.

야곱의 가정이 위기의 때에 벧엘에 돌아와 제단을 쌓아 예배를 드린 이후, 하나님이 약속하신 세 가지 복을 보면 많은 부분이 자녀와 후손과 관련되어 있습니다. 야곱이 서원을 이행하고 무너진 단을 쌓았을 때, 하나님은 그 후손들에게 복을 주시겠다고 약속하셨습니다. 이 말씀을 보면 부모는 자녀와 후손을 위해서라도 믿음으로 살아야 함을 깨닫게 됩니다. 다음 세대를 위해 우상을 버리고 거룩하게 살며 예배를 소홀히 해서는 안 됩니다. 우리의 가정이 벧엘이 되게 해야 합니다.

'벧엘'이 '벧아웬'이 되는 비극을 경계하라

벧엘은 하나님의 임재가 있는 하나님의 집이었습니다. 그래서 사사 시대에도 하나님의 임재를 상징하는 법궤가 이곳에 있었습니다. 벧엘은 신앙의 중심을 다시 세우는 거룩한 자리인 것입니다.

이스라엘 자손은 이곳에서 번제와 화목제를 드렸습니다. 그런데 남과 북으로 분열된 후, 북이스라엘의 왕 여로보암은 예배드리러 예루살렘으로 내려가려는 북이스라엘 사람들을 막기 위해 이 역사적인 장소에 금송아지를 세웠습니다. 그리고 금송아지가 있는 이곳에서 여호와 하나님을 경배하라고 명했습니다.

> "벧엘에서 그와 같이 행하여 그가 만든 송아지에게 제사를 드렸으며 그가 지은 산당의 제사장을 벧엘에서 세웠더라 그가 자기 마음대로 정한 달 곧 여덟째 달 열다섯째 날로 이스라엘 자손을 위하여 절기로 정하고 벧엘에 쌓은 제단에 올라가서 분향하였더라" (왕상 12:32b-33)

벧엘에서 금송아지를 숭배하고, 왕이 벧엘에 쌓은 제단에 올라가 분향하게 한 것입니다. 그래서 북이스라엘의 멸망을 예언한 호세아 선지자는 벧엘을 '벧아웬'이라 불렀습니다.

> "이스라엘아 너는 음행하여도 유다는 죄를 범하지 못하게 할 것이라 너희는 길갈로 가지 말며 벧아웬으로 올라가지 말며 여호와의 사심을 두고 맹세하지 말지어다" (호 4:15)

벧아웬은 '우상의 집', '죽음의 집', '허무의 집', '사악한 집'을 의미합니다. 하나님을 예배하고 하나님의 임재가 머물던 벧엘이 우상을 숭배하는 사악한 죽음의 집이 되어 버렸습니다. 모양과 형식은 갖추었지만, 하나님을 향한 예배가 그저 복을 받기 위한 수단으로 전락해 버렸기 때문입니다.

오늘날 우리의 모습은 어떤가요? 영과 진리로 온전히 하나님을 예배하지 않고 형식적으로, 그저 복을 받기 위한 수단으로 예배를 이용한다면 우리의 교회도 가정도 벧엘이 아닌 벧아웬이 되고 말 것입니다. 유럽에는 술집으로 바뀐 예배당들이 많습니다. 한 사람 한 사람이 거룩한 성전이 되어 하나님을 예배하지 못한다면, 우리 역시 그런 모습이 될 수밖에 없습니다. 그러므로 우리는 '벧엘', 즉 하나님의 집인 우리의 가정과 교회가 '벧아웬'이 되지 않도록 해야 합니다. 하나님을 향한 경배 없이 형식만 갖춘 채, 복을 달라며 빈 상자만 요란하게 흔들고 있지는 않으신가요? 하나님은 진정으로 예배를 회복하는 자에게 찾아오십니다. 복은 예배라는 통로를 통해서만 들어올 수 있는 신비한 은혜입니다. 그러므로 지금은 예배의 본질을 되찾아야 할 때입니다. 예배가 '받는 자리'가 아니라, 하나님께 '드리는 자리'가 되어야 합니다. 예배가 우리의 만족을 위한 시간이 아니라, 하나님의 영광을 위한 시간이 되어야 합니다.

12장

영적 침체를 회복하라

(열왕기상 19장 5-10절) ⁵ 로뎀 나무 아래에 누워 자더니 천사가 그를 어루만지며 그에게 이르되 일어나서 먹으라 하는지라 ⁶ 본즉 머리맡에 숯불에 구운 떡과 한 병 물이 있더라 이에 먹고 마시고 다시 누웠더니 ⁷ 여호와의 천사가 또 다시 와서 어루만지며 이르되 일어나 먹으라 네가 갈 길을 다 가지 못할까 하노라 하는지라 ⁸ 이에 일어나 먹고 마시고 그 음식물의 힘을 의지하여 사십 주 사십 야를 가서 하나님의 산 호렙에 이르니라 ⁹ 엘리야가 그 곳 굴에 들어가 거기서 머물더니 여호와의 말씀이 그에게 임하여 이르시되 엘리야야 네가 어찌하여 여기 있느냐 ¹⁰ 그가 대답하되 내가 만군의 하나님 여호와께 열심이 유별하오니 이는 이스라엘 자손이 주의 언약을 버리고 주의 제단을 헐며 칼로 주의 선지자들을 죽였음이오며 오직 나만 남았거늘 그들이 내 생명을 찾아 빼앗으려 하나이다

승리 후에 찾아오는 영적 침체는 누구에게나 올 수 있습니다. 앞서 살펴본 이들처럼, 믿음의 사람들도 때로는 승리의 자리에서 패배와 낙심을 경험했습니다. 하나님의 위대한 선지자 엘리야조차 그랬습니다. 아합왕의 아내 이세벨이 자신을 죽이려 한다는 소식을 들은 엘리야는 광야로 들어가 로뎀나무 아래에서 자신의 신세를 한탄하며 죽기만을 구했습니다.

"자기 자신은 광야로 들어가 하룻길쯤 가서 한 로뎀 나무 아래에 앉아서 자기가 죽기를 원하여 이르되 여호와여 넉넉하오니 지금 내 생명을 거두시옵소서 나는 내 조상들보다 낫지 못하니이다 하고"(왕상 19:4)

이 상황은 역설적이게도, 갈멜산에서 바알과 아세라 선지자 팔백오십 명과의 대결에서 완전히 승리한 뒤에 일어났습니다. 영적 전쟁에서 승리한 이후, 영적 침체에 빠져든 것입니다.

누구에게나 찾아오는
영적 침체

영적 침체, 즉 우울증은 우울한 감정이 지속되어 자신의 힘으로 극복하지 못하는 상태를 말합니다. 우울한 감정 그 자체가 우울증은 아닙니다. 우울한 감정은 대체로 2주 정도 지나면 다시 회복되지만, 우울증은 2주가 지나도 그 감정 상태가 지속됩니다. 코로나 19가 유행하던 시기, 현장 예배도 드리지 못하고 사람도 만나지 못한 채 집 안에 머물러 있다 보니, 우울한 감정 때문에 두려움에 사로잡혀 살아가는 사람들이 많았습니다.

그런데 영적 침체가 지속되다 보면 자기 연민에 빠지기 쉽습니다. 삶의 의욕이 저하되어 무기력해지고, 무슨 일을 해도 즐겁지 않으며, 이유 없이 슬픔에 휩싸여 마음이 답답해지기도 합니다. 심지어 하나님이 나를 버리신 것처럼 느껴지고, 하나님의 사랑에서 떨어져 나간 것만 같아 하루에도 몇 번씩 죽고 싶은 생각이 들기도 합니다. 그러나 이런 영적 침체는 엘리야처럼 하나님을 잘 믿는 사람들에게도 올 수 있음을 기억해야 합니다. 순전하고 정직하며 하나님을 경외했던 욥도 그랬고, 위대한 지도자인 모세도 그랬습니다.

그렇다면 영적 침체에 빠져 신세를 한탄하며 죽기를 구하고 있는 엘리야에게 하나님은 어떻게 하셨을까요? 한탄하고 있는 엘리야를 책망하지도, 외면하지도 않으셨습니다. "네 믿음이 그 정도밖에 안 되느냐?" 혹은 "네가 그러면서도 선지자라고 할 수 있느냐?"라며 정죄하지 않으셨습니다. 오히려 엘리야에게 천사를 보내어 그를 어루만지시고, 떡과 물을 먹게 하시며 힘을 주셨습니다.

우리 또한 인생의 로뎀나무 아래에서 영적 침체에 빠진 이들을 정죄하거나 외면하지 말아야 합니다. 그들에게는 조언이나 해결책을 제시해 주는 일이 먼저가 아닙니다. 그보다 함께 있어 주고, 함께 울어 주며, 함께 아파해야 합니다. 우리가 바로 하나님이 엘리야에게 보내신 천사가 되어 지친 영혼을 위로하고 격려하여 그들이 영적 침체를 이겨 낼 수 있도록 도와주어야 합니다.

특히 그리스도인에게 '우울증'이라는 단어는 절대 들켜서는 안 될 치부처럼 여겨집니다. '내가 하나님을 믿는데 이렇게 우울해도 괜찮을까?', '우울증에 걸린다는 것은 내 믿음이 약하다는 증거가 아닐까?' 이런 생각들로 죄책감마저 느끼게 됩니다. 그러나 목회자들도 우울증에 걸립니다. 미국에서는 목회자의 자살이 교계의 큰 이슈로 떠오를 만큼 심각한 문제이기도 합니다.

어떤 사모는 자신의 우울증보다 '사모가 우울증이 있다.'고 교인들이 수군댈까 봐 정말 죽을 것같이 고통스러웠다고 고백했습니다. 우리는 이런 시대에 서로에게 힘이 되어 주어야 합니다. 그래서 전도서에는 이렇게 기록되어 있습니다.

"한 사람이면 패하겠거니와 두 사람이면 맞설 수 있나니 세 겹 줄은 쉽게 끊어지지 아니하느니라"(전 4:12)

삼겹줄은 쉽게 끊어지지 않습니다. 옆의 동역자가 넘어지고 쓰러져 끝없이 아래로 추락하고 있을 때, 내가 먼저 손을 내밀어 일으켜 주어야 합니다. '어떻게 하나님을 믿으면서 우울증에 걸리지?'라는 교만한 생각은 버려야 합니다. 하나님은 우리가 서로를 붙들어 함께 일어나도록 설계하셨음을 잊지 말아야 합니다.

영적 침체를
극복하는 지름길

구체적으로 우리는 이 영적 침체를 어떻게 극복해야 할까요?

하나님의 사랑을 확신하라

로뎀나무 아래에 누워 있는 엘리야에게 천사를 보내어 어루만져 주신 하나님은 한 번만 그렇게 하신 것이 아닙니다. 7절을 보면 천사가 또다시 찾아온 것을 볼 수 있습니다.

"여호와의 천사가 또 다시 와서 어루만지며 이르되 일어나 먹으라"

(왕상 19:7a)

'어루만지다'라고 번역된 히브리어 '나가으'는 '가까이에서 손을 대다.'라는 의미입니다. 그러니까 보이지 않는 영이신 하나님이 천사를 보내어 그 손길을 직접 느끼게 하신 것입니다. 우리말 사전에도 '어루만지다'는 '가볍게 쓰다듬어 만지다.'라고 되어 있습니다.

즉, 어루만지는 것은 사랑의 표현입니다.

하나님은 천사를 두 번이나 보내어 하나님의 사랑을 느끼고 경험할 수 있도록 하셨습니다. "엘리야야, 나는 너를 사랑한다. 나는 너를 포기한 적이 없다. 네가 갈멜산의 영적 전쟁에서 승리할 때나 로뎀나무 아래에 누워 있는 지금이나 변함없이 너를 사랑한다." 이렇게 엘리야를 포기하지 않으시고 사랑하신다는 증거를 계속 보여 주셨습니다.

많은 사람이 '하나님이 나를 사랑하지 않으신다.'는 생각에 영적 침체를 겪고 우울증에 빠집니다. 하나님뿐만 아니라 누구도 나를 사랑하지 않는다고 느낍니다. 스스로를 비참하고 추하게 여겨 사랑받을 만한 자격이 없다고 생각하기 때문입니다. 그러나 하나님은 우리를 사랑하십니다. 우리가 아무리 연약하여 넘어졌을지라도, 결혼 생활과 사업에 실패하고 유혹에 넘어져 더럽혀졌을지라도, 엘리야처럼 영적 침체 가운데 있을지라도 하나님은 우리를 사랑하십니다. 그래서 사도 바울은 이렇게 고백합니다.

"누가 우리를 그리스도의 사랑에서 끊으리요 환난이나 곤고나 박해나 기근이나 적신이나 위험이나 칼이랴"(롬 8:35)

"내가 확신하노니 사망이나 생명이나 천사들이나 권세자들이나 현재 일이나 장래 일이나 능력이나 높음이나 깊음이나 다른 어떤 피조물이라도

우리를 우리 주 그리스도 예수 안에 있는 하나님의 사랑에서 끊을 수 없으리라"(롬 8:38-39)

그 누구도, 그 어떤 것도, 그 어떤 상황도 우리를 하나님의 사랑에서 끊을 수 없다고 말합니다. 이것이 바울이 굳게 붙들었던 확신입니다. 그러므로 하나님의 사랑을 확신하는 자는 다시 설 수 있고, 넉넉히 이길 수 있습니다.

국제코치연맹 ICF 공인 코치로서 18년째 CEO, 각 분야의 전문가, 목회자, 청소년 등 다양한 대상에게 일대일 코칭을 진행하며 회복과 성장을 돕고 있는 정진 코치가 있습니다. 그의 부모님은 모두 사회적으로 인정받은 분들이셨고, 학대를 받은 적도 없으며, 경제적으로 어려운 환경에서 자라지 않았는데도 그는 어린 시절부터 깊은 슬픔과 우울의 고통에 시달렸습니다.

그러다 중·고교 시절 하나님을 만났고, 하나님은 그에게 "사랑한다, 아들아! 내가 너를 사랑하고 아낀다. 너는 나의 귀한 아들이다."라고 말씀해 주셨습니다. 그 순간 그는 태어나서 이렇게 시원하고 단 생수는 처음 마셔 보는 것 같았다고 고백했습니다. 그 후 주님을 향해 달리며 끊임없이 기도하고 예배드리며 사역했습니다.

하지만 혼자 있는 시간이 되면 다시 슬픔과 우울감이 스멀스멀 올라왔습니다. '내가 하나님을 믿는 사람인데 이렇게 우울해도 되나?' 하는 죄책감에 휩싸일 때면, 예수님의 사랑이 잘 느껴지지 않았습니다. 그래서 "예수님이 나를 사랑하신다."는 멘트를 직접 녹음해서 계속 들으며 사역에 몰두했지만, 마음 깊은 곳에는 여전히 우울이 자리했습니다.

이런 마음 치유의 여정은 길고 길었습니다. 그는 기독교 교육을 전공하고 신학을 공부하며 심리학과 상담도 배웠습니다. 선교 단체에서 공동체 생활을 하고, 내적 치유 세미나와 기도원에 다니며, 성경 공부를 했습니다. 그렇게 조금씩 인생의 초점이 나의 우울함이 아니라 하나님을 더 알고자 하는 갈망으로 옮겨졌습니다.

그 과정에서 마음을 만져 주시는 하나님을 깊이 경험했고, 하나님 안에서 자신처럼 마음이 아픈 사람들을 어떻게 도울 수 있을지 고민하다 '코칭'이라는 도구를 선택했습니다. 지금 그는 '라이프 코치'로서 수많은 사람을 만나 그들의 마음속 이야기를 듣고 회복을 돕고 있습니다. 그는 "내가 너를 사랑한다. 죽기까지 너를 사랑한다."라는 하나님의 음성을 반드시 붙들라고 말합니다. 이 확신이 끝없이 추락하는 우리의 손을 붙잡고, 다시 걷게 합니다.

쉼을 통하여 재충전하라

엘리야는 지금까지 쉬지 않고 사역에 매진했습니다. 먼저 사르밧 과부의 집에서 비가 내리는 날까지 통의 가루와 병의 기름이 떨어지지 않는 기적을 행했습니다. 왕상 17:14-16 이후에는 과부의 죽은 아들을 살리는 기적을 행했는데, 아이를 품에 안고 자신이 거하는 다락으로 올라가 죽은 아이 위에 몸을 세 번 펴서 엎드리며 하나님께 간절히 부르짖었습니다. 그러자 그 아이가 살아났습니다.^{왕상 17:19-22}

그리고 갈멜산에서는 바알과 아세라를 섬기는 선지자 팔백오십 명과 영적 전쟁을 치렀습니다. 바알의 선지자들이 아침부터 저녁 소제를 드릴 때까지 큰 소리로 부르짖으며 칼과 창으로 그들의 몸을 상하게 할 때, 엘리야는 한가롭게 쉬고 있었을까요? 아닙니다. 그는 피 말리는 영적 전쟁 가운데서 자신의 차례가 오기를 기다리며 계속 하나님께 기도하고 있었을 것입니다.

자신의 차례가 되었을 때 그는 돌로 제단을 쌓은 뒤 제물을 나무 위에 올려놓고 그 위에 물을 부었습니다. 그리고 "여호와여 응답하소서, 내게 응답하소서!" 하며 간절히 부르짖어 기도했습니다. 그때 여호와의 불이 임하여 번제물과 돌, 흙까지 모두 태웠습니다. 그리고 바알의 선지자들이 도망가지 못하게 하고 그들을 기손 시내로 데려다가 모두 죽였습니다.^{왕상 18:31-40}

그 영적 전쟁에서 승리한 뒤, 엘리야는 갈멜산 꼭대기로 올라가 꿇어 엎드려 얼굴을 무릎 사이에 넣고 일곱 번이나 간절히 기도했습니다. 그 응답으로 긴 가뭄 끝에 마침내 비가 내리기 시작했고, 엘리야는 허리를 동이고 아합왕 앞에서 달려 나가며 하나님의 위엄을 드러냈습니다.^{왕상 18:42-46}

엘리야는 이 과정들을 거치는 동안 얼마나 심신이 피곤했을까요? 사실 엘리야는 그동안 제대로 먹지도 쉬지도 못했습니다. 몸도 마음도 파김치가 된 상태였습니다. 바로 그때 이세벨이 자기를 죽이려 한다는 소식을 듣게 되었고, 곧바로 영적 침체에 빠지게 되었습니다. 이것을 보면 육체의 피곤이 얼마든지 영적 침체를 가져올 수 있음을 알게 됩니다.

그런데 엘리야는 또다시 광야로 하룻길쯤 더 걸어왔습니다. 너무 피곤한 나머지 로뎀나무 아래에 누워 잠든 것입니다. 바로 그때 하나님이 천사를 보내어 그를 어루만지시고 숯불에 구운 떡과 물을 먹고 마시게 하셨습니다. 천사가 엘리야를 찾아와서 한 일은 기력을 회복할 수 있도록 도운 것입니다.

"먹고 마시고 다시 누웠더니"(왕상 19:6b)

하나님은 엘리야를 충분히 먹여 주시고 재워 주셨습니다. 그런데 조금 전까지 신세를 한탄하며 죽기를 원했던 그가, 떡과 물을 주자 사양하지 않고 잘 먹은 뒤 다시 누워 잠들었습니다. 이렇게 충분히 휴식하여 힘을 얻은 엘리야는 사십 일 밤낮을 가서 하나님의 산 호렙에 이르게 되었습니다.

"이에 일어나 먹고 마시고 그 음식물의 힘을 의지하여 사십 주 사십 야를 가서 하나님의 산 호렙에 이르니라"(왕상 19:8)

사람은 영과 혼과 육으로 구성되어 있고 이 셋은 유기적으로 연결되어 있습니다. 어느 한쪽이 무너지면 다른 쪽도 함께 무너지는 법입니다. 정신적으로 스트레스를 많이 받으면, 육체가 망가질 뿐 아니라 기도생활도 원활하지 않습니다. 먹지 못하고 잠을 자지 못하면 집중력이 떨어지고 영적 침체에도 빠지게 됩니다. 육체가 약해지면 영혼도 약해지고, 영혼이 약해지면 육체도 약해집니다.

그렇기 때문에 우리에게는 재충전, 즉 안식이 절실히 필요합니다. 게으름은 죄가 될 수 있지만 쉼은 죄가 아닙니다. 하나님이 엘리야에게 잘 먹고 잘 자게 하심으로 영적 침체를 극복하게 하신 것만 봐도, 안식이야말로 성경적 회복의 시작임을 알 수 있습니다. 지금 스트레스와 육체의 탈진 가운데 있다면 반드시 쉼을 갖고 재충전해야 합니다.

함께함을 기억하라

영적 침체를 극복하기 위해서는 동역자가 필요합니다. 엘리야는 '나만 홀로 남았다.'는 생각에 영적 침체에 빠졌습니다. 하나님이 "엘리야야 네가 어찌하여 여기 있느냐"^{왕상 19:9b, 13b}라고 물으실 때 "오직 나만 남았거늘 그들이 내 생명을 찾아 빼앗으려 하나이다"^{왕상 19:10b, 14b}라고 대답한 것을 보면 알 수 있습니다.

그러나 이것은 잘못된 생각이었습니다. 성경을 보면 당시 이세벨의 박해 가운데서도 오바댜가 숨겨둔 백 명의 선지자가 있었고,^왕

상 18:4 바알 앞에 무릎 꿇지 않은 칠천 명의 순결한 사람들이 있었습니다. 왕상 19:18 엘리야 홀로 외롭게 바알 선지자들과 싸우는 것이 아니었습니다.

많은 사람이 '나만 홀로'라는 생각 때문에 영적 침체에 빠집니다. 누구도 나를 도와주지도, 함께해 주지도, 알아주지도, 이해해 주지도 않는다고 생각하기 때문입니다. 언제나 나만 이런 고통 속에서 어려움을 당한다고 생각합니다. 성도들 중에도 "목사님, 왜 저만 이런 어려움을 당해야 하나요? 왜 우리 가정에만 이런 일이 일어나나요?"라고 반문하는 분들이 참 많습니다. 그러나 나만 이런 고난과 아픔 속에 고통받는 것이 아닙니다.

이 세상에는 우리가 상상할 수 없는 고난과 슬픔, 핍박 속에서 살아가는 사람들이 많습니다. 항상 웃으며 만나는 사이라도 터놓고 대화를 나누어 보면 문제 없이, 아픔과 슬픔 없이 사는 사람은 거의 없습니다. 그러므로 영적 침체를 극복하려면 '나만 홀로'라는 생각을 버려야 합니다. 그런데 엘리야는 이세벨이 자신을 죽이려 한다는 소식을 들었을 때, 사람이 아무도 없는 광야로 나가 버렸습니다.

세상을 창조하시고 "보시기에 참 좋았더라"고 말씀하신 하나님이 유일하게 보시기에 좋지 않은 것이 있었습니다. 바로 아담이 홀로 있는 것이었습니다. 하나님은 외로움과 고독을 기뻐하지 않으십니다. 그러므로 힘들고 어려운 일을 만나면 광야로 나아가는 것이 아니라 믿음의 동역자와 믿음의 사람들을 찾아 공동체 안으로 들어가야 합니다. 그리고 그들과 함께 고민하고 기도해야 합니다. 물론 사람들로 인해 받는 상처도 있겠지만, 그래도 공동체 안에 머물면서 믿음의 사람들과 함께 울고 웃으며 많은 시간을 보내야 합니다.

대한민국의 대표적인 지성인이자 문필가이며 교수와 장관을 역임한 이어령 교수님은 어느 인터뷰에서 자신을 '인생의 실패자'라고 말했습니다. 그 이유는 동행하는 자가 없었기 때문이라는 것입니다.

"내게는 친구가 없어요. 혼자서 나의 그림자만 보면서 달려왔어요. 다들 동행자라고 생각했지만 뒤돌아보니 경쟁자였어요. 가족과 친구들이 있었지만 아내와 오붓하게 영화를 보러 가거나 자녀들과 야구 구경을 간 적이 없어요."

지금 '나만 홀로'라는 생각에 인생의 로뎀나무 아래에 앉아 죽기를 바라는 분이 있으신가요? 그러나 기억해야 합니다. 우리는 결코 혼자가 아닙니다. 전능하신 하나님이 함께하십니다. 그리고 하나님의 가족 공동체 안에는 우리와 함께 믿음의 길을 걷는 동역자들이 함께하고 있습니다.

사명을 회복하라

엘리야는 이세벨의 살해 위협에 유다 땅 브엘세바로 도망갔습니다. 그리고 사환을 그곳에 머무르게 한 다음, 광야로 하룻길쯤 더 들어가 로뎀나무 아래에 누워 자신의 신세를 한탄하고 있었습니다. 그런데 왜 엘리야는 죽음의 위협 가운데 브엘세바로 갔을까요? 왜 아무도 없는 광야로 나아갔을까요? 그것은 하나님이 주신 사명을 포기했기 때문입니다. 하나님은 분명히 아합이 다스리는 북이스라엘로 가서 선지자로서 말씀을 선포하라는 사명을 주셨습니다. 엘리야는 아합과 이세벨로 인해 온 땅에 퍼진 바알 신전과 바알 숭배 사상을 타파하고, 하나님만이 유일하신 참 신이심을 드러내야 했습니다. 그러나 그는 유다 땅 브엘세바로 피했고, 거기서 멈추지 않고 아무도 없는 광야로 나아가고 말았습니다.

많은 사람이 자신의 소명을 잃고 사명을 포기하는 순간, 영적 침체를 겪습니다. 한창 일할 나이에 어쩔 수 없는 사정으로 일할 수 없게 되면 우울한 감정에 사로잡히는 것을 봅니다. 사명을 따라 충성된 삶을 살았던 목회자들도 은퇴와 동시에 영적 침체를 겪는 경우도 참 많습니다.

그러나 자신이 해야 할 일이 남아 있다고 생각하며 소명을 따라 사는 사람은 바쁘게는 살아도 우울한 감정에 사로잡히지 않습니다. 그러므로 지금 내가 무언가를 할 수 있다는 것, 복음을 위해, 하나님의 나라를 위해 살 수 있다는 것에 감사해야 합니다. 디모데도 주님이 자신을 충성되이 여기시고 귀한 직분을 맡겨 주심에 감사했습니다.

"나를 능하게 하신 그리스도 예수 우리 주께 내가 감사함은 나를 충성되이 여겨 내게 직분을 맡기심이니"(딤전 1:12)

영적 침체에 빠져 두려움에 떨며 로뎀나무 아래에 누워 있던 엘리야에게 하나님이 주신 말씀은 무엇이었을까요? "그래, 네 소원대로 아합과 이세벨은 저주를 받아 비참하게 죽게 될 것이다."라는 말씀이 아니었습니다. 하나님은 엘리야에게 새로운 사명을 주셨습니다.

"너는 네 길을 돌이켜 광야를 통하여 다메섹에 가서 이르거든 하사엘에게 기름을 부어 아람의 왕이 되게 하고 … 예후에게 기름을 부어 이스라엘의 왕이 되게 하고 … 엘리사에게 기름을 부어 너를 대신하여 선지자가 되게 하라"(왕상 19:15-16)

다시 사역의 현장으로 돌아가 하사엘과 예후, 그리고 엘리사에게 기름을 부으라는 사명을 주셨습니다. 이는 새로운 지도자를 세우는 중요한 일이었습니다. 이렇게 하나님으로부터 다시 소명을 받은 엘리야는 무서워서 비겁하게 도망쳐 나온 길로 되돌아갔습니다. 그리고 하나님이 말씀하신 대로 바알 숭배 본거지인 아람의 왕을 폐하고 하사엘을 왕으로 세웠습니다. 이스라엘의 아합왕도 폐하고 예후를 새로운 왕으로 세웠습니다. 그리고 엘리사를 불러 기름을 부은 다음 자신의 후계자로 세웠습니다. 하나님이 맡기신 세 가지 사명을 완수한 것입니다. 이처럼 영적 침체를 가장 빠르게 회복하는 비결은 하나님이 맡기신 사명을 찾고, 그 일에 헌신하는 것입니다.

　하나님의 일을 위해 열심을 다했는데도 가정과 직장, 인간관계는 한없이 꼬이는 것처럼 느껴지시나요? 하나님은 나를 잊으신 지 오래인 것 같고, 헌신만 요구하시는 분처럼 느껴지시나요? 이런 일들이 겹치고 겹쳐 영적 침체에 빠져 있다면, 로뎀나무 아래에서 모든 것을 포기하고 죽기만을 바라던 엘리야에게 찾아오신 하나님을 기억하시기 바랍니다. 모든 것이 실패한 것 같고 다시 일어설 수 없을 것 같을 때, 직접 떡과 물을 먹이시고 다시 일어서기를 기다리시는 분은 오직 하나님뿐이십니다.

13장

마음의 중심을 회복하라

[사무엘상 16장 6-13절] ⁶ 그들이 오매 사무엘이 엘리압을 보고 마음에 이르기를 여호와의 기름 부으실 자가 과연 주님 앞에 있도다 하였더니 ⁷ 여호와께서 사무엘에게 이르시되 그의 용모와 키를 보지 말라 내가 이미 그를 버렸노라 내가 보는 것은 사람과 같지 아니하니 사람은 외모를 보거니와 나 여호와는 중심을 보느니라 하시더라 ⁸ 이새가 아비나답을 불러 사무엘 앞을 지나가게 하매 사무엘이 이르되 이도 여호와께서 택하지 아니하셨느니라 하니 ⁹ 이새가 삼마로 지나게 하매 사무엘이 이르되 이도 여호와께서 택하지 아니하셨느니라 하니라 ¹⁰ 이새가 그의 아들 일곱을 다 사무엘 앞으로 지나가게 하나 사무엘이 이새에게 이르되 여호와께서 이들을 택하지 아니하셨느니라 하고 ¹¹ 또 사무엘이 이새에게 이르되 네 아들들이 다 여기 있느냐 이새가 이르되 아직 막내가 남았는데 그는 양을 지키나이다 사무엘이 이새에게 이르되 사람을 보내어 그를 데려오라 그가 여기 오기까지는 우리가 식사 자리에 앉지 아니하겠노라 ¹² 이에 사람을 보내어 그를 데려오매 그의 빛이 붉고 눈이 빼어나고 얼굴이 아름답더라 여호와께서 이르시되 이가 그니 일어나 기름을 부으라 하시는지라 ¹³ 사무엘이 기름 뿔병을 가져다가 그의 형제 중에서 그에게 부었더니 이 날 이후로 다윗이 여호와의 영에게 크게 감동되니라 사무엘이 떠나서 라마로 가니라

선거철이 되면 여러 후보가 나와 각자의 공약과 비전을 내세우며 나라를 위해, 지역을 위해 자신이 무엇을 바꿀 수 있는지 끊임없이 선전하며 유권자들의 마음을 사려고 합니다. 그렇다면 여러분은 투표할 때 후보자의 무엇을 가장 최우선으로 보시나요? 어떤 이들은 인격이나 도덕성을, 누군가는 업무 수행 능력을 가장 중요하게 봅니다. 또는 자신이 속한 지역에 이익을 가져다 줄 사람인지를 유심히 보기도 합니다.

그렇다면 하나님이 일꾼을 찾으실 때, 어떤 사람에게 투표하실까요? 다윗을 왕으로 세우시는 과정을 살피며 하나님이 사람을 택하시는 기준에 대해 알아보겠습니다.

완전히 버리시지는
않는 이유

다윗이 왕으로 선택되어 사무엘을 통해 기름 부음을 받는 배경에는 이스라엘 초대 왕 사울이 하나님께 버림받는 사건이 있었습니다. 사무엘상 16장은 하나님이 버리신 사울이 점점 추락해 가는 모습과 하나님이 택하신 다윗의 모습을 교차시켜 보여 줌으로써 다윗이 역사 속에서 두드러지는 모습을 강조합니다. 그렇다면 하나님은 왜 사울을 버리셨을까요?

사울이 왕이 된 지 2년째 되던 해 블레셋과 전쟁이 벌어졌습니다. 군사들과 백성들은 용기를 잃었고, 오기로 한 사무엘도 오지 않자 조급해진 사울은 제사장의 일을 스스로 행하는 월권을 저질렀습니다. 뿐만 아닙니다. 사무엘상 14장에서는 블레셋과 대치 중인 군사들이 지쳐서 싸울 기력도 없을 때, 숲에서 꿀을 발견했습니다. 당장 그 꿀을 먹도록 해야 했는데, 사울은 원수를 갚기 전에는 아무것도 먹어서는 안 된다는 잘못된 명령을 내렸습니다. 삼상 14:24 그의 자존심에서 나온 분별력 없는 명령이었습니다. 허기진 군사들은 결국 하나님이 율법에서 금하신 고기를 먹는 불경한 행동을 하게 되었습니다.

뒤이어 15장에서는 하나님을 대적했던 대표적인 민족 아말렉을 공격해서 진멸하라는 명령을 내리셨습니다. 그런데 사울은 살진 소와 양을 남겨 두었습니다. 사무엘은 사울을 만나 지금 들리는 양과 소 울음소리는 무엇이냐고 물었습니다. 그는 '하나님께 제사드리기 위해 남겨둔 것'이라는 거짓말을 했습니다. 삼상 15:14-15

사울은 자신의 권한 밖의 일을 하는 데 주저하지 않았고, 하나님의 말씀에 불순종했으며, 이를 감추기 위한 변명을 했습니다. 자신의 자존심과 체면을 세우려 한 것입니다. 사울은 백성들의 행복에는 관심이 없었고, 자기 자신밖에 몰랐습니다. 그런데도 하나님은 사울을 완전히 버리시지는 않았습니다. 그를 버리셨다고 해서 한 영혼을 버리신 것은 아니었습니다. 사울을 사랑하셨기 때문에 왕위에서 내려오도록 하신 것입니다.

하나님은 그를 곧장 폐위시키지 않으시고 일정 기간 동안 왕위에 두셨습니다. 여기에는 중요한 영적 원리가 있습니다. 하나님은 우리를 비밀리에 버려 두신다는 것입니다. 하나님이 버리신 결과는 한참 후에야 나타납니다. 하나님이 기회를 주시는 것입니다. 눈에 보이는 상황과 하나님의 마음은 다를 수 있습니다. 하나님은 서두르지 않으시고 모든 상황을 통해서 그분의 뜻과 목적을 이루어 가십니다.

사울은 자신에게 아무 일도 일어나지 않았기 때문에 하나님이 자신을 버리신 줄 몰랐습니다. 하나님은 이런 사울을 통해 다윗을 훈련시키고 계셨습니다. 다윗이 기름 부음을 받고 왕이 되는 과정에서 교육을 담당한 교사는 훌륭한 왕이 아니라 잘못된 왕이었습니다. 다윗은 사울을 가까이서 지켜보며 '저렇게 하면 안 된다.'는 것을 철저하게 배웠을 것입니다.

인간의 기준과는 다른 하나님의 기준

혹시 하나님이 사회적 위치나 재물을 잃게 하셨나요? 그것은 우리의 영혼을 버리신 것이 아니라 우리의 진정한 모습을 되찾게 하시려는 하나님의 방편입니다. 그 목적을 위해서라면 하나님은 어떤 것도 잃게 하실 수 있습니다. 우리를 진정으로 사랑하시기 때문에 고난과 시련을 주시는 것입니다.

사울도 진정으로 사랑하시기 때문에 버리신 것입니다. 그리고 기회를 주셨습니다. 그러나 사울은 왕으로서 가진 힘을 자신의 질투심을 채우는 데, 다윗을 제거하는 데 모두 쏟아부었습니다. 그 사이 백성들은 피폐해졌습니다. 하지만 사울이 처음부터 그런 것은 아니었습니다. 왕으로 세움받았을 때는 매우 겸손했습니다.

"사무엘이 이르되 왕이 스스로 작게 여길 그 때에 이스라엘 지파의 머리가 되지 아니하셨나이까 여호와께서 왕에게 기름을 부어 이스라엘 왕을 삼으시고"(삼상 15:17)

그가 스스로를 보잘것없는 작은 자라고 여겼기 때문에 오히려 하나님이 세우신 것입니다. 그러나 어느 순간부터 사울은 자기 자신으로 가득한 사람이 되어 버렸습니다. 마음의 중심이 변한 것입니다. 자신도 모르는 사이에 변해 버린 것입니다. 우리도 마음의 중심이 하나님께 향하지 않으면 언제든지 변할 수 있습니다. 스스로 보잘것없다고 여기다가도 자신을 하나님처럼 위대한 존재라고 여기는 것입니다.

결국 하나님을 버린 사울을, 하나님도 버리시고 새 왕을 선택하셨습니다. 그런데 사무엘은 새 왕을 선택했으니 가서 기름을 부으라는 하나님의 말씀을 듣고 두려워했습니다. 사울이 이 사실을 알면 자신을 죽일 것이 뻔했기 때문입니다. 한때는 사울이 사무엘을 두려워했는데, 이제는 상황이 뒤집혔습니다. 사울이 얼마나 포악하고 잔인했으면 그랬을까요?

두려움에 떨고 있는 사무엘에게 하나님은 베들레헴에 가되, 기름 붓는 것은 밝히지 말고 제사를 드리러 가라고 지혜를 주셨습니다. 다윗과 사무엘을 보호하시기 위한 하나님의 방법이었습니다. 만약 다윗이 기름 부음을 받았다는 사실이 알려지면 그 목숨이 보전되었을까요? 다윗에게는 준비의 시간이 필요했기 때문에 하나님은 사울 모르게 일을 행하신 것입니다.

하나님은 사무엘을 이새의 집으로 보내어 왕 될 자에게 기름을 부으라고 말씀하셨습니다. 이에 사무엘은 베들레헴으로 가서 이새의 모든 가족을 불러 모았습니다. 이새의 아들들이 모였을 때, 사무엘은 장남 엘리압을 보며 '이 사람이다'라고 생각했습니다.

"그들이 오매 사무엘이 엘리압을 보고 마음에 이르기를 여호와의 기름 부으실 자가 과연 주님 앞에 있도다 하였더니"(삼상 16:6)

하지만 하나님은 틀렸다고 말씀하셨습니다.

"여호와께서 사무엘에게 이르시되 그의 용모와 키를 보지 말라 내가 이미 그를 버렸노라 내가 보는 것은 사람과 같지 아니하니 사람은 외모를 보거니와 나 여호와는 중심을 보느니라 하시더라"(삼상 16:7)

'외모'라고 번역된 히브리어 '에이나임'은 '눈' 또는 '눈빛'이라는 뜻입니다. 이 말씀은 사무엘, 즉 인간의 한계를 보여 줍니다. 사실 겉모습만 보고 평가하는 사람은 많지 않습니다. 그보다는 언행이나 눈빛을 봅니다. 특히 눈빛을 보면 그 사람의 됨됨이와 생각이 나옵니다. 눈빛에 초점이 없는 사람은 인생을 방황하고 있는 경우가 많습니다. 눈빛을 보면 얼마나 성실하게 사는지, 얼마나 열심히 사는지 드러납니다.

어쩌면 사무엘도 엘리압의 눈빛을 유심히 살펴보았을지 모릅니다. 하지만 사람이 다른 사람을 판단하는 데에는 한계가 있습니다. 눈빛으로는 마음의 중심은 볼 수 없습니다. 괜히 "열 길 물속은 알아도 한 길 사람 속은 모른다."라는 말이 있는 것이 아닙니다. 엘리압에 이어 아비나답도, 삼마도, 이새의 일곱 아들이 모두 사무엘 앞을 지나갔지만 하나님이 택하신 자는 그곳에 없었습니다. 사무엘은 이새에게 물었습니다.

"또 사무엘이 이새에게 이르되 네 아들들이 다 여기 있느냐 이새가 이르되 아직 막내가 남았는데 그는 양을 지키나이다 사무엘이 이새에게 이르

> 될 사람을 보내어 그를 데려오라 그가 여기 오기까지는 우리가 식사 자리에 앉지 아니하겠노라"(삼상 16:11)

이새에게 막내아들 다윗은 안중에도 없었습니다. 여기서 '막내'라는 히브리어 '하가톤'은 '보잘것없는 존재', '신경 쓰지 않아도 되는 존재'라는 의미가 담겨 있습니다. 장남 중심의 사회였기 때문에 이새는 다윗을 하찮게 여겼습니다. 사무엘도 이새도 사람의 겉모습만 보고 평가한 것입니다.

그런 다윗은 홀로 양을 치며 베들레헴 광야에서 아버지가 시킨 일에 순종하고 있었습니다. 단조롭고 아무것도 아닌 것 같은 일을 꾸준히 해내면서 그의 영혼은 늘 하나님을 향해 있었습니다. 다윗에게 자연은 교사였고, 양들은 친구였습니다. 가족조차 알아주지 않았던 그를 하나님이 세우셨습니다. 가정은 중요하지만 가족에게 인정받지 못했다고 해서 하나님이 부르시지 않는 것은 아닙니다. 하나님은 오히려 가족에게 소외받고 주목받지 못한 다윗을 택하셔서 놀라운 일을 이루셨습니다.

마음의 중심을 확인하는
기다림의 시간

하나님은 다윗에게 기름을 부으신 뒤 곧장 왕으로 세우지는 않으셨습니다. 다윗이 세 번의 기름 부음을 받는 동안 약 15년의 시간이 필요했습니다. 그 기간 동안 다윗은 좋은 시설에서 좋은 교사에게 교육받은 것이 아니었습니다. 다윗은 광야에 있었습니다. 사울의 위협을 피해 광야라는 광야, 수풀이라는 수풀은 모조리 다녔습니다. 어떤 이스라엘 왕이 광야를 모두 다녀 보았을까요?

그러다 아둘람 동굴에서 억울한 누명을 쓰고 국가로부터 버림받은 사람들을 만났습니다. 이후 아둘람 공동체 일원 사백여 명은 다윗 왕국의 중요한 지도자가 되었습니다. 하나님은 그 시대 버림받은 사람들을 모아서 다윗과 함께 공동체를 이루게 하시고, 다윗을 왕으로 세우는 밑거름을 만드셨습니다. 다윗이 받은 고통과 시험은 마치 예수님이 공생애를 시작하시면서 기름 부음을 받으신 후 승천하실 때까지 수많은 시험과 고난을 받으신 모습과 닮았습니다.

우리에게도 고난이 찾아옵니다. 고난과 시련을 당할 때 비로소 마음의 중심이 어디에 있는지 알게 됩니다. 평안한 환경 속에서는 절대 깨달을 수 없습니다. 그러므로 고난 속에서 마음의 중심을 확인하고, 다윗처럼 하나님 중심의 삶을 살기를 기도해야 합니다.

호주 시드니 어노인팅교회의 윤치영 목사는 모태신앙인이었지만, 아버지의 부재로 방황의 시간을 보냈습니다. 그러나 아버지 되신 하나님을 만난 뒤 신학 대학에 입학해 호주에서 사역을 이어가게 되었습니다. 결핍이 많은 가정에서 자라는 아이들을 위한 청소년 사역을 하던 중, 가출과 비행을 일삼던 한 고등학생을 돕다가 문화적 오해와 실수로 호주 현지 감옥에 수감되었습니다.

그는 정식으로 재판을 받고 최종 형이 확정되기 전까지 구치소에 머물게 되었습니다. 같은 방에는 온몸이 문신으로 뒤덮인 수감자가 있었고, 추위가 심해 이불을 머리끝까지 덮으면 온갖 벌레들이 몸을 기어다녔습니다. 억울하고 분한 마음에 그는 일주일 동안 아무것도 먹을 수 없었습니다.

당시 호주 구치소에서는 초범일 경우 반드시 재소자 한 명과 함께 있도록 해서 자살을 방지했고, 만일 그런 불미스러운 일이 생기면 기존에 있던 수감자에게 책임을 묻는 제도가 있었습니다. 그래서 문신으로 뒤덮인 수감자가 윤치영 목사에게 먼저 우유를 권했고, 이것을 계기로 이런저런 대화를 나누다가 그는 목회자가 수감되었다는 사실에 놀라게 되었습니다.

그때 윤치영 목사는 기회를 놓치지 않고 복음을 전했습니다. "호주라는 넓은 땅덩어리에서, 수많은 구치소 가운데 하나님이 당신과 나를 한 방에 있게 하셨습니다. 이것은 하나님이 살아 계시고, 당신을 사랑하신다는 증거입니다." 이 말을 들은 수감자는 놀라며 "오 마이 갓!oh my God"을 외쳤습니다. 그렇게 첫 전도가 시작되었습니다.

이후 윤치영 목사는 옮겨 가는 수감실마다 복음을 전했습니다. 물론 가는 방마다 쉬운 상대는 없었습니다. 베트남 갱단에게 살해 위협을 받기도 했지만 이후 그중 한 명을 전도하게 되었고, 그는 교도소 안에서 베트남어 성경을 찾은 첫 성도가 되었습니다. 이 놀라운 성령의 역사는 수많은 수감자가 하나님을 만나고 기도하는 감옥이 되도록 이끄셨습니다.

가슴을 치며 억울할 수밖에 없는 상황에서도 전도할 수 있는 마음, 상상되시나요? 절망 가운데서도 우리 마음의 중심은 복음을 향해 갈 수밖에 없습니다. 그것이 우리를 향한 하나님의 설계이기 때문입니다.

하나님 마음에
꼭 맞는 사람

다윗이 막내로 집안의 인정을 받지 못한 것도, 목동 일을 하게 된 것도 모두 하나님이 그의 인생을 쓰시기 위한 준비 과정이었습니다. 그는 자신의 형편에 대해 낙담하거나 불평하기보다, 그 시간 최선을 다해 살았습니다. '왜 나한테는 이런 일밖에 맡기지 않으실까? 아버지는 왜 형들만 우대하실까?' 하며 불평하지 않고 자신에게 맡겨진 일이 무엇이든, 사람들이 알아주든 아니든 최선을 다했습니다. 하나님은 바로 이런 다윗의 마음의 중심을 보시고 그를 발탁하신 것입니다.

> "마음을 살피시는 이가 성령의 생각을 아시나니 이는 성령이 하나님의 뜻대로 성도를 위하여 간구하심이니라" (롬 8:27)

하나님은 마음을 살피시는 분이십니다. 다윗의 마음을 살피시고 그의 마음을 아셨습니다. 그래서 사도행전에는 "내가 이새의 아들 다윗을 만나니 내 마음에 맞는 사람이라 내 뜻을 다 이루리라" 행 13:22b고 기록되어 있습니다. 다윗은 중심을 보시는 하나님의 마음에 꼭 맞는 사람이었습니다. 그래서 다윗을 왕으로 세우시고 그를 통해 하나님의 뜻을 이루셨습니다. 그렇다면 우리는 여기서 한 가지 확인할 것이 있습니다. 도대체 다윗은 어떤 사람이었기에 이토록 하나님의 마음에 맞았다고 하셨을까요?

다윗의 인생 전체를 놓고 보면 그 중심에는 충성심이 가득했습니다. 양들을 지킬 때도, 골리앗과 싸울 때도, 나라를 위해 전쟁을 할 때도 목숨 걸고 충성했습니다. 또한 그 중심에는 순종이 있었습니다. 사울처럼 변명하거나 상황에 따라서 행하지 않고 하나님의 말씀에 절대 순종했습니다. 뿐만 아니라 정직함이 있었습니다. 자신의 잘못을 회개할 줄 알았습니다. 무엇보다 그 중심에는 하나님에 대한 절대 믿음이 있었습니다. 골리앗과 싸울 때도 오직 하나님에 대한 절대 믿음으로 승리했습니다.

시편에 나오는 수많은 다윗의 시를 보면 그의 고백은 한결같이 '오직 하나님'입니다. 그는 오직 하나님을 의지하고 도움을 구하며, 그는 오직 하나님만을 찾았습니다. 다윗은 머리끝에서 발끝까지, 뼛속까지 하나님으로 가득 찬 사람이었습니다. 입만 열면 "하나님이여", "나의 주여", "나의 하나님", "만군의 여호와여"라고 부르짖었습니다. 하나님은 이런 다윗의 중심을 꿰뚫어 보셨기 때문에 "내 마음에 맞는 사람이라"고 말씀하신 것입니다.

어떤 젊은 여성이 엑스레이를 찍으러 가면서 가장 좋은 옷을 꺼내 입고 공들여 화장하고 향수까지 뿌렸다 칩시다. 그런데 엑스레이에는 무엇이 나올까요? 뼈가 부러졌는지, 금이 가거나 틀어졌는지만 나옵니다. 의사는 그 엑스레이를 보고 진단을 내립니다. 이처럼 하나님 앞에서 외모는 아무것도 아닙니다. 하나님은 오직 중심을 보고 판단하십니다. 하나님이 교회에 나와 예배드리는 우리의 외모를 찬찬히 살펴보고 계실까요? 아닙니다. 하나님은 우리의 중심에 충성심이 있는지, 순종이 있는지, 정직함이 있는지, 하나님에 대한 믿음이 있는지를 보십니다.

그러므로 우리의 중심이 하나님의 마음에 맞는 사람이 되어야 합니다. 그러면 성령의 기름을 부어 주십니다. 사무엘상 16장 13절 하반절을 보면, "이 날 이후로 다윗이 여호와의 영에게 크게 감동되니라"고 합니다. 다윗이 여호와의 영, 즉 성령께 크게 감동되었다는 것입니다. 그때부터 다윗이 무엇을 하든, 어디에 있든 하나님이 함께하시며 지키시고 도우셔서 승리하는 축복이 사람이 되었습니다.

이런 다윗이 평생 가장 두려워한 것이 무엇이었을까요? 대적이나 원수도, 환난이나 고난도, 비방이나 조롱도 아니었습니다. 여호와의 영이 자신에게서 떠나가시는 것을 가장 두려워했습니다. 여호와의 영이 떠나가시면 자신은 아무것도 아니라는 사실을 누구보다 가장 잘 알고 있었기 때문입니다.

이렇게 무명의 소년 목동 다윗의 이름이 이제 역사의 한가운데 등장하게 되었습니다. 게다가 그의 이름은 구약 성경에서 육백 번 이상, 신약 성경에서 육십 번 이상 반복되는 가장 유명한 자가 되었습니다. 심지어 메시아도 그의 집안에서 나오게 됩니다. 그래서 예수님이 다윗의 동네 베들레헴에서 태어나신 것입니다. 다윗의 후손으로 오셔야 했기 때문입니다.

신동탄지구촌교회를 개척하여 담임하고 있는 박춘광 목사는 불신 가정에서 자라 지구촌교회에서 20년간 사역했습니다. 처음 지구촌교회에 갔을 때 맡은 자리는 주일학교 교사였다고 합니다. 그것도 친구가 전도사로 있는 부서였고, 처음 맡겨진 사역은 주일학교 분반 교사와 찬양 인도였습니다.

지금도 생각하면 아이들에게 미안하다고 합니다. 찬양의 은사도 없지만 찬양 인도에는 더욱 은사가 없기 때문입니다. 하지만 '순종이 제사보다 낫다'는 말씀에 순종해서 찬양 인도를 했습니다. 그가 찬양하면 아이들보다 교사들이 더 많은 은혜를 받았습니다. 땀을 비 오듯 흘리며 찬양하는 그의 열정적인 모습 때문이었습니다.

여름성경학교 시즌이 되었을 때, 방송 파트가 정해지지 않았습니다. 회의 중 가장 젊은 박춘광 목사가 그 일을 맡아야 한다는 의견이 모였고, 방송은 문외한이었기에 당황스러웠지만 '순종'에 대한 마음을 주셨습니다. 그는 무작정 방송실을 찾아가 담당 집사님에게 성경학교 방송을 준비해야 하니 방법을 알려 달라고 부탁했습니다. 하지만 집사님의 설명을 들어도 도무지 무슨 말인지 이해가 되지 않았습니다. 간절한 마음으로 다시 부탁한 뒤 준비해 간 녹음기로 녹음하여 밤을 새워 수십 번 연습했습니다. 다행히 성경학교 방송은 아무 탈 없이 매끄럽게 진행되었습니다.

연말이 되자 주일학교 교육전도사를 모집하기 시작했고, 그 자리를 섬겨 줄 수 있느냐는 연락을 받았습니다. 여름성경학교 때 보여 준 모습 때문이었습니다. 한 번도 해 보지 않은 사역이었지만 최선을 다해 준비하고 감당하는 모습을 보고, 주일학교 아이들을 맡기면 좋겠다는 추천이 있었다는 것입니다. 참으로 감사한 겨울이었습니다.

지금 우리가 하는 모든 일에는 의미가 있습니다. 아무리 하찮아 보여도, 아무리 보잘것없어 보여도, 한계가 있더라도 모든 일은 하나님이 우리를 준비시키는 과정입니다. 이것을 믿는다면 어떤 상황에서도 낙담하거나 불평할 수 없습니다. 어떤 하찮은 일을 하고 있다고 해서 '내가 이런 일이나 할 사람이야?' 하며 화를 낼 필요도 없습니다.

요셉을 기억하시기 바랍니다. 그는 이집트 총리가 되겠다는 야심을 품고 계획적으로 움직이지 않았습니다. 그저 전능하신 하나님께 자신의 삶을 맡기고, 비록 상황은 힘들었지만 매 순간 자신에게 주어진 일에 최선을 다하며 살았을 뿐입니다. 그렇게 했을 때 하나님이 때가 되어 그를 일으키신 것입니다. 다윗도 왕이 되겠다는 야심을 품고 때를 기다린 것이 아닙니다. 베들레헴의 이새라는 사람 집안의 막내아들로서 양을 치는 것이 무슨 대단한 일일까요? 아무도 알아주지 않아도 최선을 다해 살았습니다.

하나님은 빈둥거리며 노는 사람을 불러 쓰신 적이 없습니다. 매 순간 하나님께 자신을 맡기고 순종하며, 내게 주어진 일이 아무리 작을지라도 최선을 다해 살아가는 사람을 지켜보시다가 때가 되면 들어 쓰십니다. 우리도 다윗처럼 중심을 보시는 하나님의 마음에 맞는 사람이 되어 은혜와 축복 속에서 사는 복 있는 사람이 되기를 소망합니다.

14장

하나님의 사랑을 회복하라

〔호세아 2장 6-7절〕 ⁶ 그러므로 내가 가시로 그 길을 막으며 담을 쌓아 그로 그 길을 찾지 못하게 하리니 ⁷ 그가 그 사랑하는 자를 따라갈지라도 미치지 못하며 그들을 찾을지라도 만나지 못할 것이라 그제야 그가 이르기를 내가 본 남편에게로 돌아가리니 그 때의 내 형편이 지금보다 나았음이라 하리라

살다 보면 이해되는 일보다 이해되지 않는 일들이 더 많이 일어납니다. 드라마에서나 볼 법한 믿었던 사람의 배신, 자녀의 죽음, 이유 없는 고난, 악인의 형통 같은 일들 말입니다. 그런데 이보다 더 이해되지 않는 것이 있습니다. 바로 우리를 향한 하나님의 사랑입니다.

타락한 죄성을 가진 우리의 이성으로는 그 사랑이 도저히 이해되지 않습니다. 우리의 사랑에는 조건이 있고, 마음속에 나름대로의 기준선이 있습니다. 이처럼 우리의 사랑은 일시적이고 상대적이며 영원하지 않지만, 하나님의 사랑은 조건이 없고 절대적이고 영원합니다.

왜일까요? 그분의 사랑은 행위가 아닌 언약에 근거한 헤세드의 사랑이기 때문입니다. 하나님은 타락한 인간의 이성으로는 이해될 수 없는 사랑을 계시하시기 위해 여러 선지자를 사용하셨습니다.

이해할 수 없는 순종을 요구하시는 하나님

특히 호세아 선지자에게는 도저히 이해할 수 없는 순종을 요구하심으로써 그 뜻을 관철하셨습니다. 하나님은 호세아에게 구체적으로 무엇을 요구하셨을까요?

음란한 여자 고멜을 아내로 맞으라

하나님은 호세아 선지자를 부르셔서 음란한 여자 고멜을 아내로 맞이하여 자식을 낳으라고 명령하셨습니다.

"너는 가서 음란한 여자를 맞이하여 음란한 자식들을 낳으라"(호 1:2b)

너무나 어처구니없는 명령이었지만 호세아는 순종하여 음란한 고멜을 아내로 맞이했습니다. 사람들은 사랑할 만한 가치가 있는 사람을 사랑하고 결혼하기를 원하지만, 호세아는 하나님 말씀을 따랐습니다. 부정한 여인과 결혼하는 것은 율법에 어긋나는 일입니다. 심지어 간음한 여인은 "돌로 쳐 죽이라"는 율법이 있었기에 호세아는 선지자로서 이 명령에 순종하는 것이 더욱 힘들었을지도 모릅니다.

그래서 어떤 학자들은 호세아의 결혼은 역사적인 실제 사건이 아니라 비유라고 말하기도 합니다. 하지만 고멜을 가리켜 '디블라임의 딸'이라고 분명히 언급하고, 이후 다른 남자에게 가서 음녀가 된 고멜을 '은 열다섯 개'와 '보리 한 호멜 반'을 주고 다시 데려오는 장면을 볼 수 있습니다. 아버지 이름과 지불한 금액, 보리의 수량까지 언급하는 것은 이 사건이 실제로 일어났음을 뒷받침하는 증거가 됩니다. 그런데 하나님은 왜 이토록 음탕하고 음란한 여자를 아내로 맞이하여 음란한 자식을 낳으라고 말씀하셨을까요? 이는 호세아의 삶을 통해 하나님의 마음을 드러내기 위한 상징적 메시지였습니다.

"이 나라가 여호와를 떠나 크게 음란함이니라 하시니"(호 1:2b)

이스라엘이 여호와를 떠나 크게 음란했기 때문입니다. 여기서 말하는 음란은 우상 숭배를 의미합니다. 이는 영적인 간음을 뜻합니다. 하나님과 이스라엘의 관계는 신랑과 신부, 곧 언약 관계이기 때문입니다.

"내가 네게 장가 들어 영원히 살되 공의와 정의와 은총과 긍휼히 여김으로 네게 장가 들며 진실함으로 네게 장가 들리니 네가 여호와를 알리라"

(호 2:19-20)

음란한 여자를 아내로 맞이하라는 명령은 죄인인 우리를 향한 하나님의 사랑이 어떤 것인지를 적나라하게 보여 주시기 위해서였습니다. 호세아는 하나님의 사랑을 계시하기 위해 세우신 선지자였기 때문에 그에게 먼저 하나님의 아픔을 체험하도록 하신 것입니다. 그래야 하나님의 아픔과 간절한 마음을 온전히 계시하실 수 있었기 때문입니다. 구약성경 그 어느 곳에서도 호세아서보다 하나님의 구속의 사랑을 이렇게까지 강렬하게 나타내는 책은 없습니다. 그러므로 우리는 호세아서를 읽을 때 하나님의 강력한 사랑을 느끼고 경험할 수 있어야 합니다.

호세아서의 음란한 여인은 우상 숭배에 빠진 북이스라엘을 상징적으로 비유하고 있지만, 사실 우리의 모습이기도 합니다. 그리고 호세아 선지자는 음란한 여인을 품는 하나님을 상징합니다. 그러므로 우리는 결코 사랑할 수 없는 고멜이라는 여자를 사랑하는 호세아의 모습을 통해 우리를 이토록 사랑하시는 하나님의 모습을 볼 수 있어야 합니다. 범죄하고 패역한 우리를 위해 '그럼에도 불구하고' 독생자를 이 땅에 보내시고 십자가에 달려 죽게 하신 하나님 아버지의 마음을 읽을 수 있어야 합니다. 사랑할 수 없는 우리를 죽도록 사랑하신 하나님 아버지의 마음 말입니다.

두 번째 명령은 다른 남자를 찾아 집을 나간 고멜을 다시 찾아와 또 사랑하라는 것이었습니다.

"너는 또 가서 타인의 사랑을 받아 음녀가 된 그 여자를 사랑하라 하시기로"(호 3:1b)

포기하지 말고, 낙심하지 말고, 끝내지 말고 아내를 다시 데리고 와서 사랑하라는 것입니다. 호세아는 이 말씀에 순종하여 은 열다섯 개와 보리 한 호멜 반으로 값을 지불하고 아내를 사서 집으로 데려 왔습니다. 이것은 단순한 부부 관계의 회복 이야기가 아니라, 하나님이 우리를 어떻게 사랑하시는지를 보여 주는 실제적 은혜의 그림이었습니다. 우리가 하나님을 배신하고 떠나도, 하나님은 다시 찾아오셔서 값을 치르시고 우리를 돌아오게 하시는 분이라는 사실을 보여 준 것입니다.

음란한 자식들을 낳으라

"너는 가서 음란한 여자를 맞이하여 음란한 자식들을 낳으라"(호 1:2b)

이 말씀에 순종하여 낳은 자식들에게 하나님은 이름을 지어 주셨습니다. 첫째 아들의 이름은 '이스르엘'입니다. 이스라엘과 발음이 비슷하지만 그 뜻은 전혀 다릅니다. 이스라엘은 축복을 상징하지만 이스르엘은 멸망을 상징하는 저주의 이름입니다. 열왕기상 21장과 열왕기하 9장을 보면, 저주받은 땅 이스르엘에 대한 설명을 볼 수 있습니다.

이스라엘 왕 중 가장 악한 아합왕 시절, 왕궁 가까운 곳에 나봇의 포도원이 있었습니다. 아합은 그 포도원이 아름다우니 자신에게 팔라고 했지만, 나봇은 그곳이 조상 때부터 내려오는 기업이기에 팔 수 없다고 했습니다. 아합의 아내 이세벨은 그로 인해 고민하는 왕을 보고 거짓 증인을 세워 "나봇이 하나님과 왕을 저주했다."고 모함했습니다. 결국 나봇은 돌에 맞아 죽게 되었습니다. 억울하게 죽은 나봇을 뒤로하고 아합이 포도원을 차지하자, 하나님이 이를 보시고 엘리야 선지자를 보내어 말씀하셨습니다.

"개들이 나봇의 피를 핥은 곳에서 개들이 네 피 곧 네 몸의 피도 핥으리라 하였다 하라"(왕상 21:19b)

"이세벨에게 대하여도 여호와께서 말씀하여 이르시되 개들이 이스르엘 성읍 곁에서 이세벨을 먹을지라"(왕상 21:23)

아합왕의 모든 집안 사람이 저주를 받아 피 흘려 죽은 땅이 바로 이스르엘입니다. 그런데 하나님은 호세아의 첫아들의 이름을 '이스르엘'이라고 지어 주심으로, 우리가 바로 '저주받은 자들'임을 말씀하셨습니다. 우리는 결코 하나님의 사랑을 받을 수 없는, 본질상 진노의 자녀라는 것입니다.

둘째 딸의 이름은 '로루하마'입니다. 히브리어는 단어 앞에 '로'가 들어가면 부정의 의미가 됩니다. '루하마'가 '긍휼'이라는 뜻이므로 둘째 딸의 이름 '로루하마'는 '긍휼이 없다.'는 의미입니다. 곧 '긍휼히 여김을 받지 못한다, 사랑을 받지 못한다.'는 뜻입니다. 우리가 바로 로루하마입니다. 하나님의 품을 떠난 우리는 긍휼하심을 받지 못할 정도로 완벽한 죄인들입니다.

셋째 아들의 이름은 '로암미'입니다. '암미'는 '내 백성이다.'라는 뜻입니다. 여기에 부정의 '로'가 붙어 '로암미'는 '내 백성이 아니다.' 라는 의미입니다. 하나님은 바알 숭배에 빠진 이스라엘 백성에게 "너는 내 백성이 아니다."라는 슬프고 속상한 마음을 담아 이 이름을 붙여 주신 것입니다.

하나님은 호세아의 자녀들을 통해 '이들은 더 이상 내 백성이 아니니 그 어떤 보호도 받지 못할 것이며, 이스라엘을 흩어버리고, 긍휼도 베풀지 않으며, 자녀로도 삼지 않겠다.'고 말씀하시는 것입니다. 우리가 바로 저주받은 자들^{이스르엘}이며 결코 긍휼히 여김을 받지 못할 자들^{로루하마}이고, 하나님의 백성이 될 수 없는 자들^{로암미}입니다.

모든 상황을 역전시키는
'그러나'의 사랑

그러나 하나님은 우리를 사랑하시기에 회복과 축복을 약속하셨습니다. 이것이 바로 '그러나'의 사랑입니다. '그러나'는 앞뒤 내용이 상반될 때 사용하는 접속 부사입니다. 하나님은 이를 사용하셔서 모든 사실을 뒤집어 버리셨습니다.

"그러나 내가 유다 족속을 긍휼히 여겨 그들의 하나님 여호와로 구원하

겠고 활과 칼이나 전쟁이나 말과 마병으로 구원하지 아니하리라 하시니라"(호 1:7)

"그러나 이스라엘 자손의 수가 바닷가의 모래 같이 되어서 헤아릴 수도 없고 셀 수도 없을 것이며 전에 그들에게 이르기를 너희는 내 백성이 아니라 한 그 곳에서 그들에게 이르기를 너희는 살아 계신 하나님의 아들들이라 할 것이라"(호 1:10)

"[그러나] 너희 형제에게는 암미라 하고 너희 자매에게는 루하마라 하라"(호 2:1)

2장에서는 직접 기록되어 있지 않지만, 문맥상 '그러나'가 숨어 있습니다. 이를 정리하면, 하나님은 유다 족속을 긍휼히 여겨 구원하겠으며, 이스라엘 자손의 수가 바닷가의 모래같이 되게 하겠으며, 다시 한번 너희를 내 백성이라고 부르겠다고 말씀하시며 앞의 모든 상황을 역전시키셨습니다. '방금 하신 말씀도 뒤집으시고 왜 이렇게 변덕이 심하실까' 하는 생각이 드시나요? 이는 모두 우리를 향한 하나님의 사랑 때문입니다.

모든 말에는 겉으로 드러나는 것 말고도 숨겨진 뜻이 있습니다. 무언가를 강조하려고 할 때 사용하는 반어법도 있으니까요. 젊은 연인들이 "미워 죽겠어"라고 말할 때, 그것이 진짜 미워서 하는 말일까요? 그렇지 않습니다. 뜨겁게 사랑하기 때문에 그렇게 표현하는 것입니다. 김소월 시인의 「진달래꽃」은 반어법이 쓰인 대표적 시입니다. "죽어도 아니 눈물 흘리우리다."라는 표현에는 겉으로는 눈물 흘리지 않겠다고 하지만, 실제로는 너무 슬픈 감정을 절절히 표현한 것입니다. 그래서 호세아서를 묵상하면 할수록 하나님 아버지의 마음이 어떤 것인지 더 깊이 깨닫게 됩니다. 우리를 향한 사랑은 조건적 사랑이 아니라, 버려도 포기하지 않으시는 언약의 사랑입니다. 징계가 끝이 아니라 회복을 향한 초대이며, 고통 속에서도 멈추지 않는 부르심이었습니다. 우리가 돌아오기를 기다리며 여전히 사랑하시는 분이 바로 하나님이십니다.

하나님도 우리를 향한 깊은 마음을 이렇게 표현하신 것입니다. 그래서 호세아서를 묵상하면 할수록 하나님 아버지의 마음이 어떤 것인지 더 깊게 깨닫게 됩니다. 특히 호세아서 6장 1절을 보면 그 마음이 더욱 분명해집니다.

"오라 우리가 여호와께로 돌아가자 여호와께서 우리를 찢으셨으나 도로 낫게 하실 것이요 우리를 치셨으나 싸매어 주실 것임이라"(호 6:1)

하나님은 때로 우리를 치시기도 하지만, 그로 인한 상처를 싸매어 주시는 분이십니다. 이처럼 우리를 향하신 하나님의 마음은 '그러나의 사랑'입니다. 변함이 없고 끊을 수 없으며 포기하지 않는 사랑입니다. 우리도 이 사랑 앞에 '그러나의 믿음'으로 반응해야 합니다. 한 번 실패했을지라도 주저앉지 않고, 일곱 번 쓰러지더라도 우리를 다시 "너는 내 백성이다."라고 불러 주시고 '긍휼히 여김을 받는 자'로 회복시키시는 하나님의 사랑에 의지하여 다시 일어서는 믿음입니다. 다시 쓰러져도 끝이 아니라는 것을 믿고, 하나님의 품으로 돌아갈 용기를 내야 합니다. 하나님은 돌아오는 자를 정죄하지 않고, 잃어버린 자를 먼저 달려가 안아 주십니다. 우리를 부끄러워하지 않으시는 분이 바로 하나님입니다. 그러므로 회복은 우리의 힘이 아니라, 하나님의 사랑을 의지할 때부터 다시 시작됩니다.

우리를 살리는
사랑의 가시 울타리

호세아서 2장은 음란한 자식에게 내리신 하나님의 징계를 다루고 있습니다. 하나님은 사랑의 하나님이시지만 동시에 공의의 하나님이시기에 우리를 징계하십니다.

"너희 어머니와 논쟁하고 논쟁하라 그는 내 아내가 아니요 나는 그의 남편이 아니라 그가 그의 얼굴에서 음란을 제하게 하고 그 유방 사이에서 음행을 제하게 하라"(호 2:2)

'너희 어머니'는 바로 이스라엘 공동체, 곧 우리를 가리킵니다. '논쟁하라'는 말씀은 악한 행동을 중단할 때까지 싸우라는 의미입니다. 우리는 예수 그리스도의 신부입니다. 신부는 정결해야 하며 신랑만을 사모해야 합니다. 그런데 부정을 저질렀으니 이를 고칠 때까지 싸우라고 말씀하십니다.

'얼굴에서 음란을 제하라'는 것은 얼굴이 사람의 마음 상태를 드러내기 때문입니다. 또한 '유방 사이에서 음행을 제하라'고 하신 것은, 유방이 애정과 사랑의 자리이기 때문입니다. 하나님의 아내인 이스라엘 백성의 가슴속에는 하나님에 대한 사랑이 있어야 한다는 의미입니다.

우리의 가슴에는 하나님에 대한 연정과 사랑이 있나요? 아니면 하나님보다 더 좋은 것이 자리하고 있나요? 하나님은 그런 것이 있다면 제하라고 말씀하십니다. 곧 회개하라는 의미입니다. 만일 그렇지 않으면 그 인생을 다음과 같이 징계하시겠다고 말씀하십니다.

"그렇지 아니하면 내가 그를 벌거벗겨서 그 나던 날과 같게 할 것이요 그로 광야 같이 되게 하며 마른 땅 같이 되게 하여 목말라 죽게 할 것이며 내가 그의 자녀를 긍휼히 여기지 아니하리니 이는 그들이 음란한 자식들임이니라"(호 2:3-4)

첫째, 벌거벗겨서 그 나던 날과 같게 할 것이라고 말씀하셨습니다. 우리는 태어날 때 실오라기 하나 걸치지 않았습니다. 바로 이런 존재가 되게 하시겠다는 의미입니다. 권세 있는 자는 권좌에서 내려오고, 그 누구도 찾아오는 사람이 없게 하며, 명예도 재물도 없애시겠다는 것입니다.

둘째, 광야같이 되게 하겠다는 것은 이스라엘 백성의 광야 생활을 돌이켜 보게 하는 말씀입니다. 광야는 길이 험하고 원수가 많았으며, 마실 물과 식물이 없고 재앙이 많은 곳이었습니다. 하나님은 죽음과 공포, 적막함과 고독으로 가득 찬 광야 같은 고달픈 인생을 경고하셨습니다.

셋째, 마른 땅같이 되게 하여 목말라 죽게 하겠다고 하셨습니다. 마른 땅에는 파종할 수 없고, 물이 없으면 식물이 자랄 수 없습니다. 하나님의 은혜가 떠난 갈급한 인생, 파리하게 시들어 가는 삶이 곧 하나님의 징계입니다.

넷째, 자녀를 긍휼히 여기지 않겠다고 하셨습니다. 부모의 죄악 때문에 자녀에게 긍휼을 베풀지 않으시겠다는 것입니다. 그러므로 우리는 자녀에게 믿음의 유산을 남겨 주어야 합니다.

오늘 우리의 인생이 벌거벗은 자같이 부끄럽고, 광야같이 거칠고 목마르며, 자녀까지 타락한 자리에 있지는 않습니까? 여기에 대한 하나님의 사랑의 방법이 이어서 기록되어 있습니다.

"그러므로 내가 가시로 그 길을 막으며 담을 쌓아 그로 그 길을 찾지 못하

게 하리니"(호 2:6)

하나님은 우리를 사랑하시기 때문에 우리 영혼이 죽음의 길로 가는 것을 놓아두지 않으시고 간섭하십니다. 때로는 가시로 길을 막고 담을 쌓아 세상의 것들을 보지 못하게 만드십니다. 바로 사랑의 가시 울타리를 치시는 것입니다.

왜 하필 가시 울타리일까요? 그렇지 않으면 우리는 울타리를 넘어서라도 멸망의 길로 나아가기 때문입니다. 사랑의 가시 울타리는 때로 건강의 문제일 수 있고, 인간관계의 갈등이나 사랑하는 사람과의 이별이 될 수도 있습니다. 가시 울타리를 치시면서까지 우리를 포기하지 않으시고 간섭하시는 하나님을 외면하지 않아야 합니다.

『하나님의 부부 수업』규장, 2025의 저자 이형동, 백은실 부부의 삶에도 하나님은 그런 가시 울타리를 치셨습니다. 이형동 목사의 집은 복숭아 향기가 진동하는 과수원을 가꾸며 살았지만, 어린 시절 그에게 가정은 천국이 아닌 지옥이었습니다. 체구가 작은 어머니는 술 취한 남편의 폭력에 속수무책으로 쓰려졌고, 여섯 살 형동은 신음하는 엄마를 바라볼 수밖에 없었습니다.

평생 가족에게 고통만 주던 아버지가 돌아가시자, 이번에는 형이 아버지처럼 굴기 시작했습니다. 그러다 술과 폭력의 굴레에서 벗어나지 못한 채 마흔에 스스로 생을 마감했습니다. 가난과 폭력, 알코

올 중독의 폐해 속에서 자란 그에게 '가정'이라는 단어는 늘 무겁고 아픈 상처였습니다.

백은실 사모의 가정도 다르지 않았습니다. 직장에서는 성실하고 과묵했던 아버지는 퇴근만 하면 술을 마시고 폭언을 쏟아 냈습니다. 또한 남아선호사상이 강해서 모든 혜택은 아들에게만 주었습니다. 사모는 그늘에서 자라는 법을 배워야 했습니다.

그렇게 두 사람은 믿음의 1세대로서 겪는 아픔과 고충을 나누다가 마음이 통하게 되었고, 한 가지 소망을 품게 되었습니다. 바로 '믿음의 가정'을 이루는 것이었습니다. 하지만 본받을 만한 가정의 모습이 없었기에 그 일은 쉽지 않았습니다.

하나님의 질서대로 집안의 기둥을 세우고, 부모의 사명과 역할을 말씀 가운데 하나씩 익히는 과정은 마치 황무지를 개척하는 일과 같았습니다. 고독한 과정이었지만, 본질을 추구하는 열정이 부부를 이끌었고 혹시 무심코 보고 자란 상처의 흔적이 서로에게 묻어날까 봐 '행복한 부부, 좋은 부모'가 되기 위해 치열하게 몸부림쳤습니다. 그렇게 서로의 아픔을 보듬으며 나아갔습니다. 부부 모두에게 쓰라린 과거였지만, 그 시간이 있었기에 더 나은 가정을 이루기 위해 고군분투하며 변화의 길을 개척했습니다.

우리 가정이 이미 실패한 것 같고 돌이킬 수 없을 것만 같은 순간이 있을 것입니다. 하지만 하나님이 둘러 주신 사랑의 가시 울타리를 기억해야 합니다. 거기서 가장 완전한 사랑이 꽃필 수 있습니다.

바로 그곳에서 다시 일어서야 합니다.

하나님의 백성으로 살다 보면 하나님보다 다른 것을 더 사랑하는 죄를 범할 때가 있습니다. 죄를 쫓고 쉽게 하나님을 떠나는 마음을 우리는 스스로 바로잡을 수 없습니다. 타락한 죄성이 우리의 발목을 붙잡기 때문입니다.

그렇다면 호세아서를 통해 말씀하시는 치유는 무엇일까요? 영적 외도에는 분명히 심판이 따르지만, 결국 하나님은 상처받은 우리를 만지시고 메마름 속에서 건져 주시며 다시금 우리를 신부로 삼아 사랑하겠다고 언약하십니다. 하나님은 벌하기 위해 치시는 것이 아니라, 다시 품기 위해 우리를 부르십니다. 그래서 심판은 끝이 아니라 회복으로 들어가는 문이며, 돌아올 길을 남겨 두신 하나님의 사랑의 방식입니다. 하나님의 심판은 사랑 안에 있습니다. 회복을 기다리고 기대한다면 잠잠히 하나님을 부르고 그 사랑을 구하시기 바랍니다. 결국 사랑과 은총을 부으시는 하나님의 위로와 채우심이 우리 삶 가운데 풍성하게 임하게 될 것입니다.

15장

사랑의 진실함을 증명하라

(고린도후서 8장 1-9절) [1] 형제들아 하나님께서 마게도냐 교회들에게 주신 은혜를 우리가 너희에게 알리노니 [2] 환난의 많은 시련 가운데서 그들의 넘치는 기쁨과 극심한 가난이 그들의 풍성한 연보를 넘치도록 하게 하였느니라 [3] 내가 증언하노니 그들이 힘대로 할 뿐 아니라 힘에 지나도록 자원하여 [4] 이 은혜와 성도 섬기는 일에 참여함에 대하여 우리에게 간절히 구하니 [5] 우리가 바라던 것뿐 아니라 그들이 먼저 자신을 주께 드리고 또 하나님의 뜻을 따라 우리에게 주었도다 [6] 그러므로 우리가 디도를 권하여 그가 이미 너희 가운데서 시작하였은즉 이 은혜를 그대로 성취하게 하라 하였노라 [7] 오직 너희는 믿음과 말과 지식과 모든 간절함과 우리를 사랑하는 이 모든 일에 풍성한 것 같이 이 은혜에도 풍성하게 할지니라 [8] 내가 명령으로 하는 말이 아니요 오직 다른 이들의 간절함을 가지고 너희의 사랑의 진실함을 증명하고자 함이로라 [9] 우리 주 예수 그리스도의 은혜를 너희가 알거니와 부요하신 이로서 너희를 위하여 가난하게 되심은 그의 가난함으로 말미암아 너희를 부요하게 하려 하심이라

하나님이 주신 자연 경관에 시선을 빼앗기다 보면 빽빽한 나무에 열린 꽃과 열매를 보고 감탄하게 됩니다. 그런데 나무에서 가장 중요한 것은 보이지 않는 뿌리입니다. 뿌리는 땅속에서 물과 양분을 흡수하여 나무 전체에 공급하고, 나무를 땅에 고정시켜 넘어지지 않도록 지탱하며, 땅속에서 산소를 흡수하여 나무의 호흡을 돕는 등 생명 유지에 꼭 필요한 역할을 담당합니다.

죄의 뿌리가 되는 사건들

죄에도 우리 눈에 보이지 않는 뿌리가 있고, 눈에 보이는 열매가 있습니다. 죄의 뿌리는 바로 하나님이 내 인생의 주인이 아니라 내가 주인이 되는 것이며, 죄의 열매는 간음, 시기와 질투, 미움과 살인, 도둑질, 폭력, 불순종 같은 행위들입니다. 그러나 우리는 종종 이 죄의 열매만을 보고 몸부림치며 회개합니다. 더 중요한 죄의 뿌리를 회개해야 하고, 뿌리가 바뀌어야 합니다. 뿌리가 변하지 않으면 어떤 노력을 해도 죄의 열매를 다시 맺을 수밖에 없습니다. 죄의 문제를 근본적으로 해결하는 길은, 열매를 잘라내는 것이 아니라 뿌리를 주님께 내어 드리는 것입니다.

그렇다면 성경이 말하는 죄의 뿌리가 되는 사건들은 무엇일까요?

첫 사람 아담, 선악과를 먹다

아담은 뱀의 유혹을 받아 선악과를 따 먹는 죄를 지었습니다.

"너희가 그것을 먹는 날에는 너희 눈이 밝아져 하나님과 같이 되어 선악을 알 줄 하나님이 아심이니라"(창 3:5)

배가 고파서도, 호기심 때문도 아니었습니다. 하나님과 같이 되려는 마음에 선악과를 먹었습니다. 하나님은 분명 아담에게 "선악을 알게 하는 나무의 열매는 먹지 말라 네가 먹는 날에는 반드시 죽으리라"창 2:17고 말씀하셨는데도 말입니다. 하나님의 다스림을 받지 않고 내가 내 인생의 주인이 되어 살고자 하는 마음, 바로 그것이 죄의 근원이자 뿌리입니다.

하늘에 닿고자 바벨탑을 쌓다

노아 시대에 하나님은 온 땅이 부패하고 포악함이 가득한 것을 보시고 홍수로 세상을 심판하셨습니다. 이후 노아와 그의 아들들에게 복을 주시며 "생육하고 번성하여 땅에 충만하라"창 9:1b는, 첫 사람 아담에게 주셨던 동일한 명령을 내리셨습니다. 그러나 그 후손들은 바벨탑을 쌓고 말았습니다.

"또 말하되 자, 성읍과 탑을 건설하여 그 탑 꼭대기를 하늘에 닿게 하여 우

리 이름을 내고 온 지면에 흩어짐을 면하자 하였더니"(창 11:4)

탑 꼭대기를 하늘에 닿게 하겠다는 것은 하나님의 주권에 도전하는 의미입니다. 이 또한 내가 내 인생의 주인이 되려는 삶의 의지를 드러내는 것입니다.

허랑방탕의 끝, 탕자의 삶

누가복음 15장에는 탕자의 비유가 나옵니다. 왜 둘째 아들은 아버지가 돌아가시지도 않았는데 자신의 몫의 유산을 달라고 하며 먼 나라로 떠났을까요?

"그 후 며칠이 안 되어 둘째 아들이 재물을 다 모아 가지고 먼 나라에 가 거기서 허랑방탕하여 그 재산을 낭비하더니"(눅 15:13)

여기서 '허랑방탕'이란 돈이나 재산을 함부로 낭비하고 분별없이 행동하며, 쾌락을 쫓는 문란한 생활을 의미합니다. 둘째 아들은 아버지의 간섭을 받지 않고 자유롭게, 내 인생의 주인이 되어 인생을 살고 싶었던 것입니다.

그러나 그 바람대로 살던 둘째 아들, 즉 탕자는 행복했을까요? 아닙니다. 지독히 외로웠습니다. 그는 아들로서의 존귀함을 잃어버리고 돼지와 함께 쥐엄열매를 먹으며 비참하게 살아야 했습니다. 타락한 죄성을 가진 인간이 인생의 주인이 되어 살아간다면, 그것만큼 가련하고 비참한 일은 없습니다.

인간은 하나님의 형상대로 지음받은 존재이며, 하나님의 대리 통치자로 세워졌습니다. 그래서 하나님을 대신하여 정복하고 다스릴 수 있는 권세를 부여받았습니다. 그러나 피조물인 우리는 하나님의 도우심 없이 스스로 자신의 인생을 책임지며 살아갈 수는 없습니다. 우리는 하나님의 돌보심과 다스림을 받으며 살아야 합니다. 그것이 바로 하나님의 나라를 누리며 사는 삶입니다.

누가
내 인생의 주인인가

신앙생활에서 가장 큰 영적 전투는 '누가 내 인생의 주인인가'에 대한 싸움입니다. 사탄은 언제나 "하나님이 아닌 네가 인생의 주인이 되어라. 네가 원하는 대로, 생각하는 대로 행동하면서 살아라. 이 세상에 너를 지켜 주고 책임져 줄 사람은 아무도 없다."고 끊임없이 속삭입니다. 그러나 우리는 단 5분 뒤의 일도 알지 못하는 질그릇과 같은 존재입니다. 하나님을 떠나서는 내가 누구인지조차 알 수 없습니다.

> "한 사람이 두 주인을 섬기지 못할 것이니 … 너희가 하나님과 재물을 겸하여 섬기지 못하느니라"(마 6:24)

산상 수훈에서 예수님은 우리 인생에 두 주인만이 존재한다고 말씀하셨습니다. 그것은 바로 '하나님'과 '재물'입니다. 왜 '하나님과 너 자신'이 아니라 '하나님과 재물'을 겸하여 섬기지 못한다고 말씀하셨을까요? 그것은 스스로 인생의 주인이 된 사람은 돈을 섬기며 돈의 지배를 받기 때문입니다. 그러므로 내가 주인으로 사는 사람과 재물을 주인으로 섬기는 사람은 동일한 개념입니다.

돈은 인격이 없으며, 사랑의 대상도 섬김의 대상도 될 수 없습니다. 그럼에도 사람들은 돈을 인생의 주인으로 섬기고 목숨을 다해 사랑합니다. 그래서 디모데전서에서는 "돈을 사랑함이 일만 악의 뿌리가 되나니"(딤전 6:10a)라고 할 정도입니다. 돈을 사랑하는 사람은 결코 하나님을 사랑할 수 없고, 돈을 제일의 가치로 여기는 사람은 결코 하나님을 경외할 수 없습니다.

그렇다면 우리는 재물이 아니라 하나님이 내 인생의 주인이심을 어떻게 알 수 있을까요? 그 시금석은 바로 하나님께 드리는 헌금입니다. 그래서 예수님은 "너희를 위하여 보물을 하늘에 쌓아 두라 … 네 보물 있는 그 곳에는 네 마음도 있느니라"(마 6:20a-21)고 말씀하신 것입니다.

아무리 신앙생활을 오래 하고 교회에서 봉사를 많이 하더라도 하나님께 드리는 헌금이 부담스럽고 손해라는 생각이 들어 온전히 드리지 못하고 있다면, 인생의 주인은 하나님이 아니라 재물이라는 의미입니다. 헌금은 왜 드리는 것일까요? 물론 복을 받기 위해서라는 이유도 있지만, 더욱 근본적인 이유는 하나님이 내 주인 되심을 인정하고 그 말씀에 순종하는 삶을 살기 위해서입니다.

많은 사람이 복음을 듣고도 예수님을 믿지 않는 데에는 여러 이유가 있겠지만, 그중에서도 헌금에 대한 부담이 크다고 합니다. 그래서 어떤 분들은 아내에게 교회 가는 것은 허락하지만, 절대로 십일조는 내지 말라고 말하기도 합니다. 믿지 않는 사람들은 왜 헌금을 드려야 하는지 그 이유를 모르니 당연히 손해라고 생각할 수밖에 없습니다.

그런데 문제는 하나님의 자녀가 된 사람들 중에도 헌금에 인색한 사람이 너무나 많다는 것입니다. 수십 년간 교회를 다니며 중직을 맡아 섬기는 이들 가운데서도 헌금을 부담스럽게 생각하는 경우가 의외로 많습니다. 우리 교회에서는 리더가 되려면 반드시 주일성수와 십일조를 드려야 하는데, 리더 임명 전에 헌금 내역을 확인해 보면 놀랄 때가 많습니다. 누구보다 열심히 신앙생활을 하는 사람도 십일조는 드리지 않는 경우가 있었기 때문입니다.

성도들은 이상하리만큼 헌금에 관한 이야기가 나오면 분위기가 달라지고 표정이 굳어집니다. 그러나 성경은 셀 수 없을 만큼 돈에 대하여 말씀하고 있습니다. 미국의 경영인 스티븐 아터번Stephen

Arterburn은 『사명 돈 의미』낮은울타리, 2000라는 책에서 "성경은 기도에 대해서는 400번을 말하지만 돈에 대해서는 2,000번 이상을 말한다."고 했습니다. 이는 돈이 기도보다 더 중요하다는 이야기가 아닙니다. 하나님이 이렇게까지 돈에 대해 언급하신 것은 그만큼 돈이 우리의 삶과 밀접한 관련이 있기 때문입니다. 돈은 결코 피해 갈 수 없는 인생의 문제이자 동시에 신앙의 척도가 되기 때문에 성경이 이토록 자주 돈에 대해 말씀하고 있는 것입니다.

은혜 입은 자만이
온전히 드릴 수 있다

고린도후서 8장과 9장은 하나님이 인생의 주인이 되는 사람이 드리는 헌금에 대해 다루고 있습니다. 고린도교회 성도들은 바울로부터 예루살렘교회가 경제적인 어려움 가운데 있다는 소식을 듣고, 어느 교회보다 먼저 구제 헌금을 작정했습니다. 하지만 1년이 지나도록 실행에 옮기지 않자, 바울은 다시 편지를 보내어 기근과 핍박으로 고통받고 있는 예루살렘교회를 속히 도와줄 것을 강력하게 권면했습니다. 그런데 바울은 예루살렘교회를 돕는 일을 구제가 아니라 은혜라고 표현합니다.

"그러므로 우리가 디도를 권하여 그가 이미 너희 가운데서 시작하였은즉 이 은혜를 그대로 성취하게 하라 하였노라 오직 너희는 믿음과 말과 지식과 모든 간절함과 우리를 사랑하는 이 모든 일에 풍성한 것 같이 이 은혜에도 풍성하게 할지니라"(고후 8:6-7)

이뿐만 아니라 마게도냐교회 성도들이 환난과 극심한 가난 가운데서도 풍성한 연보를 하여 예루살렘교회를 도왔는데, 그것 역시 하나님이 마게도냐교회에 주신 은혜라고 말합니다.

"형제들아 하나님께서 마게도냐 교회들에게 주신 은혜를 우리가 너희에게 알리노니"(고후 8:1)

바울은 왜 구제라는 단어 대신 은혜라고 표현했을까요? 바로 헌금이 은혜에 대한 응답이기 때문입니다. 은혜를 입은 자만이 나눌 수 있고, 은혜를 깨달은 자만이 드릴 수 있습니다. 그러므로 우리는 드림을 통해 하나님이 주신 은혜를 성취하고 더 풍성하게 해야 합니다. 그래서 바울은 고린도교회 성도들에게 "이 은혜를 그대로 성취하라. 이 은혜를 풍성하게 하라"고 말하는 것입니다.

드림과 나눔은 우리가 받은 은혜를 더욱 풍성하게 합니다. 하나님께 드리고 하나님이 주신 것을 나눌 때 은혜는 더욱 커집니다. 주님께 드림이 얼마나 큰 기쁨인지 드려 본 사람만이 압니다. 받을 때

보다 나눌 때의 기쁨이 훨씬 크고, 받음의 은혜보다 드림과 나눔의 은혜가 훨씬 큽니다. 드림과 나눔 자체가 곧 은혜임을 기억해야 합니다. 하나님의 은혜를 아는 사람이 자원하는 마음으로 헌금을 드리고 나눔의 삶을 누릴 수 있습니다.

하지만 많은 사람이 가진 것이 없고 넉넉하지 못해서 드림과 나눔의 삶을 살지 못한다고 말합니다. 내 코가 석 자인데 어떡하냐고 반문하기도 합니다. 하지만 마게도냐교회를 기억해야 합니다. 환란의 많은 시련과 극심한 가난 가운데서도 풍성한 연보를 넘치도록 하여 예루살렘교회를 도왔습니다.

"환난의 많은 시련 가운데서 그들의 넘치는 기쁨과 극심한 가난이 그들의 풍성한 연보를 넘치도록 하게 하였느니라"(고후 8:2)

그들 역시 환난 가운데 있었지만 내 코가 석 자라며 외면하지 않았습니다. 마게도냐교회가 예루살렘교회를 도왔다는 것은, 마치 북한의 지하 교회 성도들이 남한의 어려운 농어촌 교회를 돕는 것과 같은 일이었습니다. 그들은 하나님이 주신 은혜가 한없이 크기 때문에 그 은혜를 다른 사람에게 베풀지 않을 수 없었던 것입니다. 그들의 헌금은 바울의 강요나 명령 때문이 아니라 오직 하나님의 은혜 때문이었습니다. 그리고 그들은 단순히 헌금을 드린 것이 아니라 먼저 자신을 주께 드렸습니다. 그들의 헌신은 형편이 되기 때문이 아니라 은혜가 너무 컸기 때문에 흘러나온 순전한 믿음의 열매였습니다.

"우리가 바라던 것뿐 아니라 그들이 먼저 자신을 주께 드리고 또 하나님의 뜻을 따라 우리에게 주었도다"(고후 8:5)

헌금은 단순한 물질의 문제가 아니라 먼저 자신을 주께 드리는 헌신입니다. 그러므로 헌금을 드릴 때는 물질에 집중하기보다 먼저 나 자신을 주님 앞에 드린다고 생각해야 합니다.

어떤 교회에서 한 교인이 목사님을 찾아와 "목사님, 우리 교회가 교인들에게 너무 많은 것을 요구하고 있는 것 같아요."라고 말했습니다. 그러자 목사님은 이렇게 대답했습니다. "저에게 아들이 있었습니다. 크면서 참 많은 것을 우리에게 요구했지요. 눈만 뜨면, 우리 부부를 보기만 하면 줄곧 무언가를 달라고 졸라 댔어요. 그런데 그 아이가 지난해 세상을 떠났습니다. 아들은 더 이상 우리에게 아무것도 요구하지 않아요." 그러면서 이런 말을 덧붙였습니다. "자매님, 살아 있는 교회는 헌신을 요구합니다. 죽은 교회는 아무것도 요구하지 않아요. 그리고 선택은 자매님의 몫입니다."

이 이야기를 보면, 드림과 나눔의 문제는 소유가 아니라 헌신의 문제임을 알 수 있습니다. 나의 구원을 위해 십자가 위에서 자신의 생명을 내어 주신 주님을 생각하면서 먼저 나 자신을 주님께 드리는 것입니다. 더불어 드림과 나눔은 물질이 아니라 은혜의 문제입니다. 어떤 이들은 "주고 싶어도 줄 것이 없다."고 말하지만, 사실은 은혜가 없는 것입니다. 이 세상에는 받을 것이 없을 만큼 큰 부자도 드물지만, 줄 것이 없을 만큼 가난한 자도 드뭅니다.

여유가 있어서 헌금을 드리고 흘려보내는 사람은 아무도 없습니다. 어쩌면 우리는 사는 날 동안 물질의 여유가 없을 수도 있습니다. 하지만 은혜로 구원받고 살아가는 우리는 더욱 드림과 나눔을 통해 은혜를 풍성하게 하는 삶을 살아야 합니다.

높은뜻숭의교회를 담임했던 김동호 목사는 38세에 영락교회 교육담당 협동목사로 부임하면서 꽤 큰 월급을 받게 되었습니다. 그때 아이들이 컴퓨터를 사 달라고 했는데, 당시 컴퓨터 가격이 약 50만 원 정도였습니다. 큰 부담 없이 척 사 주고 나니 기분이 참 좋았습니다. 어려서 늘 가난했기에, 아이들이 원하는 것을 부담 없이 해 줄 수 있다는 생활의 여유로움이 좋았던 것입니다.

그런데 그날 저녁 뉴스에서 한 일가족 네 명이 오른 집세 보증금을 내지 못해 자살했다는 소식이 전해졌습니다. 그 집 아이들이 그의 아이들과 또래였고, 더군다나 그 돈 액수가 50만 원이었습니다. 부담 없이 아이들에게 사 준 컴퓨터 가격과 같았던 것입니다. 그 사실이 너무 미안했고, 미안함을 넘어 깊은 마음의 고통으로 다가왔습니다. 그래서 그는 하나님께 따졌습니다. "제가 무엇을 그리 큰 잘못을 했다고 이렇게 마음을 힘들게 하십니까? 아이들에게 컴퓨터를 사 준 것이 그렇게 잘못된 일입니까?"

그러나 하나님은 레위기 19장의 말씀, '포도원에 떨어진 열매를 가난한 사람과 거류민을 위하여 버려두라'는 구절을 마음에 주셨습니다. 그날 이후 그는 꿀병을 담았던 오동나무 상자로 저금통을 만들어 '이삭줍기'라고 써 붙였습니다. 그리고 가족들에게 말했습니다. "이제부터 가난한 이웃을 위한 이삭을 모아 보자. 누구든지 돈을 넣으면, 누가 얼마를 어떻게 마련해서 넣었는지 기록하자."

큰아들이 제일 먼저 이삭줍기 통에 돈을 넣고 "김부열, 120원, 방바닥에서 주운 돈"이라고 썼습니다. 그것이 김동호 목사 가정의 이삭줍기의 시작이었습니다. 그는 자동차 세차를 직접하고 1,500원을 넣었습니다. 당시 세차비가 3,000원이었는데 절반은 본인이 쓰고, 절반은 가난한 이웃이 쓰도록 통에 넣은 것입니다. 그 후로는 어떤 형태로든 돈이나 유익이 생기면, 그것을 조금이라도 가난한 이웃과 나누려는 마음을 가지고 꾸준히 실천하게 되었습니다.

사랑은
숨길 수 없다

"내가 명령으로 하는 말이 아니요 오직 다른 이들의 간절함을 가지고 너희의 사랑의 진실함을 증명하고자 함이로라"(고후 8:8)

바울은 성도들이 드리는 헌금을 통해 사랑의 진실함을 증명하고자 했다고 말합니다. 사랑은 감추어질 수 없고, 반드시 증명되고 표현됩니다. "종은 울려야 종이고, 사랑은 표현해야 사랑이다."라는 말이 있습니다. 울리지 않는 종은 쇳덩어리에 불과하듯 표현되지 않은 사랑은 그저 생각일 뿐입니다. 그러므로 사랑은 증명되어야 합니다. 그래서 바울은 이렇게 말합니다.

"우리가 아직 죄인 되었을 때에 그리스도께서 우리를 위하여 죽으심으로 하나님께서 우리에 대한 자기의 사랑을 확증하셨느니라"(롬 5:8)

드림과 나눔은 하나님을 향한 우리의 사랑 고백이자 사랑의 응답이며 사랑의 증명입니다. 또한 바울은 "내가 내게 있는 모든 것으로 구제하고 또 내 몸을 불사르게 내줄지라도 사랑이 없으면 내게 아무 유익이 없느니라"고전 13:3고 말했습니다. 무슨 일을 하든지 사랑으로 하지 않는다면 그것은 불법이며 아무 의미도 없습니다.

그렇다면 우리는 하나님을 향한 사랑을 어떻게 증명할 수 있을까요? 그것은 의무감이 아니라 하나님을 사랑하는 마음으로 물질의 예배를 드리는 것입니다. '억지로'가 아니라 하나님을 향한 '사랑의 마음'이 중요합니다.

케냐와 우간다에서 빈민촌 사역과 피난민학교, 그리고 고아원 사역을 해 온 화양감리교회 최상훈 목사의 이야기입니다. 그는 초등

학교 시절, 헌금 시간만 되면 쥐구멍에라도 숨고 싶었다고 합니다. 사람들에게 창피해서가 아니라 하나님 보시기에 부끄러워서였습니다. 형편이 어려워 용돈도 없었고, 받은 은혜는 큰데 드릴 것이 없으니 너무 속상했다고 합니다.

저녁예배가 끝난 어느 날, 속상한 마음에 혼자 교회에 남아 울면서 기도하는데 밖에서 "찹쌀떡" 하는 소리가 들렸습니다. 그 순간 '아르바이트를 하면 하나님께 드릴 헌금을 모을 수 있지 않을까?' 하고 생각했습니다.

그는 다음날부터 새벽예배가 끝나면 자전거를 타고 신문을 돌리고, 주말에는 떡을 팔았습니다. 그렇게 모은 돈을 주일에 헌금으로 드렸습니다. 다른 사람에게는 적은 돈일지 몰라도, 그에게는 새벽잠과 밤의 휴식을 대신한 대가이자 과부의 두 렙돈과 같은 소중한 헌금이었습니다.

피곤했지만 그는 하나님께 받은 은혜가 너무 커서 어떤 것을 드려도 아깝지 않았다고 고백했습니다. 사랑하면 무엇이든 주고 싶어집니다. '얼마나 고생해서 얻었는데, 얼마나 귀한 것인데' 하는 계산이 사라집니다. 하나님을 사랑하기에 무엇이든 드리는 것 자체가 기쁨이 됩니다.

우리도 어려운 가정형편이나 마음껏 드릴 수 없는 상황이 마치 인생에서 실패한 것처럼 느껴질 수 있습니다. 하지만 사랑은 실패의 마음을 뛰어넘습니다. 그 자리를 털고 일어나 하나님만 바라보며 일어날 수 있어야 합니다.

아무리 입술로 주님을 사랑한다고 외쳐도 물질을 드리지 않는 자는 진실로 주님을 사랑하는 것이 아닙니다. 물질이 있는 곳에 마음이 함께 있기 때문입니다. 돈과 마음은 언제나 함께 갑니다. 우리는 이미 은혜로 구원받았고, 은혜로 살아가고 있기에 드림과 나눔으로 그 은혜가 풍성해지는 삶을 살아야 합니다.

그리고 사랑은 증명되는 것입니다. 숨길 수 없는 것이 사랑이기에 바울은 드림과 나눔으로 사랑의 진실함을 증명하라고 말합니다. 그러므로 드림과 나눔을 통해 하나님을 향한 사랑과 교회를 향한 사랑을 증명해 보이는 우리가 되기를 기도합니다.

16장

성령 충만을 회복하라

〔에베소서 5장 15-21절〕 15 그런즉 너희가 어떻게 행할지를 자세히 주의하여 지혜 없는 자 같이 하지 말고 오직 지혜 있는 자 같이 하여 16 세월을 아끼라 때가 악하니라 17 그러므로 어리석은 자가 되지 말고 오직 주의 뜻이 무엇인가 이해하라 18 술 취하지 말라 이는 방탕한 것이니 오직 성령으로 충만함을 받으라 19 시와 찬송과 신령한 노래들로 서로 화답하며 너희의 마음으로 주께 노래하며 찬송하며 20 범사에 우리 주 예수 그리스도의 이름으로 항상 아버지 하나님께 감사하며 21 그리스도를 경외함으로 피차 복종하라

『인생을 바꾼 시간관리 자아실현』중앙경제평론사, 2018이라는 책에 이런 말이 나옵니다. "시간 관리는 시간의 가치와 중요성을 뼈저리게 느끼는 데서 출발한다. '이번이 아니어도 다음에 하자' 하면서 미루는 마음으로는 인생을 변화시키기 어렵다." 시간의 가치를 아는 것에서 시간 관리가 시작된다는 것입니다. 게으른 마음으로는 인생을 가치 있게 살 수 없습니다.

현대를 살아가는 많은 사람이 시간의 중요성을 모르지 않습니다. 그래서 다들 바쁘게 살아가지만, 돌아보면 그다지 한 것이 없어 보이고 시간만 낭비된 듯한 느낌을 지울 수 없습니다. 그럴 때 사람들은 어떻게 하면 시간을 더 아끼고 효율적으로 사용할 수 있을까 고민합니다. 그러나 진짜 중요한 것은 방법이 아니라 내용입니다. 아무리 바쁘게 살아도, 그 시간에 무엇을 했는지가 더 중요합니다.

마지막 때,
성령 충만을 명하시다

바울도 성도들에게 "세월을 아끼라"엡 5:16a고 권면했습니다. 헬라어에는 시간을 나타내는 두 가지 단어가 있습니다. 하나는 '크로노스'κρόνος로 우리가 흔히 알고 있는 '시·분·초'와 같은 연대기적인 시간을 의미합니다. 다른 하나는 '카이로스'καιρός로 하나님의 계획 속에 작정되어 주어진 특정한 시간을 나타냅니다. 그렇다면 바울의 "세월을 아끼라"는 권면은 어떤 의미일까요? 우리에게 주어진 시간·분·초를 나누어 잘 활용하라는 말씀일까요? 본문의 의도를 더 잘 살린 『메시지성경』은 이를 이렇게 번역합니다.

"기회를 얻을 때마다 그 기회를 선용하십시오. 지금은 긴박한 때입니다."

우리에게 '하루'는 단순한 시간이 아니라 하나님의 심판이 임박한 진노의 때, 즉 긴박한 시기를 의미합니다. 그러므로 세월을 아끼라는 것은 매우 종말론적인 말씀입니다. 주님이 다시 오셔서 심판하실 때가 가까우니, 주어진 시간을 아무렇게나 사용하지 말라는 것입니다. 오늘 우리의 시간은 무엇을 위해 사용되고 있는지 점검해 보아야 합니다. 우리가 시간을 들여 힘써야 할 일은 무엇일까요? 혹시 어리석은 부자처럼 먹고 마시며 자신의 행복만을 위해 살고 있지는 않으신가요?

"또 내가 내 영혼에게 이르되 영혼아 여러 해 쓸 물건을 많이 쌓아 두었으니 평안히 쉬고 먹고 마시고 즐거워하자 하리라 하되"(눅 12:19)

부자의 인생관과 목표가 어디에 있는지 분명하게 보여 줍니다. '평안히 쉬고 먹고 마시고 즐거워하는 것'입니다. 이것이 바로 세상 사람들의 가치관입니다. "수고한 당신, 떠나라!"는 광고 문구를 기억하실 것입니다. 수고의 대가가 여행과 휴식, 즐김이라는 의미겠지요. 그러나 믿는 사람들은 다릅니다. 수고하며 돈을 벌고 세상에서 치열하게 살아가는 이유는, 즐기는 인생을 살기 위한 것이 아니라 하나님 나라의 완성을 위해 사용되어야 함을 압니다.

> "만일 그 악한 종이 마음에 생각하기를 주인이 더디 오리라 하여 동료들을 때리며 술친구들과 더불어 먹고 마시게 되면 생각하지 않은 날 알지 못하는 시각에 그 종의 주인이 이르러 엄히 때리고 외식하는 자가 받는 벌에 처하리니 거기서 슬피 울며 이를 갈리라"(마 24:48-51)

종말을 예언하시며 하신 말씀입니다. 주인이 더디 올 것이라고 생각하여 방탕한 삶을 사는 종은, 생각지도 않은 시각에 주인이 올 때 엄중한 책망을 피할 수 없다고 주님은 경고하십니다. 주인이 올 날을 준비하는 자가 지혜로운 자입니다.

그러므로 마지막 때를 사는 우리는 시간과 돈, 재능을 무엇을 위해 사용하고 있는지 점검해야 합니다. 세월을 아끼며 살기 위해 반드시 필요한 것이 있습니다. 그것은 바로 주의 뜻이 무언인지 이해하는 것입니다. 종말의 시대를 살아가는 우리에게 주님이 요구하시는 것은 사람마다 다릅니다. 각 사람을 향한 계획과 뜻이 있기에 우리는 그것을 분명하게 알고 있어야 합니다. 바울은 주님의 뜻을 아는 데 방해되는 것이 무엇인지부터 설명합니다.

"술 취하지 말라 이는 방탕한 것이니"(엡 5:18a)

술 취하는 것에는 방탕함이 있다는 말씀입니다. 바울은 그의 서신에서 술 취함의 문제에 대해 여러 차례 다룹니다. 고린도전서 6장에서 하나님 나라를 유업으로 받지 못할 자들을 언급하며 '술 취하는 자'를 포함시켰고,고전 6:10 교회의 감독이나 집사는 술을 즐기는 자가 되어서는 안 된다고 권면했습니다.딤전 3:3, 8

이처럼 성경은 술 취함에 대해 매우 부정적으로 기록하고 있습니다. 왜일까요? 술 취함이 곧 방탕함을 불러오기 때문입니다. 술을 즐기게 되면 판단이 흐려지고 무절제와 방탕함이 따라오게 되어 있습니다. 그러면 주님의 뜻이 무엇인지 이해하고 순종하기가 어려워집니다. 종말의 때를 사는 어리석은 종이 술친구들을 가까이하다 책망받은 모습을 기억해야 합니다.

이렇게 주님의 뜻을 아는 데 방해가 되는 것을 설명한 다음, 바울은 이어서 우리에게 필요한 것을 말합니다.

"오직 성령으로 충만함을 받으라"(엡 5:18b)

우리는 성령의 충만함을 받아야 합니다. 성령의 충만함은 성령님이 내 안에서 나를 주관하고 계시는 상태를 말합니다. 쉽게 말해서 성령의 지배를 받는 것입니다. 성령님이 나의 인생을, 나의 말과 생각과 행동까지 모두 주님의 뜻에 맞게 이끌어 가시도록 나를 내어 드리는 것입니다. 예수님은 성령을 보내 주시겠다고 약속하시며 성령님이 어떤 분이신지 가르쳐 주셨습니다.

"그가 내 영광을 나타내리니 내 것을 가지고 너희에게 알리시겠음이라"

(요 16:14)

성령님은 예수님의 생각과 뜻을 우리에게 가르쳐 주시는 분입니다. 그러므로 우리는 성령님을 통해 주님의 뜻을 분명히 깨달을 수 있습니다. 그래서 날마다 성령의 충만을 구해야 합니다. 이제 성령님의 속성에 대해 하나씩 살펴보겠습니다.

인격체이신 성령님

성경에서 성령을 가리키는 단어는 거룩한 '바람 또는 호흡'을 의미합니다. 그래서 어떤 사람들은 성령을 대단한 결과를 일으키는 특별한 힘으로만 생각합니다. 그들은 성령을 마치 특별한 사람들이 원하는 대로 주고받는 귀한 물건처럼 여깁니다. 자기가 애써 노력하면 성령의 감동을 받아서 기이한 일들을 해낼 수 있다고 착각하는 것입니다.

그러나 성령은 신기한 힘이나 에너지가 아니라 인격체이십니다. 성령은 하나님의 깊은 것까지도 통달하시는 지식을 가지고 계십니다.고전 2:10 또한 말할 수 없는 탄식을 하는 감정도 가지고 계십니다.롬 8:26 우리 안에 거룩한 뜻을 두고 그리스도 예수의 날까지 이루시려는 의지도 가지고 계십니다.빌 1:6 이처럼 지·정·의의 활동을 하시는 인격체이십니다.

하나님이신 성령님

성령은 삼위일체 중 제삼위가 되시는 하나님이십니다. 성경은 성령이 하나님이심을 여러 형태로 밝힙니다. 먼저, 성령을 하나님이라는 이름으로 부릅니다.행 5:3-4 성부, 성자 하나님과 나란히 언급함으로써, 성령도 하나님이 받으시는 영광을 돌리십니다.마 28:19 그리고 편재, 영원, 전지, 전능 등 오직 하나님께만 있는 속성을 지니신 분으로 설명합니다.욥 26:13, 시 139:7-8, 사 40:13, 고전 2:10

그러므로 우리는 성령을 마땅히 하나님으로 알고, 영광 돌리며 순종하는 자세를 가져야 합니다. 성령은 우리를 다스리시는 높으신 하나님이시며, 성도는 성령을 부리는 위치에 있지 않습니다. 오히려 성령의 다스리심을 받고 인도하심을 따라야 할 위치에 있을 뿐입니다.

성부와 성자로부터 나오신 성령님

요한복음에는 "보혜사 곧 아버지께로부터 나오시는 진리의 성령",요 15:26b "내가 떠나가지 아니하면 보혜사가 너희에게로 오시지 아니할 것이요 가면 내가 그를 너희에게로 보내리니"요 16:7b라고 기록되어 있습니다. 이 말씀을 통해 성령은 성부와 성자 하나님으로부터 나온 분이심을 알 수 있습니다. 이는 성령이 성부와 성자와 구별되면서도 더불어 밀접한 관계 안에 계심을 의미합니다. 그래서 성령은 '하나님의 영', '주의 영', '그리스도의 영'이라고도 불립니다.

아버지 안에 아들이, 아들 안에 아버지가 계시는 것처럼, 아버지 안에 성령이, 아들 안에도 성령이 서로 내주內住하시는 형태로 거하고 계십니다. 따라서 성부, 성자, 성령은 서로 구별되는 인격체이면서도 분리될 수는 없는 한 분 하나님이십니다. 이것이 바로 '삼위일체 하나님'의 의미입니다.

우리 삶 전반에 관여하시는 성령님

성자 예수님이 "아버지께서 이제까지 일하시니 나도 일한다"요 5:17b고 말씀하신 것처럼 성령도 성부와 성자처럼 쉬지 않고 일하십니다. 성령의 사역은 일반 사역과 특별 사역으로 나누어 설명할 수 있습니다. 일반 사역이란 성령이 모든 피조물이 창조 질서를 유지할 수 있도록 역사하시는 사역을 말하고 특별 사역은 하나님이 특별히 택하신 사람들이 구원에 이를 수 있도록 인도하시는 사역을 말합니다. 성령의 사역은 어떤 경우든 일방적으로 임하셔서 아무런 대가 없이 유익을 가져다 주시려는 것이기 때문에 일반 사역은 일반 은혜, 특별 사역은 특별 은혜라고도 부릅니다. 이제 각 사역의 구체적인 내용을 살펴보겠습니다.

일반사역

성령은 동식물과 사람을 포함한 모든 피조물에게 생명을 주시는 일을 하십니다.시 33:6 생명은 암수의 결합으로 생겨나는데, 이는 성령이 생명을 잉태하게 하실 때 사용하시는 수단에 불과합니다. 성령이 생명을 주지 않으시면, 아무리 결합이 있어도 생명은 생겨나지 않습니다. 그래서 태의 열매가 여호와의 상급이라고 한 것입니다.시 127:3

또한 성령은 피조물에게 재능을 부여하셔서 각기 적절한 역할을 수행하게 하심으로써 자연 질서 안에 조화를 이루십니다. 지혜, 지식, 손재주, 글재주, 언변 등 각종 재능은 성령이 주시는 선물입니다. 그래서 남다른 재능으로 회막을 만들고 장식했던 브살렐이나 오홀리압은 성령이 충만한 사람으로 불린 것입니다.출 31:2, 3, 6

성령은 피조 세계에 도덕 질서가 유지되도록 하는 일도 하십니다. 인간은 타락 이후 점점 악해져서 온갖 악행을 더하고 있지만, 오늘날 일정한 도덕 수준이 유지되는 것은 성령이 악을 억제하고 선이 증대되도록 일하시기 때문입니다. 성령은 양심, 여론, 법률, 자연현상, 섭리적 상벌 등을 통하여 도덕 질서를 유지하십니다.

특별사역

하나님의 뜻을 사람들에게 계시하고,벧후 1:21 계시된 내용이 오류 없이 기록되어 보존되도록 하시며,딤후 3:16 영감으로 기록된 말씀이 바르게 깨달아지도록 조명하는 일을 하십니다.요 16:13 이는 하나님의 구원 계획이 온전히 이루어지도록 하기 위한 사역입니다.

또한 성령은 그 구원 계획이 성취되도록 그리스도의 성육신에 직접 관여하셨습니다.마 1:20 이 과정에서 아버지 요셉이 배제된 것은, 그리스도가 원죄로부터 자유하여 죄 없는 구세주가 되시기 위함이었습니다.히 9:14

그리고 성령은 그리스도로 말미암아 성취된 구속의 효과가 믿는 사람들 속에 개인적으로 적용되도록 일하십니다. 이를 위해 성령은 우리에게 세례,고전 12:13 충만,행 2:4 내주,요 14:16-17 기름 부음,요일 2:20 인치심,엡 1:13 보증,고후 5:5 증언,롬 8:16 중보 기도,롬 8:26-27 인도,요 16:13 등의 사역을 하십니다. 이 때문에 성도는 성령님과 매우 밀접한 관계를 유지해야 합니다.

또한 성령은 공적으로 교회를 설립하고 유지하게 하심으로써 구속의 적용이 널리 퍼지고 오래 지속되도록 일하십니다.엡 2:22 그래서 성경은 교회를 '성전의 전'이라고도 부릅니다.고전 3:16

영적 은사

특별한 경우, 성령은 특별한 사람에게 영적인 은사를 주는 일도 하십니다. 고린도전서 12장은 성령이 주시는 영적 은사들을 지혜의 말씀, 지식의 말씀, 믿음, 병 고침, 능력 행함, 예언, 영 분별, 방언, 방언 통역 등으로 소개합니다. 이는 모든 사람에게 동일하게 주어지지는 않습니다. 어떤 사람은 여러 은사를 동시에 받기도 하고, 어떤 사람은 다른 사람이 가진 은사를 받지 못하기도 하고, 아무런 은사도 받지 못하는 사람도 있습니다.

또 영적 은사는 한때 주어졌다가 소멸되기도 하고 없던 은사가 생기기도 합니다. 따라서 영적 은사는 구원의 필수 요소가 아닙니다. 다만 복음 전파와 구원의 완성에 이르는 과정, 즉 성화에 도움이 되는 부수적인 수단에 불과합니다.

방언의 은사를 받지 못해도 구원받을 수 있고, 지식의 은사를 받지 못해도 성경을 통해 구원의 도리를 충분히 알 수 있습니다. 십자가에 못 박히신 예수님 오른편에 있던 강도는 방언을 하지 않았지만 구원받았고, 대부분의 성도들은 예언이나 병 고치는 은사를 받지 못했어도 구원받았습니다. 그러므로 우리는 영적 은사를 지나치게 의지하거나 남다른 영적 은사를 받았다고 해서 그렇지 못한 사람을 무시하는 교만한 마음을 가져서는 안 됩니다.

우리를 새롭게 태어나게 하는 성령 충만

성령 충만은 성령이 주시는 선물이지만, 우리의 노력 없이 저절로 얻어지는 것은 아닙니다. 성령 충만은 성령의 지배를 받는 것이므로 성령을 소멸하거나 살전 5:19 근심하게 하지 않고, 엡 4:30 성령의 인도하심을 따라 생활하는 것이 중요합니다. 고후 12:18, 갈 5:16 그래서 바울은 본문에서 성령 충만을 위해 악한 세월을 따라 살지 않고 지혜롭게 분별하여 세월을 아끼는 것, 주의 뜻이 무엇인지 이해하는 것, 술 취하지 않는 것, 신령한 찬송을 부르는 것, 범사에 감사하는 것, 피차 서로 복종하는 것 등이 필요하다고 말한 것입니다.

뿐만 아니라 성령 충만을 위해서는 기도를 빼놓을 수 없습니다. 오순절 다락방에 모여 간절히 기도했던 제자들을 떠올려 보시기 바랍니다. 행 1:14 성령 충만을 위해 특히 중요한 것은 회개의 기도입니다. 회개는 하나님과의 관계를 가로막고 있는 죄의 담을 헐어 내어 성령이 우리 안에 들어오셔서 다스리시도록 하는 통로이기 때문입니다.

하나님은 말세에 만민에게 하나님의 영을 부어 주시겠다고 예언 하셨습니다. 욜 2:28 그 예언대로 오늘날 많은 사람이 성령의 세례를 받아 회심하고 중생하여 주님께 돌아오고 있습니다. 또한 성령의 충만함 속에서 살며 그리스도의 모습을 닮아 거룩한 사람으로 변화되고, 주어진 사명을 감당하고 있습니다. 그러므로 우리는 더욱 성령 충만한 삶을 이루기 위해 항상 깨어 주의 뜻을 지혜롭게 분별하고, 무릎 꿇어 죄를 회개하며, 성령의 충만을 간구하는 기도를 쉬지 말아야 합니다.

기도로 성령이 충만해지면 가장 먼저 성품이 부드러워집니다. 거기에서 문제 해결이 시작되고, 상처가 치유되기 시작합니다. 그런데 우리는 성령 충만을 오해해서는 안 됩니다. 매사에 전투적이고, 표정이 근엄하며, 목소리가 쉰 소리로 변하고, 눈빛이 날카로운 것을 성령 충만의 표지로 여기던 때가 있었습니다. 쉰 소리를 성령 충만한 소리라 여기며 하나님이 주신 목소리를 일부러 거칠게 만드는 사람도 있었습니다. 그것은 영적인 허영심의 충만이지, 성령 충만이 아닙니다.

어떤 사람은 고등학생 시절, '성령 충만'하다는 사람들이 다 이상하게 보였다고 합니다. 지하철에서는 "예수 천당, 불신 지옥" 하며 소리 지르고, 식당에서는 15명이 가서도 10인분만 시켜 기도한 다음 밑반찬을 계속 요구하면서도 '성령 충만'하다고 말하는 교인들을 보면서 그분은 "주님, 저는 성령을 주셔도 충만하게는 주지 마세요."라고 기도했다고 합니다. 심지어 말로 상처를 주고서도 "나는 예수 믿는 사람이니 뒤끝이 없어!"라고 말하는 이들도 있었습니다. 이런 모습을 보면 친구도, 이웃도, 심지어 가족조차 등을 돌리게 됩니다. 얼마나 불행한 일인가요?

성령 충만의 가장 분명한 표지는 인간관계가 아름다워지는 것입니다. 하나님의 뜻을 실천하면서 부부 관계가 좋아지고, 상하 관계가 원만해지며, 고부 관계, 친구 관계, 교회 공동체의 관계가 원만해지는 것이 성령 충만의 가장 큰 증거입니다. 성령 충만은 '내게 이런 은사가 있는가?'가 아니라 '나의 인간관계가 아름다운가?'에 달려 있습니다.

자동차에는 약 2만 개의 부속품이 있다고 합니다. 대부분 무쇠 덩어리지만 아무 마찰 없이 굴러가는 이유는 윤활유가 있기 때문입니다. 아무리 개성 강한 사람들이 모여 있어도 성령 충만하면 아름다운 관계가 얼마든지 가능합니다. 문제는 우리에게 성령 충만이 있느냐는 것입니다. 기도로 성령 충만한 사람이 될 때, 우리의 상처는 치유되고 관계는 회복됩니다. 이것이 성령 충만의 능력이자 우리가 회복해야 할 덕목입니다.

범사에 감사하게 하는 성령 충만

또한 성령이 충만하면 범사에 감사하는 삶을 살 수 있습니다. 바울은 성령 충만의 열매로 감사를 말합니다.

"범사에 우리 주 예수 그리스도의 이름으로 항상 아버지 하나님께 감사하며"(엡 5:20)

범사에 감사하는 삶은 내 결단과 의지만으로는 불가능합니다. 죄성으로 가득한 우리의 마음은 결심 한 번으로 바뀌지 않습니다. 오직 성령님이 도와주셔야 가능합니다. 내 힘이 아니라 성령님의 능력에 의지해야 합니다. 감사는 하나님의 성품입니다. 반대로 불평과 원망은 마귀의 성품입니다. 그래서 마틴 루터 Martin Luther 는 "마귀의 세계에는 감사가 없다."고 했습니다. 그러므로 우리는 감사를 통해 마귀를 대적해야 합니다. 우리가 범사에 감사하며 살아갈 때 마귀는 괴로워하고, 우리는 승리합니다.

『성령이 계시네, 할렐루야 내게 계시네』의 저자 황의성은 과거 절도와 폭력으로 교도소를 드나들던 사람이었습니다. 그러던 중 복역이 7개월 남은 시점에 다른 교도소로 이송되었습니다. 새로운 곳으로 가니 기존 재소자들의 텃세로 고통받기 시작했습니다.

여느 날처럼 재소자들과 싸움이 벌어졌는데, 한 죄수가 그들의 싸움을 보며 하나님께 눈물로 기도하는 모습을 발견했습니다. 기도를 마친 그 사람은 황의성의 피를 닦고 간호해 주었습니다. 그때 그의 가슴은 마치 불덩이가 날아와서 붙는 것처럼 뜨거워졌습니다.

그는 그 사건을 계기로 그리스도를 영접했고, 성경을 읽으면서 뜨거운 성령의 은혜를 체험하게 되었습니다. 이후 그는 날마다 "성령이 계시네"를 부르며 감사와 감격 속에 살다가, 2001년 위암으로 세상을 떠날 때까지 믿음의 고백을 멈추지 않았습니다. 성령의 불씨는 한 죄수의 마음을 태우고, 그가 영혼 구원의 역사에 동참하게 만들었습니다.

우리에게도 실패로 주저앉아 모든 것을 포기하게 될 때가 찾아올지도 모릅니다. 하지만 바로 그때가 성령님이 내 안에 임하시는 순간입니다. 내 인생의 운전대를 성령님께 맡기고, 그 은혜에 흠뻑 취해 살아가기를 소망합니다.

17장

아버지와의 친밀함을 회복하라

[로마서 5장 1-8절] ¹ 그러므로 우리가 믿음으로 의롭다 하심을 받았으니 우리 주 예수 그리스도로 말미암아 하나님과 화평을 누리자 ² 또한 그로 말미암아 우리가 믿음으로 서 있는 이 은혜에 들어감을 얻었으며 하나님의 영광을 바라고 즐거워하느니라 ³ 다만 이뿐 아니라 우리가 환난 중에도 즐거워하나니 이는 환난은 인내를, ⁴ 인내는 연단을, 연단은 소망을 이루는 줄 앎이로다 ⁵ 소망이 우리를 부끄럽게 하지 아니함은 우리에게 주신 성령으로 말미암아 하나님의 사랑이 우리 마음에 부은 바 됨이니 ⁶ 우리가 아직 연약할 때에 기약대로 그리스도께서 경건하지 않은 자를 위하여 죽으셨도다 ⁷ 의인을 위하여 죽는 자가 쉽지 않고 선인을 위하여 용감히 죽는 자가 혹 있거니와 ⁸ 우리가 아직 죄인 되었을 때에 그리스도께서 우리를 위하여 죽으심으로 하나님께서 우리에 대한 자기의 사랑을 확증하셨느니라

우리는 신앙생활을 즐겁게 누리고 있나요? 신앙생활이란 하나님께서 예수 그리스도를 통해 우리에게 베풀어 주신 은혜를 기쁨으로 누리는 삶입니다. 그런데 많은 성도가 '무엇을 해야 할까?'에 더 마음을 두다 보니, 신앙이 의무처럼 느껴지기도 합니다. 신앙생활은 내가 무엇을 하기보다 하나님이 내 안에서 이루신 것을 감사히 받아들이는 데서 시작됩니다.

물론 우리는 복음을 위해 살아야 하고, 해야 할 일도 많습니다. 하지만 이 역시 누리는 것으로부터 행해져야 합니다. 누림 없이 하는 일은 오래가지 못합니다. 갓 태어난 자녀가 부모에게 부담을 느낄까요? '내가 열 달 동안 엄마를 힘들게 했는데 세상에 나와서도 힘들게 하는구나. 나도 무언가를 해야겠다.' 하며 자괴감에 빠져 있을까요? 아닙니다. 자녀는 그저 부모의 사랑을 마음껏 받으며 그 품 안에서 평안과 자녀 된 축복을 누릴 뿐입니다.

우리도 마찬가지입니다. 하나님 아버지의 사랑을 마음껏 누리는 것이 신앙의 출발점입니다. 거기에서부터 시작하지 않으면 우리는 율법적인 신앙생활을 할 수밖에 없습니다. 그래서 신앙생활의 첫걸음은 '내가 무엇을 해야 하는가'가 아니라 '하나님이 내 삶에서 무엇을 행하셨는가'를 깊이 새기는 데서 시작됩니다. 은혜를 기억하는 신앙은 작은 순종이라도 기쁨이 되고, 봉사와 헌신도 특권처럼 느껴집니다. 우리가 드리는 예배와 섬김이 무거운 짐이 아니라 감사의 열매가 되는 이유가 여기에 있습니다.

누리는 신앙생활의 기초

인간은 본래 하나님과 화평할 수 없는 존재였습니다. "곧 우리가 원수 되었을 때에" 롬 5:10a 라는 말씀에서 알 수 있듯이, 예수님을 믿기 전까지 우리는 하나님과 원수 된 관계였기 때문입니다. 또한 우리는 "육체의 욕심을 따라 지내며 육체와 마음의 원하는 것을 하여… 본질상 진노의 자녀이었더니" 엡 2:3b 라는 말씀처럼 본질상 진노의 자녀였습니다. 원수 된 관계였으니 본질상 진노의 자녀가 되는 것은 너무나 당연한 결과였습니다. 사람과의 관계에서도 원수를 맺으면 불안하고 괴로운데, 창조주이신 하나님과 피조물인 인간의 관계가 그러했으니 무슨 평안과 안식이 있었겠습니까?

그렇다면 우리는 언제부터 이렇게 하나님과 단절된 것일까요? 그 시작은 인간이 하나님과 맺은 언약을 일방적으로 어기고 죄를 짓는 것에서 시작되었습니다. 인류를 대표한 아담이 하나님 없이도 살 수 있다고 생각하여 사탄의 유혹으로 선악을 알게 하는 나무의 실과를 따 먹은 그 순간부터 우리는 하나님과 원수가 되어 버렸습니다. 그러나 놀라운 것은, 하나님께서 원수 된 우리를 포기하지 않으셨다는 사실입니다. 오히려 먼저 다가오셔서 화목의 길을 여셨고, 십자가로 그 막힌 담을 허무셨습니다. 하나님과의 단절은 인간의 죄로 시작되었지만, 화해의 시작은 하나님의 사랑으로부터 비롯

되었습니다. 이처럼 모든 인간이 하나님과 원수가 되었는데, 그렇다면 누가 하나님과 더불어 화평을 누릴 수 있을까요?

"그러므로 우리가 믿음으로 의롭다 하심을 받았으니 우리 주 예수 그리스도로 말미암아 하나님과 화평을 누리자"(롬 5:1)

바로 의롭다 하심을 받은 자입니다. 이는 하나님과의 적대적인 원수 관계가 청산되어 하나님이 우리를 한 번도 죄를 지은 적 없는 사람으로 간주하신다는 말씀입니다. 의롭다 하심을 받는 것은 예수 그리스도를 믿음으로,**롬 5:1** 십자가에서 흘리신 예수님의 보혈로**롬 5:9** 가능해집니다. 예수님이 우리의 모든 죄와 허물을 대신 짊어지시고, 수치와 조롱을 받으시며, 십자가에 못 박혀 피 흘려 죽으심으로 우리의 죗값을 다 지불하셨습니다. 원수 된 우리가 받아야 할 하나님의 진노를 예수님이 대신 받으신 것입니다.

"우리가 아직 연약할 때에 기약대로 그리스도께서 경건하지 않은 자를 위하여 죽으셨도다"(롬 5:6)

"우리가 아직 죄인 되었을 때에 그리스도께서 우리를 위하여 죽으심으로 하나님께서 우리에 대한 자기의 사랑을 확증하셨느니라"(롬 5:8)

> "곧 우리가 원수 되었을 때에 그의 아들의 죽으심으로 말미암아 하나님과 화목하게 되었은즉 화목하게 된 자로서는 더욱 그의 살아나심으로 말미암아 구원을 받을 것이니라"(롬 5:10)

하나님은 우리의 과거가 깨끗해서, 죄를 짓지 않아서 의롭다 하신 것이 아닙니다. 수없이 많은 죄를 지었지만 오늘 우리가 예수 그리스도를 믿었다는 한 가지 사실 때문에 십자가의 보혈로 우리의 모든 죄를 사하시고 의롭다 하신 것입니다.

그러므로 예수를 믿음으로 말미암아 의롭다 함을 얻은 자는 하나님과 더불어 화평의 축복을 누리며 살아야 합니다. 하지만 불행하게도 의롭다 함을 얻은 자녀들이 이 축복을 누리지 못하고 있습니다. 의롭다 함을 받았느냐고 물어 보면 그렇다고 대답하지만, 의롭다 함을 받은 자에게 약속된 평안의 축복을 누리고 사느냐고 물어 보면 그렇다고 말하는 사람이 많지 않습니다.

어떤 사람은 새벽 기도를 드릴 때면 평안을 누리는데, 그렇지 못할 때는 마음이 무겁다고 말합니다. 신앙생활을 잘할 때는 평안을 누리지만, 너무 쉽게 깨져 버린다고도 말합니다. 우리는 스스로에게 물어야 합니다. 정말 예수님을 믿음으로 의롭다 함을 받았나요? 그렇다면 하나님과 더불어 평안의 축복을 누리며 살고 있나요? 지금 우리 안에는 참된 평안이 있나요? 평안은 환경이 좋아져야 생기는 감정이 아니라, 하나님과의 관계가 바로 설 때 주어지는 신분의 축복입니다. 그러나 우리는 여전히 문제와 걱정을 더 현실로 여기고, 하나님의 약속은 추상적인 것으로 취급할 때가 많습니다. 평안은 얻어 오는 것이 아니라, 이미 주신 것을 믿음으로 취하는 것임을 잊지 말아야 합니다.

오직
예수님을 바라보자

하나님이 우리에게 주신 평안을 빼앗는 몇 가지 요소가 있습니다. 첫째는 죄책감입니다. 바로 잘못을 저지른 책임을 느끼는 마음으로, 죄에 대한 가책, 즉 양심의 고통을 말합니다. 과거의 죄로 인한 죄책감은 세월이 흘러도 쉽게 잊히지 않습니다. 지금은 그 죄를 짓지 않음에도 불구하고 계속 양심을 짓누르며 괴롭힙니다. 선행을 꾸준히 해도, 예배를 드려도 소용이 없습니다.

그러나 그 어떤 죄도 하나님이 우리에게 약속하신 평안의 축복을 깨뜨릴 수 없습니다. 예수님이 모든 죄를 다 사하셨기 때문입니다. "모든 죄를 사하시고" 골 2:13b라는 말씀 속에는 우리의 과거·현재·미래의 죄뿐만 아니라 알고 지은 죄와 모르고 지은 죄, 심지어 죄책감까지도 포함되어 있습니다. 죄는 부끄러운 것이지만, 예수님이 대신 발가벗겨지시고 온갖 수치와 능욕을 받으심으로 그 부끄러움을 모두 담당하셨습니다. 그러므로 예수님을 믿음으로 의롭다 함을 받은 자는 죄책감에 사로잡혀 괴로워하거나 갈등해서는 안 됩니다.

둘째는 불완전성입니다. 이는 '내가 그리스도인으로서 이렇게 살아서는 안 되는데….' 하는 안타까움을 말합니다. 의롭다 함을 얻은 하나님의 자녀라면 온유하고 겸손하며 사람들에게 덕을 끼치고 살아야 하는데, 너무 쉽게 화를 내고 신경질을 부리는 자신의 모습을 돌아보면 평안은 어느새 사라져 버립니다. 거룩하지 못한 언행심사를 보면서 스스로에 대한 혐오감이 생기기도 합니다. 우리는 이런 자신의 불완전성 때문에 평강을 누리지 못합니다. 이런 갈등은 바울에게도 있었습니다.

"내가 원하는 바 선은 행하지 아니하고 도리어 원하지 아니하는 바 악을 행하는도다"(롬 7:19)

"오호라 나는 곤고한 사람이로다 이 사망의 몸에서 누가 나를 건져내랴"(롬 7:24)

하나님을 믿고 자녀가 되었어도 그 누구도 완전할 수 없습니다. 우리 안에는 여전히 죄성이 남아 있기 때문입니다. 우리가 넘어질 때마다 사탄은 곧바로 우리를 참소합니다. "네가 그래도 하나님의 자녀냐? 네가 목사냐, 네가 장로냐, 네가 집사냐?" 하면서 말입니다. 그렇다면 우리는 죄에 사로잡혀 평생 평안의 축복을 누리지 못한 채 살 수밖에 없을까요?

"우리 주 예수 그리스도로 말미암아 하나님과 화평을 누리자"(롬 5:1b)

우리는 죄가 없어서, 완전해서, 양심대로 살아서, 철저히 회개해서가 아니라 오직 예수 그리스도로 말미암아 화평을 누릴 수 있습니다. 예수님은 우리가 경건하지 않았을 때 우리를 위해 죽으셨으며,롬 5:6 우리가 죄인 되었을 때 우리를 위하여 죽으심으로 하나님이 우리를 얼마나 사랑하시는지를 보여 주셨습니다.롬 5:8 또한 하나님과 원수 되었을 때 죽으심으로 우리를 화목하게 하셨습니다.롬 5:10

완전하지 못한 우리를 바라보면 결코 평안을 누릴 수 없습니다. 하나님은 절대적으로 거룩하신 분이고 우리는 절대적으로 더러운 죄인인데, 두 존재가 만난다면 그 자리에 무엇이 남을까요? 공포와 두려움, 갈등 뿐일 것입니다.

그러므로 우리는 평안을 빼앗기지 않기 위해 "믿음의 주요 온전하게 하시는 이인 예수"를 바라보아야 합니다.히 12:2 예수님은 우리에게 평안을 주시기 위해 이 땅에 오셔서 징계를 받으셨습니다. 그러므로 예수님을 믿고 의롭다 하심을 얻는 자는 누구든지 평안의 축복을 누릴 수 있습니다. 바울은 감옥에서도 평안을 누렸습니다. 지금 평안에 거하지 못하고 있다면, 십자가에 달려 우리의 모든 저주와 형벌, 고통을 받으신 예수님을 바라보아야 합니다.

온전히
하나님의 나라 누리기

예수님으로 인해 하나님의 자녀 된 우리는 평안과 더불어 하나님의 나라를 누리며 살아야 합니다. 많은 사람이 천국을 죽어서 가는 곳으로 생각하지만, 성경은 내세의 천국보다 이 땅에서 누리며 살아야 할 하나님의 나라를 훨씬 더 많이 언급합니다. 예수님은 "내가 만일 하나님의 손을 힘입어 귀신을 쫓아낸다면 하나님의 나라가 이미 너희에게 임하였느니라"눅 11:20고 말씀하셨습니다. 완성된 하나님의 나라는 예수님의 재림으로 이루어지지만, 하나님의 나라는 이미 지금, 우리 가운데 시작되었다는 일입니다. 그 증거가 바로 귀신들이 쫓겨나고 병든 자가 고침을 받는 일입니다. 한마디로 '회복'입니다.

바리새인들이 예수님께 "하나님의 나라가 어느 때에 임하나이까"눅 17:20a라고 묻자, "하나님의 나라는 볼 수 있게 임하는 것이 아니요 또 여기 있다 저기 있다고도 못하리니 하나님의 나라는 너희 안에 있느니라"눅 17:20b-21고 말씀하셨습니다. 여기서 '너희 안에 있다'는 예수님의 말씀은, 우리 안에 거하시며 동행하시는 성령 안에서 이루어지는 하나님의 나라를 말합니다. 그래서 바울은 지금 우리 가운데 시작된 하나님의 나라는 오직 성령 안에서 이루어진다고 말했습니다.

> "하나님의 나라는 먹는 것과 마시는 것이 아니요 오직 성령 안에 있는 의와 평강과 희락이라"(롬 14:17)

하나님의 나라는 먹는 것과 마시는 것과 같은 물질적 형태의 나라가 아니라 오직 성령 안에서 이루어지고, 그 안에서 맛보며 누릴 수 있는 나라입니다. 바울은 이어서 성령 안에서 이루어지는 하나님의 나라를 설명합니다.

의의 나라

> "오직 성령 안에 있는 의와 평강과 희락이라"(롬 14:17b)

먼저, 바울이 말한 하나님의 나라는 '의의 나라'입니다. 그러므로 하나님의 자녀 된 우리도 불의와 타협하지 않고 의를 구하며, 그 의를 따라 행하며 살아야 합니다. 그래서 예수님도 "무엇을 먹을까 무엇을 마실까 무엇을 입을까"(마 6:31b) 염려하지 말라고 하시면서 "그런즉 너희는 먼저 그의 나라와 그의 의를 구하라 그리하면 이 모든 것을 너희에게 더하시리라"(마 6:33)고 약속하셨습니다.

죄와 타협하지 않고 말씀대로 진실하게 살면 당장에는 손해를 보거나 불이익을 당할 수도 있습니다. 그러나 우리가 그의 나라와 의를 구할 때, 하나님이 우리의 인생을 끝까지 책임져 주십니다.

'소년범의 대부'라고 불리는 천종호 판사는 독실한 크리스천으로, 부산가정법원 소년부 부장판사로 재직하며 소년범들을 사랑으로 돌보고 있습니다. 어린 시절 그는 아홉 명의 가족이 달동네 단칸방에서 지낼 만큼 가난했습니다. 뼈저린 가난을 경험하며 자랐기에 누구보다 성공하고 싶은 마음이 컸습니다. 그래서 열심히 공부해서 판사가 되었고, 남들보다 출세하고 싶은 마음에 인맥을 쌓으려고 밤마다 술자리에 나가게 되었습니다. 10년 가까이 그런 생활을 했는데, 어느 날 독실한 크리스천이었던 아내가 말했습니다.

"이렇게 살려고 판사가 됐어요? 부와 명예가 그렇게 중요해요?"

그 말이 주님의 음성으로 들렸습니다. 그는 그 자리에서 회개하고 성공을 위해 쌓은 인맥과 술을 끊었습니다.

그 후 그는 '이제 가난한 자, 약자를 위한 판사가 되겠다!'는 결심을 하고 소년부 재판을 맡게 되었습니다. 2010년부터 지금까지 천종호 판사는 소년원에서 나온 후 갈 곳 없는 아이들을 위해 사법형 그룹홈을 만들어 함께 새벽마다 기도하며 그들을 섬기고 있습니다.

이것이 바로 우리가 추구해야 할 의입니다. 우리가 섬기는 하나님이 의로우시고, 우리 자신이 의롭다 하심을 입은 자들이기 때문입니다. 의로운 하나님의 나라를 경험하려면 우리가 먼저 죄를 미워해야 합니다. 불의와 타협해서는 안 됩니다.

평강의 나라

다음으로, 바울이 말한 하나님의 나라는 '평강의 나라'입니다. '평강'은 헬라어로 '에이레네'이고, 히브리어로는 '샬롬'입니다. 이 평강은 세상의 돈이나 명예, 쾌락과 권력으로는 결코 얻을 수 없습니다. 오직 하늘로부터 임하는 은혜입니다. 그래서 예수님은 이렇게 말씀하셨습니다.

"평안을 너희에게 끼치노니 곧 나의 평안을 너희에게 주노라 내가 너희에게 주는 것은 세상이 주는 것과 같지 아니하니라"(요 14:27a)

세상은 돈이 있으면 좋은 차를 탈 수 있고 편하게 잘 수 있습니다. 인맥과 실력이 있으면 편안한 직장을 다닐 수도 있습니다. 하지만 이런 것들이 편안함을 줄 수 있지만 '에이레네', 곧 샬롬의 평강은 줄 수는 없습니다. 평강은 오직 하나님과 화목한 자만이 누릴 수 있기 때문입니다. 본질상 진노의 자녀였던 우리가 예수님이 화목제물이 되심으로 하나님과 화목하게 되었고, 그로 인해 참된 평강을 누리게 되었습니다. 이 사실을 결코 잊지 마시기 바랍니다.

하지만 평강을 누린다고 해서 우리가 가지고 있던 문제가 사라지는 것은 아닙니다. 아픔이 있고, 고난이 있고, 문제가 있음에도 불구하고 평강을 누릴 수 있다는 것입니다. 스데반 집사를 떠올려 봅시다. 공회원들이 스데반을 잡아 죽이고자 끌고 왔을 때, 그의 얼굴은 천사의 얼굴처럼 빛났습니다. 돌에 맞아 죽어가면서도 "주여 이 죄를 그들에게 돌리지 마옵소서"^{행 7:60b}라고 기도했습니다. 그의 마음속에는 세상이 줄 수 없는, 하늘로부터 임한 놀라운 평강이 있었습니다. 아무리 많이 배우고 많이 가졌어도 마음에 평강이 없다면 그것은 진정한 축복이 아닙니다. 평강은 하나님과 화목한 자에게만 주어지는 하늘의 은혜입니다.

희락의 나라

마지막으로, 바울이 말한 하나님의 나라는 '희락의 나라', 곧 기쁨의 나라입니다. 왜 하나님의 나라가 우리 마음에 임하면 설명할 수 없는 기쁨이 임할까요? 우리 안에 거하시는 성령님이 희락의 영이시기 때문입니다. 반대로 사탄은 한숨과 탄식, 슬픔의 영입니다. 그러므로 악한 영이 역사하는 곳에는 언제나 한숨과 탄식이 떠나지 않습니다. 그러나 성령님이 역사하시는 곳에는 놀라운 기쁨이 임합니다. 이는 주님 안에 있는 기쁨이 우리 가운데 흘러넘치기 때문입니다.

"내 기쁨이 너희 안에 있어 너희 기쁨을 충만하게 하려 함이라"_(요 15:11b)

희락의 영이신 성령님이 우리 안에서 역사하시고, 기쁨의 근원이 되시는 주님이 우리에게 기쁨을 주시기에 하나님의 나라가 임하면 설명할 수 없는 희열이 충만하게 되는 것입니다. 그래서 성경은 하나님의 나라를 말할 때 특히 잔치, 그것도 가장 큰 기쁨의 잔치인 혼인 잔치로 비유합니다.

"천국은 마치 자기 아들을 위하여 혼인 잔치를 베푼 어떤 임금과 같으니"(마 22:2)

"어린 양의 혼인 잔치에 청함을 받은 자들은 복이 있도다"(계 19:9a)

그뿐만 아닙니다. 예수님도 공생애를 시작하실 때 첫 번째 기적을 가나의 혼인 잔치에서 행하셨습니다. 그러므로 하나님의 나라가 우리 가운데 임하면 슬픔이 변하여 춤이 되고, 탄식이 변하여 기쁨의 노래가 됩니다.

밴쿠버 청년·청소년 코스타 강사이자 서북미 지역 순회 설교자로 사역했던 지현호 선교사는 하나님의 부르심에 순종해 캐나다에서 신학 공부를 시작했습니다. 그러던 어느 날, 배가 너무 고팠는데 빵 한 조각을 살 2달러조차 없었습니다. "하나님이 저를 사명자로 부르셨는데, 왜 빵 한 조각도 못 먹게 하십니까?"라는 불평이 나왔습니다.

그런데 그날 신문에서 하루 천 원이 없어 굶어 죽기 직전인 사람이 9억 명에 이른다는 기사를 읽고 그는 불평했던 입술이 부끄러워

회개하게 되었습니다. 그리고 집에 있던 곰팡이가 핀 빵 한 조각을 보며 기도했습니다. "하나님, 저를 자녀 삼아 주셔서 감사합니다. 저와 동행해 주셔서 감사합니다. 모든 것을 공급해 주시는 하나님께 예수님의 이름으로 기도드립니다. 아멘."

다음 날, 한 선교사가 그의 집을 방문했습니다. 그런데 양손에는 빵이 가득 들려 있었습니다. "지 선교사, 밤새 나를 파송해 줄 수 있는 교회를 찾기 위해 기도하는데, 하나님이 지 선교사에게 빵을 갖다주라고 하셨어." 그 빵은 그가 전날 먹고 싶어 했던 빵이었습니다. 그는 그 빵을 받고 참 많이 울었습니다. 빵을 주시는 하나님의 마음이 깨달아졌기 때문입니다. 마치 하나님이 어둠의 세력에게 "내 자녀는 나를 신뢰해."라고 자랑하시는 것 같았다고 합니다. 한국으로 돌아와 시작한 개척도 쉽지 않은 상황의 연속이었지만, 그의 마음은 기쁨으로 가득했습니다. 하나님이 물질의 축복을 주셔서가 아니라 좋으신 하나님이 함께하신다는 확신 때문이었습니다.

빵 한 조각이 없어 배를 곯아야 하는 상황을 겪어 본 적 있으신가요? 그것만큼 우리를 실패자라 여기게 하는 일도 드물 것입니다. 그러나 내 생각과 상황에 갇혀 위를 바라보지 못하면, 우리는 결국 그 자리에 머물게 될 뿐입니다. 우리를 자녀로 끝까지 믿어 주시고 책임져 주시는 하나님을 바라보아야 합니다. 그래야 우리가 살 수 있습니다.

우리는 이 땅에서 이미 시작된 하나님의 나라를 맛보며 자녀로서 아버지와의 친밀함을 누리며 살아야 합니다. 예수를 믿으면 때로 비난을 받기도 하고 소외를 당하기도 합니다. 그리스도인으로 정직하게 살아야 하기에 손해를 보기도 합니다. 그런데 이 땅에서 하나님 나라를 경험하지도, 누리지도 못한 채 살아간다면 그것보다 더 억울한 일은 없을 것입니다.

여전히 문제가 많고 삶이 어렵더라도 오직 성령 안에서 이루어지는 하나님의 나라를 누리며, 하나님의 자녀로서 살아내야 합니다. 그것이 바로 우리를 향하신 아버지 하나님의 온전하신 뜻입니다. 두려움과 낯섦, 죄책감으로 두껍게 덮인 껍질을 뚫고, 의와 평강과 기쁨의 나라에서 아버지와 더불어 누리는 자녀가 됩시다.

그리고 그때부터 우리는 살아남기 위한 신앙이 아니라 누리며 살아가는 신앙으로 전환됩니다. 더 이상 세상이 주는 조건에 흔들리지 않고, 하나님이 주신 신분과 약속 안에서 담대히 걷게 됩니다. 이것이 이 땅에서 경험하는 하나님 나라의 실제이며, 믿는 자에게 주어진 특권입니다.

18장

하나님의 자녀 된 권세를 누려라

(요한복음 1장 12절) 영접하는 자 곧 그 이름을 믿는 자들에게는 하나님의 자녀가 되는 권세를 주셨으니
(로마서 8장 15절) 너희는 다시 무서워하는 종의 영을 받지 아니하고 양자의 영을 받았으므로 우리가 아빠 아버지라고 부르짖느니라

『하나님의 임재 연습』두란노, 2018의 저자 로렌스 형제Brother Lawrence는 평생 수도원의 부엌에서 음식을 만들고 그릇을 씻으며 청소하는 단조로운 일을 맡았습니다. 그러나 그는 그 모든 일을 하나님을 예배하듯 감당했습니다. 기름을 두르고 빵을 굽는 순간에도, 그릇을 닦는 작은 일에도 하나님의 임재를 느끼며 하나님께 하듯 기쁘게 했습니다. 그에게 신앙은 특별한 장소에서만 드러나는 것이 아니라, 삶의 모든 순간 속에서 하나님과 동행하는 연습이었습니다. 그래서 그는 "신앙생활이 지루하고 고리타분하다고 말하는 자는 하나님을 모독하는 자다."라고 단호히 말했습니다. 그의 일상은 단조로워 보였지만, 하나님과 끊임없이 교제하는 살아 있는 예배의 현장이었습니다.

흔히들 신앙생활을 하면 가정도 자녀도 돌보지 않은 채 주일마다 예배드리러 가는 것은 기본이고, 주중 모든 기도회에 참석하며, 틈만 나면 봉사와 전도를 하는 것으로 여깁니다. 물론 신앙생활에는 이런 열심도 필요합니다. 하지만 문제는 사람들이 신앙생활을 아무런 기쁨도 없이 의무감으로 열심을 내는 것처럼 생각하는 것입니다. 또 어떤 이들은 깊은 사색에 잠겨 구도자의 길을 걷는 수도사의 모습을 신앙생활이라 생각하기도 합니다. 그럼, 무언가 심각하고 고뇌에 찬 모습으로 살아가는 것이 참된 그리스도인의 모습일까요?

누려야 행할 수 있다

하나님은 우리가 여호와로 인하여, 구원의 하나님으로 인하여, 기뻐하며 즐거워하기를 원하십니다. 그래서 예수님도 "내가 이것을 너희에게 이름은 내 기쁨이 너희 안에 있어 너희 기쁨을 충만하게 하려 함이라"요 15:11고 말씀하셨고, 겟세마네 동산에서 마지막 기도를 드리시기 전에도 자신이 가진 기쁨을 제자들도 충만히 누리기를 바라셨습니다.

바울 역시 환난 중에도 즐거워하라고 했습니다. 감옥에서도 "나는 기뻐하고 또한 기뻐하리라"빌 1:18b고 말하며, 이 편지를 받은 빌립보교회 성도들에게도 "주 안에서 항상 기뻐하라 내가 다시 말하노니 기뻐하라"빌 4:4고 권면했습니다. 또한 "항상 기뻐하라 쉬지 말고 기도하라 범사에 감사하라 이것이 그리스도 예수 안에서 너희를 향하신 하나님의 뜻이니라"살전 5:16-18고 신신당부했습니다.

그러므로 그리스도인의 삶은 어떤 상황 속에서도 기쁨과 평안을 누리고, 범사에 감사하며 살아가는 것입니다. 세상 사람들이 오해하는 모습은 결코 진정한 그리스도인의 삶이라 할 수 없습니다. 신앙생활은 한마디로 '누림'입니다. 세상 사람들의 누림은 정욕과 쾌락에 가깝지만, 우리에게는 하나님이 그 아들 예수 그리스도를 통해 주신 은혜를 누림을 의미합니다.

하나님은 예수님을 통해 우리에게 셀 수 없을 정도로 많은 것을 내어 주셨습니다. 바울은 하나님이 "그 아들과 함께 모든 것을 우리에게 주시지 아니하겠느냐"롬 8:32b고 기록했습니다.

신앙생활을 오래 했더라도 복음의 권세와 능력, 그리고 하나님의 선하심과 신실하심, 사랑을 알지 못하면 누릴 수 없습니다. 아는 만큼 누립니다. 사람도 처음 사귈 때는 어색하고 불편하며 오해도 많이 살 수 있습니다. 상대의 본심을 모르기 때문입니다. 하지만 오래 사귀면서 상대의 마음과 진심을 알게 되면 더 친밀해지고 편안해지며 가까워집니다. 하나님과의 관계도 마찬가지입니다. 그래서 호세아 선지자는 "내 백성이 지식이 없으므로 망하는도다"호 4:6a라고 말했습니다. 하나님을 알지 못하면, 고난이 닥칠 때 쉽게 절망하고 하나님을 원망하게 됩니다. 그러나 고난의 의미를 바르게 알았던 다윗과 바울은 이렇게 고백했습니다.

"고난 당한 것이 내게 유익이라"(시 119:71a)

"생각하건대 현재의 고난은 장차 우리에게 나타날 영광과 비교할 수 없도다"(롬 8:18)

고난이 축복이라는 것입니다. 그러나 많은 그리스도인이 고난이 가져다주는 축복도, 고난 뒤편에서 하나님이 행하실 일도 보지 못하고 낙심합니다. 죽음에 대해서도 마찬가지입니다. 사람들은 죽음으로 헤어지고 다시 보지 못하는 것만 생각할 뿐, 죽음 이후에 주어지는 놀라운 축복과 영광을 알지 못하기 때문에 좌절하고 절망합니다.

고난은 우리를 아프게 하지만, 동시에 하나님을 더 깊이 만나게 하는 자리이기도 합니다. 평안할 때는 잘 들리지 않던 하나님의 음성이 눈물의 골짜기에서는 놀랍게도 선명하게 들리게 됩니다. 고난은 우리의 믿음을 정금처럼 단단하고 빛나게 단련시키는 하나님의 손길입니다. 고난은 하나님이 우리를 멀리하신다는 증거가 아니라, 오히려 하나님이 우리를 가까이 붙잡고 계시다는 증거입니다. 하나님은 고난을 통해 우리의 의지를 꺾고, 오직 그분만 신뢰하도록 훈련시키신다는 걸 기억해야 합니다. 결국 고난은 우리를 무너뜨리는 손이 아니라, 하나님께 더 가까이 이끄는 손입니다. 고난이 축복이라는 말은 결코 과장이 아닙니다. 고난은 우리를 낮추고, 정결하게 하며, 마침내 하나님의 영광을 드러내게 합니다.

물론 신앙생활, 곧 주님을 따르는 제자의 삶은 자기를 부인하고 자기 십자가를 지는 것입니다.

"이에 예수께서 제자들에게 이르시되 누구든지 나를 따라오려거든 자기를 부인하고 자기 십자가를 지고 나를 따를 것이니라"(마 16:24)

제자의 삶은 좁은 문으로 들어가 좁은 길을 걷는 것입니다. 그러나 우리는 어쩔 수 없이, 선택지가 없어 마지못해 십자가를 지고 좁은 길을 걷는 것처럼 제자의 길을 가는 경우가 많습니다. 하지만 우리는 어쩔 수 없는 심정으로 예수님을 따르는 자들이 아닙니다. 우리는 주님이 주신 평안과 위로, 자유함을 누리면서 하늘의 상급을 바라보며 기쁨으로 십자가를 지고 좁은 길을 따라가는 자들입니다.

예수님도 제자들과 최후의 만찬을 하시고 겟세마네 동산에 기도하러 가실 때 찬미하고 감람산으로 나아가셨습니다. 마 26:30 지금 가시는 그 길은 결코 유쾌한 여정이 아니었습니다. 얼마 후면 자신이 잡혀 십자가에 달려 죽으실 것을 알고 계셨음에도 그 길을 찬미하며 나아가신 것입니다. 예수님은 그 구속의 길을 통해 하나님의 뜻이 이루어지고, 수많은 사람이 죄와 죽음의 법에서 해방될 것을 바라보셨기 때문입니다.

초대교회 성도들 역시 고난받으면서도, 박해를 받아 순교하면서도 하늘을 향해 찬송을 올려 드렸습니다. 스데반도 돌에 맞아 순교하는 그 순간까지 평안을 잃지 않았습니다. 그러므로 신앙생활은 누림이 전제되어야 합니다. 이 땅에 사는 동안 누리며 사는 것이 하나님의 뜻입니다.

하지만 여기서 말하는 '누림'을 게으름이나 책임 회피로 오해해서는 안 됩니다. 게으름은 누림이 아니라 악한 것입니다. 그래서 하나님은 달란트 비유에서 한 달란트를 그대로 남긴 종에게 "악하고 게으른 종아"라고 책망하셨습니다. 마 25:26

결국 여기서 말하는 핵심은 누림보다 행함이 우선되어서는 안 된다는 것입니다. 만일 하나님의 자녀 된 우리가 주신 것들을 누리지 못하고 무언가를 행하려고만 한다면 그것은 율법적인 신앙생활이요, 종교적인 삶에 머무는 것입니다. 그렇다면 하나님의 자녀 된 우리가 누리며 살아야 할 것들은 무엇일까요?

하나님의 자녀 된 자가 누리는 권세

하나님의 아들이신 예수님이 이 땅에 오신 이유는, 그분을 믿는 우리가 하나님의 아들이 되게 하시기 위해서입니다.

"그 기쁘신 뜻대로 우리를 예정하사 예수 그리스도로 말미암아 자기의 아들들이 되게 하셨으니"(엡 1:5)

그러므로 우리는 예수님을 영접하기 이전과 이후가 분명히 달라야 합니다. 예수님을 믿기 전에는 율법의 종, 죄의 종, 공중 권세 잡은 자의 종이었습니다. 곧 하나님과 원수 된 자, 본질상 하나님의 진노를 피할 수 없는 자였습니다. 그러나 예수님을 믿은 이후에는 이런 죄의 종이 하나님의 아들이 된 것입니다.

"그러므로 네가 이 후로는 종이 아니요 아들이니"(갈 4:7a)

예수님을 영접함으로 우리의 신분이 완전히 바뀌었고, 그에 걸맞은 하나님의 자녀 된 권세까지 주어졌습니다.

"영접하는 자 곧 그 이름을 믿는 자들에게는 하나님의 자녀가 되는 권세를 주셨으니"(요 1:12)

'주실 것이다'가 아니라 이미 주셨습니다. 바로 예수님을 영접하고 그 이름을 믿을 때 말입니다. 그런데 이 놀라운 사실은 아무나 알 수 있는 것은 아닙니다. 예수님을 영접하여 신분이 바뀌고, 하나님의 자녀의 권세를 누리며 살아가는 자만이 알 수 있는 비밀입니다.

그러므로 하나님의 자녀 된 자는 그 권세를 누리며 살아야 합니다. 죄의 종으로 사는 삶과 하나님의 자녀로서 사는 삶이 같을 수 있을까요? 종은 무슨 일을 하든지 억지로, 마지못해 하지만 아들은 자원하는 마음으로 합니다. 바울의 고백처럼 내게 주신 은혜가 헛되지 않기 위해 더 많이 수고하는 것입니다.고전 15:1a

또한 종은 주인의 눈치를 보며 일을 하지만 아들은 그렇지 않습니다. 종은 언제나 두려움 가운데 살아가지만 아들은 언제나 당당한 모습으로 살아갑니다. 종은 새벽기도를 하는 것도 불행을 피하기 위해 어쩔 수 없이 하고, 십일조를 드리는 것도 손해를 볼까 두려운 마음으로 합니다. 예배도 의무감으로 드립니다. 하지만 아들은 그렇지 않습니다. 아버지를 신뢰하고 사랑하기 때문에 십일조도, 예배도, 헌신과 봉사도 기쁨으로 자원해 드립니다.

우리는 더 이상 종이 아니라 하나님의 자녀임을 잊지 말아야 합니다. 곧 하나님이 우리의 '아빠, 아버지'가 되셨으니, 그분과 자녀와 아버지의 관계가 맺어진 것입니다. 바로 우리를 향한 하나님의 사랑의 확증인 것입니다. 그 순간부터 자녀의 아픔은 아버지의 아픔이 되고, 자녀의 기쁨은 아버지의 기쁨이 됩니다. 그래서 하나님의 아들이신 예수님이 요단강에서 세례를 받으시고 공생애를 시작하실 때, 하늘로부터 이런 음성이 들려온 것입니다.

"너는 내 사랑하는 아들이라 내가 너를 기뻐하노라"(눅 3:22b)

그렇다면 종이 아닌 하나님의 자녀가 된 우리가 누릴 수 있는 은혜와 특권은 무엇일까요?

'아빠, 아버지'라 부르다

"너희가 다 믿음으로 말미암아 그리스도 예수 안에서 하나님의 아들이 되었으니"(갈 3:26)

하나님은 우리가 예수님을 믿고 영접할 때, 우리의 신분을 종에서 아들로 바꾸어 주셨습니다. 그러므로 우리는 법적으로 하나님의 아들이 되었습니다. 하지만 이렇게 법적으로 양자가 되었을지라도, 그 마음에 아버지를 향한 사랑과 친밀함이 없다면 무슨 의미가 있을까요? 그래서 하나님은 양자의 영을 우리 마음 가운데 보내셔서 우리가 하나님을 '아빠, 아버지'라 부르게 하셨습니다.

"너희가 아들이므로 하나님이 그 아들의 영을 우리 마음 가운데 보내사 아빠 아버지라 부르게 하셨느니라"(갈 4:6)

"너희는 다시 무서워하는 종의 영을 받지 아니하고 양자의 영을 받았으므로 우리가 아빠 아버지라고 부르짖느니라"(롬 8:15)

입양된 아이들이 새로운 부모에게 '아빠, 엄마'라고 부르는 것을 가장 힘들어한다고 합니다. 그만큼 그 단어에는 다정한 사랑의 마음이 담겨 있기 때문입니다. 우리 또한 나를 낳아 준 아버지를 친근한 마음으로 부르듯, 예수님이 하나님을 '아빠, 아버지'라 부르셨던 것처럼 하나님을 향해 쑥스러움 없이 친근하고 당당하게 '아빠'라 부를 수 있어야 합니다. 그것이 바로 하나님의 자녀가 되었다는 가장 확실한 내적 증거가 됩니다.

이 세상에는 아버지가 없는 사람들이 참 많습니다. 여러 가지 이유로 아버지를 아버지라 부를 수 없는 경우도 흔합니다. 그러나 하나님의 자녀 된 우리에게는 하늘의 아버지가 계십니다. 아버지는 나를 지지하고 보호해 주시는 마지막 보루이십니다. 아버지가 계신다는 것이 얼마나 든든한지 모릅니다.

그러므로 인생이 힘들고 어려울 때, 상처받았을 때 더욱 아빠를 찾아야 합니다. "하늘에 계신 아빠, 아버지 지금 제 마음 아시죠? 제 아픔 아시죠? 저를 도와주세요. 저를 붙잡아 주세요"라고 말하면 됩니다. 그러면 아버지는 자녀 된 우리를 품에 안아 주시고 눈물 닦아 주시며 그 크신 손으로 붙잡아 주실 것입니다.

이것이 바로 하나님의 자녀 된 자가 이 땅에서 누릴 수 있는 특별한 은혜이자 권세입니다. 오늘 이 순간에도 천지를 창조하신 전능하신 하나님을 "아빠, 아버지"라 부르며 자녀 된 권세를 누리시기를 기도합니다.

담대히 나아가 요구하다

하나님의 자녀 된 우리는 하나님을 "아빠, 아버지"라 부르는 것만이 아니라 아버지 앞에 담대히 나아가 청구할 수 있는 권세도 주어졌습니다. 기도는 하나님의 자녀 된 자가 하늘에 계신 아버지께 하는 것입니다. 그래서 예수님은 제자들에게 기도를 가르쳐 주실 때 "하늘에 계신 우리 아버지여 이름이 거룩히 여김을 받으시오며" 마 6:9b라고 하셨습니다. 기도의 대상은 하늘에 계신 하나님 아버지이시고, 기도는 하나님의 자녀 된 우리가 하는 것입니다.

사실 죄인 된 우리는 하나님을 볼 수도, 그 앞에 나아갈 수도 없었습니다. 그런데 예수님이 십자가에 달려 죽으실 때 성소의 휘장이 위에서부터 아래로 찢어졌습니다. 하나님 보좌 앞으로 나아갈 수 있는 새로운 살길이 열린 것입니다.

> "그러므로 형제들아 우리가 예수의 피를 힘입어 성소에 들어갈 담력을 얻었나니 그 길은 우리를 위하여 휘장 가운데로 열어 놓으신 새로운 살 길이요 휘장은 곧 그의 육체니라"(히 10:19-20)

예수님의 피를 힘입기만 하면 언제든지 하나님 보좌 앞으로 나아갈 수 있게 된 것입니다. 그러므로 우리는 "긍휼하심을 받고 때를 따라 돕는 은혜를 얻기 위하여 은혜의 보좌 앞에 담대히 나아갈"히 4:16 수 있습니다. 그리고 아버지 앞에 구할 수 있습니다.

부모는 자녀를 돌보고 책임지고 채워 주는 역할을 감당합니다. 그러므로 자녀 된 우리가 누릴 수 있는 특권이 바로 '기도의 청구권'입니다. 우리의 영혼과 육에 필요한 것들을 기도로 구하는 것입니다. 그래서 예수님도 '구하라, 찾으라, 두드리라'고 말씀하셨습니다.마 7:7 자녀 된 자는 언제든지 아버지 앞에 나아가 필요한 것들을 요구할 수 있습니다. 그래서 야고보 기자도 "너희가 얻지 못함은 구하지 아니하기 때문이요 구하여도 받지 못함은 정욕으로 쓰려고 잘

못 구하기 때문이라"약 4:2b-3고 기록했고, 예수님 역시 하나님 아버지의 돌보심과 공급하심에 대해 이렇게 말씀하셨습니다.

"너희 중에 누가 아들이 떡을 달라 하는데 돌을 주며 생선을 달라 하는데 뱀을 줄 사람이 있겠느냐 너희가 악한 자라도 좋은 것으로 자식에게 줄 줄 알거든 하물며 하늘에 계신 너희 아버지께서 구하는 자에게 좋은 것으로 주시지 않겠느냐"(마 7:9-11)

자녀 된 우리에게 가장 좋은 것으로 공급해 주시는 분은 하나님이십니다. 그 사실 하나만 붙들어도 우리의 삶과 생활은 넉넉할 수밖에 없습니다.

한소망교회 류영모 원로 목사의 『성령을 받으라』규장, 2025에 나오는 이야기입니다. 류영모 목사는 어릴 때 혼자 교회를 다녔습니다. 집에서 제사를 지낼 때 동참하지 않으면 밥을 주지 않았다고 합니다. 그래서 그는 교회에 가서 기도하고 공부하고는 했는데, 그때마다 전도사님한테 이것저것 물었습니다.

"저는 예수님이 물 위를 걸으셨다는 게 믿어지지 않아요"라고 하면 전도사님은 "예수님은 하나님의 아들이시잖니. 하나님의 아들이 물에 빠지시면 그게 더 이상하겠다, 얘."라고 말했습니다. 또 "떡 다섯 조각과 물고기 두 마리로 오천 명을 먹이셨다는 게 말이 돼요?"라고 하면 "예수님은 하나님의 아들이시잖니. 도시락으로 오천 명을 못 먹이시면 그게 더 이상하겠다, 얘."라고 말했습니다. 전도사님의 이야기는 참 간단하고 단순했으며, 못 믿을 이유가 없었습니다. 무엇이든지 "예수님은 하나님의 아들이신데 하나님의 아들이 못하시면 그게 더 이상하겠다, 얘"라는 대답으로 믿음을 가르쳐 주셨습니다.

  살다 보면 병 들고 아플 때, 힘든 일을 겪을 때, 외로워 죽고 싶을 때, 막다른 골목에서 갈 길이 없어 고통스러울 때가 많습니다. 그때 하나님 안에 들어가면 하나님이 우리를 덮어 주셔서 내 문제가 하나님의 문제가 됩니다. 내가 기도하면 그때부터 내 문제가 아니라 하나님의 문제가 되어 하나님이 해결하시는 것입니다. 하나님 안에 들어가 성령으로 충만하게 될 때 우리는 하나님의 자녀가 되고, 우리가 하는 모든 일이 하나님이 하시는 일이 됩니다. 하나님의 자녀 된 권세를 충만히 누리시기를, 그래서 이 땅에서의 자녀 된 삶이 정말 축복이라고 고백할 수 있기를 소망합니다.

19장

다시 기도로 승리하라

〔시편 91편 13절〕 네가 사자와 독사를 밟으며 젊은 사자와 뱀을 발로 누르리로다
〔누가복음 10장 19절〕 내가 너희에게 뱀과 전갈을 밟으며 원수의 모든 능력을 제어할 권능을 주었으니 너희를 해칠 자가 결코 없으리라

그리스도인에게 '영적 전쟁'이라는 말은 익숙하면서도 막상 진지하게 생각해 보면 '이게 나와 상관이 있는 일인가' 하고 고민하게 되는 아리송한 문제입니다. '영적 전쟁'이라 하면 복음화율이 현저히 떨어지는 선교지에서 목숨을 내놓고 매일 복음을 전하는 선교사님에게나 해당하는 말이 아닐까 하고요. 영적 전쟁이 내 삶의 한복판에서 일어나고 있다는 사실은 쉽게 체감되지 않습니다.

그런데 혹시 오늘 아침에도 말씀과 기도로 시작하려는 마음과 '5분만 더 자자' 하는 고민 사이에서 시작하지 않으셨나요? 아니면 주일에 예배드리러 가는 길이면 꼭 회사나 가정에 일이 생겨 교회에 갈 수 없는 상황이 빈번하지는 않으셨나요? 이 모든 것이 우리에게 벌어지는 영적 전쟁입니다.

그리스도인에게 영적 전쟁은 눈에 보이는 육체의 싸움이나 총칼이 난무하는 공방전을 뜻하지 않습니다. 그것은 보이지 않는 세계에서 하나님을 향한 믿음과 순종을 두고 일어나는 싸움입니다. 그리고 이 싸움은 필연적이며 반드시 이겨야 할 전쟁이자, 동시에 이미 하나님이 승리하신 전쟁이기도 합니다.

그렇다면 영적 전쟁은 무엇이며 하나님의 자녀인 우리는 어떻게 이 전쟁에서 승리할 수 있을까요? 승리의 비결은 더 강한 의지를 갖는 데 있지 않고, 이미 이기신 주님께 붙어 있는 데 있습니다. 우리가 주님의 능력에 의지할 때 담대할 수 있습니다. 영적 전쟁은 주님이 나를 대신해 싸우시는 전쟁임을 믿는 것입니다.

영적 전쟁터에서도
담대한 이유

"네가 사자와 독사를 밟으며 젊은 사자와 뱀을 발로 누르리로다"(시 91:13)

여기서 '사자'는 성경에서 포악한 약탈자의 모습을 가진 악인이나 사탄과 같은 악한 세력을 가리킵니다. 그래서 다윗은 "그들이 사자 같이 나를 찢고 뜯을까 하나이다"시 7:2라고 표현했으며, 베드로 또한 "근신하라 깨어라 너희 대적 마귀가 우는 사자 같이 두루 다니며 삼킬 자를 찾나니"벧전 5:8라고 경고합니다. 사자는 맹렬하고 사나운 방식으로 우리를 공격하고 대적하는 존재임을 확실히 드러냅니다.

'독사'와 '뱀'은 어떨까요? 성경에서 독사와 뱀은 은밀하게 우리를 유혹하여 넘어뜨리려는 아주 간사하고 악한 사탄 마귀를 의미합니다.

"큰 용이 내쫓기니 옛 뱀 곧 마귀라고도 하고 사탄이라고도 히며 온 천하를 꾀는 자라 그가 땅으로 내쫓기니 그의 사자들도 그와 함께 내쫓기니라"(계 12:9)

시편 기자는 먼저 우리가 천사의 보호를 받을 것임을 설명합니다. 그리고 사자와 독사, 뱀과 같은 악한 존재들을 나열한 다음 그 것들을 발로 밟으라 합니다. 이는 수동적으로 보호받는 것에 만족하지 말고 능동적으로 우리를 유혹하고 대적하는 원수 마귀를 공격하고 싸우라는 의미입니다. 그래서 예수님은 70인 전도자를 파송하시면서 뱀과 전갈을 밟으라고 말씀하신 것입니다.

"그가 너를 위하여 그의 천사를 명령하사 네 모든 길에서 너를 지키게 하심이라 그들이 그들의 손으로 너를 붙들어 발이 돌에 부딪히지 아니하게 하리로다"(시 91:11-12)

"내가 너희에게 뱀과 전갈을 밟으며 원수의 모든 능력을 제어할 권능을 주었으니 너희를 해칠 자가 결코 없으리라"(눅 10:19)

뱀과 전갈은 둘 다 치명적인 독을 지닌 존재로, 성경에서 이는 사탄과 그를 따르는 졸개들을 상징합니다. 예수님은 이들을 '원수'라 부르셨습니다. 우리가 예수님을 믿음으로 하나님의 자녀가 되는 순간, 곧 우리의 신분이 바뀌는 그 순간부터 마귀는 우리의 원수가 된 것입니다. 그러므로 예수님은 자녀 된 권세를 가진 우리에게 사탄의 세력을 상징하는 뱀과 전갈을 밟으라고 말씀하셨습니다.

그런데 이 말을 문자적으로 해석하면 안 됩니다. 그렇게 받아들이게 되면 우리는 허구한 날 막대기를 들고 이슬을 맞으며 뱀을 찾으러 다녀야 할 것입니다. 성경 어디에도 예수님의 제자들과 파송받은 전도자들이 뱀과 전갈을 밟아 죽였다는 말씀은 없습니다. 이 말씀은 전쟁을 하라는 의미이기도 하지만, 영적 승리를 상징하는 선포입니다. 고대 근동에서는 전쟁에서 승리한 자가 패자의 머리를 발로 밟음으로써 군중에게 승리를 확인시켜 주었습니다. 예수님은 이와 같이 우리에게 영적 전쟁에서의 승리, 그것도 완전한 승리를 주신다는 것입니다.

우리는 그리스도의 군사로 부름받았습니다. 군인의 주된 임무는 바로 적과 싸우는 것입니다. 그러므로 하나님의 자녀가 되었다면 우리는 이제 영적 전쟁 한복판에 서 있는 것입니다. 그 치열한 전장이 바로 우리의 삶입니다.

"우리의 씨름은 혈과 육을 상대하는 것이 아니요 통치자들과 권세들과 이 어둠의 세상 주관자들과 하늘에 있는 악의 영들을 상대함이라"(엡 6:12)

바울은 우리의 영적 전쟁의 대상이 혈과 육이 아니라고 합니다. 이는 육체를 가진 인간이 아니라는 뜻입니다. 그런데 베드로는 예수님을 체포하려는 사람의 오른쪽 귀를 칼로 내리쳤고, 모세는 애굽 사람이 자기 동족을 괴롭히자 분노하여 그를 쳐 죽였습니다. 그러나 그들은 우리의 진짜 적이 아닙니다. 바울이 말한 전쟁의 본질은 '하늘에 있는 악의 영들', 곧 영적 세계에서 하나님을 대적하는 사탄의 세력과의 싸움입니다.

또한 '통치자들과 권세들, 어둠의 세상 주관자들'은 이 세상에서 영향력과 권위를 행사하는 세력을 의미합니다. 그럼 왜 이들이 우리의 대적이 되는 것일까요? 하늘에 있는 악의 영들이 이 세상에서 지위와 권세를 가지고 영향력을 행사하는 자들을 가장 강력한 도구로 사용하기 때문입니다.

영적 전쟁은 눈에 보이지 않는다고 해서 없는 것이 아니라, 보이지 않기 때문에 더 치열한 전쟁입니다. 사탄은 우리의 약함을 잘 알고, 그 틈을 노려 끊임없이 속삭이고 유혹합니다. 그래서 성경은 '우는 사자'라는 강력한 이미지로 그 존재를 묘사하며, 그의 목적이 '삼킬 자를 찾는 것'이라고 밝힙니다. 하지만 성경은 동시에, 그 사자의 울음보다 더 큰 권세가 우리에게 주어졌음을 선포합니다. 예수님이 제자들에게 "뱀과 전갈을 밟을 권세"를 주셨다는 말씀은 단순한 위로가 아니라 실제적인 명령이자 선언입니다. 즉, 우리가 방어에 머무르는 존재가 아니라, 공격하며 승리를 확인하는 존재라는 뜻입니다. 영적 전쟁에서 승리하는 사람은 두려움에 눌려 있는 사람이 아니라, 이미 주어진 권세를 믿고 사용하는 사람입니다. 권세는 '느낌'으로 확인되는 것이 아니라, '믿음'으로 작동되는 하나님의 능력입니다. 그래서 믿음이 약해질 때 사탄이 역사하고, 믿음이 선포될 때 사탄은 자리에서 물러납니다. 우리가 영적 전쟁에서 패배하는 이유는 능력이 없어서가 아니라, 이미 가진 능력을 사용하지 않기 때문입니다. 성령의 검을 들고도 휘두르지 않으면, 그 검은 장식품이 되고 맙니다. 기도할 수 있는데도 침묵하고, 말씀을 붙들 수 있는데도 방치할 때, 우리는 스스로 무장 해제되는 것입니다. 하지만 반대로 말씀이 선포되고, 믿음이 결단되고, 예수의 이름이 선명하게 드러나는 순간 전세는 완전히 바뀝니다. 전쟁의 승리는 '능력이 큰 자에게'가 아니라 '주님의 권세를 의지하는 자에게' 주어지는 것입니다. 그래서 제자는 상황을 보는 사람이 아니라, 권세를 기억하는 사람이며, 전쟁을 두려워하는 사람이 아니라, 승리를 확인하는 사람입니다. 우리가 이 진리를 붙들고 선포할 때, 사자처럼 보이던 대적은 더 이상 두려움의 대상이 아니라 발아래 밟히는 존재가 됩니다.

영적 전쟁에서 승리하는 비결

우리 삶과 밀접한 부분, 즉 삶 자체가 영적 전쟁의 현장이기에 우리는 말씀처럼 사자와 뱀, 독사와 전갈을 발로 밟아 마귀를 대적해야 합니다. 그렇다면 이를 위해서 우리는 어떻게 해야 할까요?

예수님의 권능을 힘입다

"내가 너희에게 뱀과 전갈을 밟으며 원수의 모든 능력을 제어할 권능을 주었으니 너희를 해칠 자가 결코 없으리라"(눅 10:19)

우리에게는 원수의 모든 능력을 제어할 권능이 이미 주어졌습니다. 예수님이 십자가에서 마귀의 일을 멸하시고 승리하셨기 때문입니다.

"통치자들과 권세들을 무력화하여 드러내어 구경거리로 삼으시고 십자가로 그들을 이기셨느니라"(골 2:15)

예수님이 우리의 죗값을 완벽하게 지불하심으로 "다 이루었다"고 선포하셨습니다. 더 이상 사탄이 우리를 지배할 수 없도록 그 권리를 없애 버리셨기에, 하나님의 자녀 된 우리에게는 이미 모든 원수의 능력을 제어할 권세가 주어진 것입니다. 더군다나 마귀의 일을 멸하시고 승리하신 주님, 곧 하늘과 땅의 모든 권세를 가지신 예수님이 우리에게 이 놀라운 권세를 직접 주셨습니다.

"내가 너희에게 뱀과 전갈을 밟으며 원수의 모든 능력을 제어할 권능을 주었으니 너희를 해칠 자가 결코 없으리라"(눅 10:19)

그래서 주님은 "영접하는 자 곧 그 이름을 믿는 자들에게는 하나님의 자녀가 되는 권세를 주셨으니"요 1:12라고 분명히 말씀하셨습니다. 이 권세는 미래의 어느 순간이 아니라 예수님을 영접하여 하나님의 자녀로 거듭날 때 이미 우리에게 주어졌습니다. 그러나 많은 성도가 자신에게 주어진 권세를 깨닫지도, 사용하지도 못한 채 살아가고 있습니다.

예수님의 승리에 동참하다

우리는 예수님이 마귀의 일을 멸하시고 승리하셨음을, 예수님이 십자가 위에서 사탄의 머리를 깨뜨리시고 승리하셨음을 믿고 받아들여야 합니다. 나아가 그 승리가 우리의 것임을 선포해야 합니다. 이것이 바로 승리하신 예수 그리스도께 동참하는 것입니다.

내 힘과 능력으로는 마귀를 대적할 수 없습니다. 뱀과 전갈을 밟을 수도 없습니다. 예수님의 승리가 나의 승리가 되지 않았는데, 예수님의 이름으로 명령한다고 해서 귀신이 떠나갈까요?

사도행전 19장을 보면, 바울이 우상의 도시 에베소에서 놀라운 기적을 행하는 장면이 나옵니다. 심지어 바울의 몸에서 손수건이나 앞치마를 가져다가 병든 사람에게 얹으면 병이 떠나고 악한 귀신들이 떠났습니다.행 19:12

그때 유대인의 대제사장 스게와의 일곱 아들들이 바울이 예수님의 이름으로 귀신을 내쫓는 신비한 광경을 보고 흉내 내기 시작했습니다. 그들은 귀신에게 "바울이 전파하는 예수를 의지하여 너희에게 명하노니"라고 명령했습니다. 그러자 악한 귀신이 "나는 예수도 알고 바울도 아는데, 도대체 너희는 누구냐?"고 소리치며, 그들에게 달려들어 모두를 때려눕혀 버렸습니다.

그들은 온몸에 상처를 입고 벌거벗은 몸으로 도망치게 되었습니다. 행 19:14-16 결국 스게와의 아들들은 예수의 이름을 빌리기만 했을 뿐, 그 이름의 권세를 믿음으로 소유하지 못했기 때문에 도리어 악한 귀신의 힘에 짓눌려 버린 것입니다.

그러므로 마귀를 대적하려면 자신을 바라보거나 자신에게 근거를 두지 말고, 십자가에서 마귀의 일을 멸하시고 승리하신 주님만을 바라보아야 합니다. 그리고 뱀과 전갈을 발로 밟으라는 주님의 명령에 집중해야 합니다. 이것이 바로 승리하신 예수 그리스도께 동참하는 길입니다. 그럴 때 우리는 승리하신 주님과 함께 대적을 밟는 삶, 영적 전쟁에서 승리하는 삶을 살 수 있습니다.

기도라는
가장 강력한 무기

그렇다면 승리하신 주님께 집중하기 위해 우리가 해야 할 일은 무엇일까요? 바로 기도의 무릎을 꿇는 것입니다. E. M. 바운즈는 『기도로 원수를 밟으라』규장, 2010는 책에서 '원수'라는 개념에 관해 설명합니다. 원수는 세상과 악한 영을 뜻합니다. 그리고 영적 전쟁을 하는 자, 곧 원수를 밟는 자에게 필요한 것이 바로 기도라 강조합니다. 바운즈는 "우리의 모든 영역이 우리가 부르짖는 기도에 달려 있다. 그리고 하나님의 놀라운 약속이 우리의 삶에 생생한 현실이 되는 것 역시 우리의 기도에 달려 있다."고 했습니다.

또한 바운즈는 이렇게 경고합니다. "기도하지 않는 모든 사람들은 단지 종교 놀이를 하고 있을 뿐이고, 그리스도의 병사인 체하는 것에 불과하다. 그들에게는 갑옷도 탄약도 없기 때문에 사악하고 논쟁에 강한 세상 사람들 앞에서 무력하기 짝이 없다."

우리의 모습을 돌아보아야 합니다. 그리스도의 병사로서 갑옷도 탄약도 없이 맨몸으로, 논쟁에 강한 세상 사람들 앞에 무방비로 서 있지는 않았는지 말입니다. 사실 그 모습은 누구보다 내가 가장 잘 알고 있습니다.

마가복음 9장에는 한 아버지가 귀신 들린 아들을 데리고 나아오는 장면이 나옵니다. 그런데 아홉 명의 제자들은 그 귀신을 쫓아내지 못했습니다. 결국 예수님이 귀신을 꾸짖어 내쫓으셨고, 제자들은 예수님께 "우리는 어찌하여 그 귀신을 내쫓지 못합니까"라고 물었습니다. 그러자 예수님은 이렇게 대답하셨습니다.

"이르시되 기도 외에 다른 것으로는 이런 종류가 나갈 수 없느니라 하시니라"(막 9:29)

기도는 승리하신 예수 그리스도께 동참하는 것이며, 예수님께 온전히 집중하는 것입니다. 그리고 원수의 모든 능력을 제어할 권능을 힘입어 주님의 승리가 우리의 승리가 되게 하는 것입니다. 그러므로 하나님은 기도하는 자를 통하여 기적을 일으키시고 영적 전쟁에서 승리하게 하십니다. 우리는 기도로 원수를 밟아야 합니다.

다니엘 김 선교사는 자신의 저서 『철인』규장, 2013에서 기도의 능력을 강하게 증언합니다. 그의 어머니는 남편이 재일 교포 사업가인 줄 알고 결혼했지만, 뒤늦게 그가 일본 최대 폭력 조직의 일원임을 알게 되었습니다. 남편은 사람은 물론이고 하나님도 두려워하지 않는 삶을 살았지만, 어머니는 눈물의 기도로 그를 품었습니다.

3대째 신앙의 가정에서 자란 어머니는 밤마다 교회로 가서 기도했고, 어린 다니엘은 그 곁에서 자고는 했습니다. 한겨울 밤 11시, 상가 2층에 있는 개척교회에 도착하면 어머니는 어린 아들을 앞자리에 눕히고 새벽 5시까지 강대상을 향해 무릎 꿇고 기도했습니다.

그녀의 기도 제목은 두 가지였습니다. 먼저 남편의 구원이었습니다. "하나님, 하나님을 모르는 남편이 주님 앞에 무릎 꿇게 하시고, 장로가 되어 일본 땅에 교회를 세우게 해 주세요." 두 번째는 자녀들의 헌신이었습니다. "하나님, 제 아들과 딸을 하나님의 종으로 써 주세요." 어떤 사람들은 "그런 기도는 하나님도 안 들어주신다"고 말했지만, 그녀는 멈추지 않았습니다. 그녀의 기도는 현실보다 컸습니다.

그러던 어느 날, 아버지가 구치소에 수감되었습니다. 어머니는 매일 밤 편지를 써 보냈습니다. "하나님은 당신을 사랑하십니다. 돌아오시기만 하면 됩니다. 하나님이 새로운 삶을 허락하실 것입니다." 어린 다니엘은 그 편지를 들고 함께 기도했습니다. "하나님, 이 편지가 아빠에게 잘 도착하게 해 주세요. 아빠가 이 편지를 보고 예수님을 믿게 해 주세요."

그리고 어느 날, 기적이 일어났습니다. 편지를 읽던 아버지의 마음에 복음이 스며든 것입니다. "하나님, 왜 저를 사랑하십니까?" 그 순간 하나님이 계신다는 확신이 생겼고, 죄인인 자신을 사랑하시는 하나님의 은혜가 믿어졌습니다. 그는 밤새도록 서서 울며 고백했습니다. "주님, 제가 많이 용서받았으니 많이 사랑하겠습니다!"

그 후 아버지는 어머니의 기도대로 장로가 되었고, 일본 후쿠오카에서 교회를 개척했습니다. 아버지는 지금도 하루를 말씀과 기도로 시작하며 살아갑니다. 두 자녀 역시 모두 사역자가 되었습니다. 어머니의 모든 기도가 구체적으로 응답된 것입니다.

다니엘 김 선교사의 어머니는 세상의 힘으로는 도저히 이길 수 없는 영적 전쟁을 치렀습니다. 그러나 그녀에게는 가장 강력한 무기가 있었습니다. 바로 기도였습니다. 그녀는 매일 무릎으로 싸운 것입니다. 세상의 방법으로는 바꿀 수 없는 일을, 오직 기도로 하나님께 맡겼습니다. 그녀의 기도는 어둠 속에서 등불이었고 절망을 뚫는 창이었습니다.

오늘 우리도 영적 전쟁터 속에서 살아갑니다. 가정의 문제, 세상의 유혹, 마음의 상처 등 모든 것은 보이지 않는 영적 전쟁입니다. 그 싸움의 승패는 우리의 힘이 아니라 기도에서 결정됩니다. 하나님은 오늘도 위대한 일을 이루시며, 끝도 없는 영적 전쟁에서 우리가 승리하도록 '기도'라는 다리를 놓기를 기다리고 계십니다. 승리가 건너올 수 있는 다리는 기도 하나뿐입니다.

20장

하나님의 임재와 동행을 누리는 자가 되라

〔출애굽기 40장 34-38〕 ³⁴ 구름이 회막에 덮이고 여호와의 영광이 성막에 충만하매 ³⁵ 모세가 회막에 들어갈 수 없었으니 이는 구름이 회막 위에 덮이고 여호와의 영광이 성막에 충만함이었으며 ³⁶ 구름이 성막 위에서 떠오를 때에는 이스라엘 자손이 그 모든 행진하는 길에 앞으로 나아갔고 ³⁷ 구름이 떠오르지 않을 때에는 떠오르는 날까지 나아가지 아니하였으며 ³⁸ 낮에는 여호와의 구름이 성막 위에 있고 밤에는 불이 그 구름 가운데에 있음을 이스라엘의 온 족속이 그 모든 행진하는 길에서 그들의 눈으로 보았더라

출애굽기 마지막 부분은 이스라엘 백성이 하나님 임재의 상징인 성막과 함께 광야를 여행하는 모습을 목가적으로 그립니다. 민수기에도 비슷한 내용이 나오는 것을 보면, 이는 하나님이 이스라엘 백성과 동행하는 일이 단회적 사건이 아니라 광야 시기 내내 이루어졌음을 보여 줍니다.

중요한 것은 이스라엘 백성이 스스로 길을 찾고 앞으로의 여정을 계획하며 광야를 여행한 것이 아니라 하나님의 임재를 나타내는 구름의 움직임에 따라, 즉 하나님 뜻에 따라 행진하고 머무는 것을 반복했다는 것입니다. 이는 광야 시기 내내 이스라엘 백성이 하나님의 명령을 따라 살았다는 것을 의미합니다. 민수기 9장 15-23절에서도 '주님의 명령을 따라'라는 말이 일곱 번이나 나옵니다. 하나님과 동행하는 삶은 곧 하나님께 순종하는 삶을 의미합니다.

하나님의 임재하심을 간절히 구하는 기도

하나님은 온 땅과 천지에 충만하신 분입니다. 이것을 '편재'라고 합니다. 하나님은 어디에나 계시지만, 그렇다고 해서 모든 곳에 임재하신다는 뜻은 아닙니다. '임재'는 기쁘게 동행하는 것을 말합니다. 하나님은 거하실 수 있는 곳에 임재하십니다. 우리가 알지 못하는 곳에서도 함께하십니다. 삶 속에서 하나님의 임재를 경험할 수 없는 이유는 죄가 하나님을 인정하지 않고, 받아들이지 않고, 기뻐하지 않기 때문입니다. 그러므로 우리가 어떤 태도로 하나님을 환영하고 동행하느냐에 따라 하나님의 임재를 체험할 수도, 못할 수도 있습니다. 시편 기자는 하나님의 임재하심을 체험하는 것이 아무렇게나 주어지지 않는다고 고백합니다.

"여호와여 주의 장막에 머무를 자 누구오며 주의 성산에 사는 자 누구오니이까"(시 15:1)

그러나 하나님은 죄인 된 인간을 만나실 뿐 아니라 임재하심을 체험할 수 있게 해 주셨습니다. 이스라엘 백성들을 택하시고 그들 가운데 거하시기를 원하신 것입니다. 하나님이 그들과 함께하실 것이 아니면 성막을 지으라는 명령도, 규례를 만들라고도 하지 않으셨을 것입니다.

창세기에서 하나님이 종종 사람에게 나타나셨을 때, 족장들은 그곳에 제단을 쌓았습니다. 창세기 15장에서 아브라함은 하나님이 나타나신 곳에 제단을 쌓고 하나님을 만났습니다. 그러나 그 제단은 임시적이고 일시적이었습니다. 그래서 하나님은 출애굽한 백성들에게 자신이 거할 집을 만들라고 명령하심으로 지속적으로 함께하기를 원하셨습니다. 더 깊이, 더 오래 임재하기 위해 백성들을 찾아가셨습니다.

그런데 이 계획이 깨질 뻔한 사건이 벌어졌습니다. 이스라엘 백성들이 금송아지를 숭배하자 그들을 진멸하려 하신 것입니다. 그때 모세의 중보기도가 하나님과 백성들의 관계를 회복시켰습니다.

출애굽기 32장부터 33장에 걸쳐 모세의 중보기도가 세 번 나옵니다. 첫 번째 기도는 시내산 위에서 드린 기도입니다. 모세가 시내산에 있을 때 산 아래에서 백성들이 금송아지를 만들어 우리의 신이라고 숭배하자, 하나님이 진노하셔서 "그들을 진멸하고 너를 큰 나라가 되게 하리라"출 32:10고 하셨습니다. 이때 모세는 하나님의 영광을 바라고, 하나님의 약속을 붙잡으며, 하나님의 은혜를 간절히 구하는 기도를 드렸습니다.출 32:11-13 이 기도에 하나님은 진노를 거두셨지만, 그렇다고 해서 모든 관계가 회복된 것은 아니었습니다.

두 번째 기도는 시내산 밑으로 내려와 백성들이 만든 금송아지를 직접 보고 탄식하며 드리는 기도입니다. 시내산 위에서 기도할 때는 아름다운 언어를 썼지만 내려와서는 돌판을 깨뜨리며 엄청난 진노를 쏟아냈습니다. 그는 금송아지를 태워 부수고 가루로 만들어 백성들에게 마시게 하고 하나님 앞에서 탄식했습니다.

"이제 그들의 죄를 사하시옵소서 그렇지 아니하시오면 원하건대 주께서 기록하신 책에서 내 이름을 지워 버려 주옵소서"(출 32:32)

하나님의 영원한 은혜가 끊길지라도 백성들을 용서해 달라고 기도한 것입니다. 이는 십자가에서 자신을 희생함으로써 백성을 구원하신 예수 그리스도의 마음입니다. 사도 바울도 로마서 9장 3절에서 '자신이 그리스도에게서 끊기는 한이 있더라도 동족 이스라엘이 구원되기를 원한다'고 고백했습니다. 이처럼 모세의 헌신적이고 자기희생적인 기도를 들으신 하나님은 이스라엘 백성들을 용서해 주시고 가나안을 향한 여정도 계속하게 하셨습니다. 하지만 임재하심은 허락하지 않았습니다.

"여호와께서 모세에게 이르시되 너는 네가 애굽 땅에서 인도하여 낸 백성과 함께 여기를 떠나서 내가 아브라함과 이삭과 야곱에게 맹세하여 네 자손에게 주기로 한 그 땅으로 올라가라 내가 사자를 너보다 앞서 보내어 가나안 사람과 아모리 사람과 헷 사람과 브리스 사람과 히위 사람과 여부스 사람을 쫓아내고 너희를 젖과 꿀이 흐르는 땅에 이르게 하려니와 나는 너희와 함께 올라가지 아니하리니 너희는 목이 곧은 백성인즉 내가 길에서 너희를 진멸할까 염려함이니라 하시니"(출 33:1-3)

이 말씀을 읽으면 '하나님 참 속도 좁으시다.' 이런 생각이 드시나요? 하지만 동행하지 않겠다는 선언은 이스라엘 백성을 위한 것이었습니다. 그들과 동행하다가는 전부 진멸할 것을 염려하셨기 때문입니다. 진노로부터 건짐받고 용서받았다고 해서 곧바로 친밀한 관계가 회복되는 것은 아닙니다. 이스라엘 백성은 하나님의 진노로부터 면제받고 용서받았지만, 아직 임재는 회복되지 않았습니다. 이 말씀을 들은 백성들은 통곡하며 회개했고, 그 증거로 자신들이 치장하고 있던 모든 장신구를 벗어버렸습니다. 그리고 모세는 세 번째 중보기도를 드립니다.

> "모세가 여호와께 아뢰되 보시옵소서 주께서 내게 이 백성을 인도하여 올라가라 하시면서 나와 함께 보낼 자를 내게 지시하지 아니하시나이다 주께서 전에 말씀하시기를 나는 이름으로도 너를 알고 너도 내 앞에 은총을 입었다 하셨사온즉 내가 참으로 주의 목전에 은총을 입었사오면 원하건대 주의 길을 내게 보이사 내게 주를 알리시고 나로 주의 목전에 은총을 입게 하시며 이 족속을 주의 백성으로 여기소서"(출 33:12-13)

이 기도는 하나님과 백성들의 관계를 회복하는 것이 목적이었습니다. 먼저 주의 길을 가르쳐 달라고, 스스로는 하나님의 길을 알 수 없다고 고백하며 하나님을 강력하게 붙잡는 공격적인 기도를 드렸습니다. 그리고 계속해서 은총을 입게 해 달라고 기도했습니다. 우리가 회복될 수 있는 유일한 근거는 하나님의 은혜입니다. 은혜는 베풀 의무가 없는 분으로부터 받을 자격이 없는 자가 받는 것입니다. 그래서 자격 없고 죽어 마땅한 죄인이라 할지라도 하나님의 은혜를 간구할 수 있는 것입니다.

모세의 간절한 기도에 하나님은 "내가 친히 가리라 내가 너를 쉬게 하리라" 출 33:14고 대답하셨습니다. 다시 뜻을 돌이키셨습니다. 그리고 모세의 기도를 근거로 천사만 보내신 것이 아니라 "친히 너와 함께 가겠다."고 약속하셨습니다. 이 사건은 하나님의 은혜를 간구하는 자에게 언제나 돌이키시고 회복시켜 주심을 보여 줍니다.

얼마나 좋으신 하나님인가요? 진노를 거두어 달라고 하면 거두어 주시고, 용서해 달라고 하면 용서해 주시고, 함께해 달라고 하면 함께해 주시는 하나님이십니다. 언제나 기꺼이 어떠한 상황이든지 하나님의 은혜를 구하는 자에게 응답하십니다. 겸손한 마음으로, 은총을 바라는 간절한 마음으로, 하나님이 함께해 주시기를 원하는 마음으로 "하나님, 제 인생의 여정에 친히 동행해 주세요."라고 기도하며 나아간다면 반드시 응답해 주십니다.

모세는 함께하겠다는 응답을 받은 뒤에도 하나님이 임재하지 않으시면 천사가 인도해도 이 여정은 의미가 없으니 우리도 보내지 말라고 간구했습니다. 하나님의 임재하심만이 우리가 다른 백성들과 구별되는 표지라고 고백했습니다.

"모세가 여호와께 아뢰되 주께서 친히 가지 아니하시려거든 우리를 이 곳에서 올려 보내지 마옵소서 나와 주의 백성이 주의 목전에 은총 입은 줄을 무엇으로 알리이까 주께서 우리와 함께 행하심으로 나와 주의 백성을 천하 만민 중에 구별하심이 아니니이까"(출 33:15-16)

모세의 마음을 받으신 하나님은 이를 약속하셨습니다. 모세의 하나님이 우리의 하나님이 되시고, 나의 하나님이 되신 것입니다. 하나님은 우리가 이 땅을 살아가는 동안 친히 함께 가겠다고 약속하십니다. 아무리 거칠고 위험한 길이라 할지라도 하나님이 친히 함께하시면 두렵지 않고 안전합니다.

"내가 세상 끝날까지 너희와 항상 함께 있으리라"(마 28:20b)

"두려워하지 말라 내가 너와 함께 함이라 놀라지 말라 나는 네 하나님이 됨이라"(사 41:10a)

"내가 사망의 음침한 골짜기로 다닐지라도 해를 두려워하지 않을 것은 주께서 나와 함께 하심이라"(시 23:4a)

우리는 간신히 구원받는 인생이 아니라 날마다 주님의 임재하심을 체험하고 동행하는 인생이 되어야 합니다. 하나님의 임재는 단순히 우리와 '함께하신다'는 선언에서 끝나지 않습니다. 하나님과 동행하는 삶은 문제 없는 삶이 아니라, 문제 속에서도 흔들리지 않는 삶입니다. 임재를 경험하는 사람은 상황보다 약속을 바라보고, 두려움보다 임마누엘의 하나님을 신뢰합니다. 따라서 우리의 기도는 하나님 안에서 살아가겠다는 고백이 되어야 합니다.

정결해져야 하나님의 임재가 임한다

하나님의 임재에 들어가기 위해서는 먼저 그 임재를 사모해야 합니다.

"내 영혼이 여호와의 궁정을 사모하여 쇠약함이여 내 마음과 육체가 살아 계시는 하나님께 부르짖나이다"(시 84:2)

"그가 사모하는 영혼에게 만족을 주시며 주린 영혼에게 좋은 것으로 채워 주심이로다"(시 107:9)

그리고 순종해야 합니다. 출애굽기 40장에서는 "여호와께서 모세에게 명하신 대로 되니라"는 말이 반복해서 나옵니다. 출 40:19, 21, 25, 27, 29, 32절 모세는 성막을 세우는 일을 할 때 하나님이 지시하신 모양과 치수대로 순종하며 일했습니다. 군대에서 지휘관이 "5분간 휴식!"이라고 하면, 병사들은 복창하고 5분간 휴식에 들어갑니다. 더 쉬고 싶다고 10분을 쉰다면 질서를 깨뜨리는 자가 되고 맙니다. 모세는 마치 복창하고 명령에 따르는 군인처럼 순종했습니다. 모세가 그렇게 순종하자 여호와의 영광의 구름이 임했습니다. 이는 순종 없이는 영광의 구름도 임하지 않는다는 것을 보여 줍니다.

또한 하나님의 임재 안에 들어가기 위해서는 하나님을 찬양해야 합니다. 솔로몬이 제사장들을 통해 언약궤를 지성소로 옮겼을 때 모든 악기를 동원하여 여호와의 자비하심을 찬양하자 여호와의 전에 하나님의 영광의 구름이 가득 임했습니다.

"나팔 부는 자와 노래하는 자들이 일제히 소리를 내어 여호와를 찬송하며 감사하는데 나팔 불고 제금 치고 모든 악기를 울리며 소리를 높여 여호와를 찬송하여 이르되 선하시도다 그의 자비하심이 영원히 있도다 하매 그 때에 여호와의 전에 구름이 가득한지라 제사장들이 그 구름으로 말미암아 능히 서서 섬기지 못하였으니 이는 여호와의 영광이 하나님의 전에 가득함이었더라"(대하 5:13-14)

뿐만 아닙니다. 하나님의 보좌가 있는 궁정에 들어가려면 바로 '찬송함'이 필요합니다. 하나님은 찬송 중에 거하시는 분이시기 때문입니다.

"감사함으로 그의 문에 들어가며 찬송함으로 그의 궁정에 들어가서 그에게 감사하며 그의 이름을 송축할지어다"(시 100:4)

"이스라엘의 찬송 중에 계시는 주여 주는 거룩하시니이다"(시 22:3)

마지막으로, 하나님의 임재에 들어가기 위해서는 반드시 회개가 필요합니다. 레위기 14장을 보면 죄의 상징인 나병이 치유되었더라도 공동체로 돌아가기 전 까다로운 절차를 밟아야 했습니다.

> "제사장은 그 속건제물의 피를 취하여 정결함을 받을 자의 오른쪽 귓부리와 오른쪽 엄지 손가락과 오른쪽 엄지 발가락에 바를 것이요 제사장은 또 그 한 록의 기름을 취하여 자기 왼쪽 손바닥에 따르고 오른쪽 손가락으로 왼쪽 손의 기름을 찍어 그 손가락으로 그것을 여호와 앞에 일곱 번 뿌릴 것이요 손에 남은 기름은 제사장이 정결함을 받을 자의 오른쪽 귓부리와 오른쪽 엄지 손가락과 오른쪽 엄지 발가락 곧 속건제물의 피 위에 바를 것이며"(레 14:14-17)

속건제의 희생 제물의 피가 발라진 곳에 기름이 발라졌습니다. 기름은 성령의 역사를 상징합니다. 하나님은 아무에게나 성령의 기름 부음을 허락하지 않으셨습니다. 반드시 예수 그리스도의 보혈이 적셔진 곳, 곧 피로 정결하게 된 곳에만 성령의 기름 부음이 임합니다. 그러므로 아무리 고상한 인격을 가졌다 할지라도, 충성스럽게 봉사한다 할지라도, 예수님의 보혈을 통하여 정결함을 얻은 자만이 성령의 기름 부음을 받을 수 있습니다. 그래서 베드로는 "너희가 회개하여 각각 예수 그리스도의 이름으로 세례를 받고 죄 사함을 받으라 그리하면 성령의 선물을 받으리니" 행 2:38 라고 한 것입니다.

하나님의 임재가
하나님과의 동행으로

"구름이 성막 위에서 떠오를 때에는 이스라엘 자손이 그 모든 행진하는 길에 앞으로 나아갔고 구름이 떠오르지 않을 때에는 떠오르는 날까지 나아가지 아니하였으며"(출 40:36-37)

"혹시 구름이 저녁부터 아침까지 있다가 아침에 그 구름이 떠오를 때에는 그들이 행진하였고 구름이 밤낮 있다가 떠오르면 곧 행진하였으며"(민 9:21)

성막에 임한 하나님의 영광의 구름은 이제 광야 가운데 있는 그들을 떠나지 않고 인도하기 시작합니다. 하나님이 영광의 구름으로 임재하신 것은 단순히 한 곳에만 머물러 계시기 위함이 아닙니다. 하나님의 임재는 동행으로 이어집니다.

그렇다면 죄 많은 인간이 어떻게 하나님과 동행할 수 있을까요? 그 방법은 단순합니다. 구름이 움직이면 움직이고, 움직이지 않으면 멈추면 됩니다. 아무리 그 자리에 더 머무르고 싶어도 구름이 떠나면 따라가야 합니다. 반대로 아무리 빨리 떠나고 싶어도 구름이 머물러 있으면 기다려야 합니다. 이것이 하나님의 백성으로 사는 가장 기본적인 삶의 원리입니다.

MITI Moms In Touch International: 국제 기도하는 엄마들의 지역 책임자로

활동한 체리 풀러의 이야기를 보면, 하나님의 임재가 동행으로 이어지는 것이 우리의 삶과 얼마나 밀접하게 연결되어 있는지 느낄 수 있습니다.

믿음의 동역자들과 함께한 어느 모임 시간, 하나님과 어떻게 동행했는지에 관한 이야기가 시작되었습니다. 어떤 부부는 하나님이 어떻게 재정적인 필요를 채워 주셨는지를 간증했고, 다른 부부는 하나님이 서로 잘 대화할 수 있도록 도우셨다고 말했습니다. 또 다른 부부는 차들이 가득 찬 주차장에서 주차할 곳을 위해 기도했더니, 하나님이 즉시 빈자리를 주셨다고 고백했습니다. 그 이야기를 들은 체리는 속으로 이렇게 생각했습니다. '주차할 곳을 달라고 기도해? 그렇게 사소한 일로 하나님을 귀찮게 한다고? 하나님이 그런 것까지 마음을 쓰실까?' 그녀에게 그 말들은 다소 우스꽝스럽게 느껴졌습니다.

그녀 역시 그런 사소한 일들까지 하나님께 구하지는 않았지만, 하나님을 찾지 않은 것은 아니었습니다. 그러나 문제는 점점 많아졌습니다. 새로운 도시로 이사를 오면서 아는 사람이라고는 하나도 없었고, 큰아들은 천식 발작을 일으켰으며, 남편은 일에 지쳐 있었고, 그녀는 임신한 상태에서 두 아들을 돌보느라 너무 지쳐 있었습니다.

그러던 어느 날, 아들들이 낮잠을 자는 시간에 매일 성경을 읽기 시작했습니다. 그때 하나님의 말씀이 마치 빛처럼 그녀의 어두움을 뚫고 들어왔습니다. 전에는 한 번도 그런 일이 없었는데, 예수님을 살아 계신 말씀으로 보게 된 것입니다. 그분의 임재가 온 방과 마음을 가득 채웠습니다. 예수님이 마르다에게 말씀하신 것처럼 주님은 자신의 말씀을 통해 직접 그녀에게 말씀하기 시작했습니다. 그분은 그녀의 가장 깊은 의문에 대답해 주셨고, 괴로움 속에서 만나주셨습니다. 의심과 회의는 천천히 그분의 임재의 빛 속에서 녹아 없어졌습니다. 그녀는 매일 말씀을 읽으며 주님과 대화를 나누기 시작했고, 주님은 그 두려움을 하나씩 거두어 가셨습니다.

무엇인가를 기도로 아뢰며 걸음마하듯 기도의 삶을 시작하자 하나님은 응답해 주셨고, 조금씩 그분의 신실하심을 보여 주셨습니다. 마치 하나님이 "오냐, 내가 여기에 있다. 내가 돌보고 있다. 나는 신실하다. 내게 가까이 오렴."이라고 말씀하시는 것만 같았습니다. 그녀는 자신보다 더 남편과 자녀와 여동생을 사랑하시는 하나님이 그 염려를 맡기고 마음을 쏟아놓으라고 자신을 초대하고 계셨다는 사실을 깨달았습니다.

하나님의 임재는 곧 그분과의 동행을 이끌어 냅니다. 우리의 마음속 고민과 괴로움, 아픔을 모두 알고 계신 하나님 앞에 무릎 꿇고, 그분의 임재를 소망할 수 있어야 합니다. 하나님 앞에 사소한 문제란 없습니다. 무엇이든지 가지고 나아가면, 우리 안에서 손잡아 주고 일으켜 주시려는 하나님이 항상 동행해 주십니다. 그러므로 우리에게는 하나님의 임재를 부르짖는 용기가 필요합니다.

다시! Again, Again

초판 1쇄 발행일 2025년 11월 15일

지은이	김은호
발행인	주경훈
책임편집	김영미
편집	황윤경 이시온 김수민 정민석
디자인	박세미
발행처	도서출판 꿈미
등록	제2014-000035호(2014년 7월 18일)
주소	서울시 강동구 양재대로81길 39, 2층 2호
전화	070-4352-4143, 02-6413-4896
팩스	02-470-1397
홈페이지	http://www.coommi.org
쇼핑몰	http://www.coommimall.com
메일	book@coommimall.com
인스타그램	@coommi_books

ISBN 979-11-93465-91-2 03230

* 책값은 뒤표지에 있습니다.
* 이 책은 도서출판 꿈미에서 만든 것으로 저작권법의 보호를 받으며 무단 전재 및 복제를 금합니다.

도서출판 꿈미는 가정과 교회가 연합하여 다음세대를 일으키는 대안적 크리스천 교육기관인 사단법인 꿈이 있는 미래의 사역을 돕기 위해 월간지와 교재, 각종 도서를 출간합니다.